깊이 있는 수업을 위한

그림책
탐구
질문
1000

깊이 있는 수업을 위한
그림책 탐구 질문 1000

1판 1쇄 발행 2025년 9월 15일

지은이	강지혜, 김미영, 김선정, 노선이, 윤민영, 전윤경, 정인순
펴낸이	한기호
책임편집	서정원
편집	박예슬, 송원빈, 이선진
본부장	여문주
마케팅	윤병일, 신세빈
경영지원	김윤아
디자인	이성호
인쇄	예림인쇄
펴낸곳	㈜학교도서관저널
출판등록	제2009-000231호(2009년 10월 15일)
주소	04029 서울시 마포구 동교로 12안길 14(서교동) 삼성빌딩 A동 3층
전화	02-322-9677
팩스	02-6918-0818
전자우편	slj9677@gmail.com
홈페이지	www.slj.co.kr

ISBN 978-89-6915-187-2 (03370)
책값은 뒤표지에 있습니다

이 도서의 국립중앙도서관 출판예정도서목록(CIP)은 서지정보유통지원시스템 홈페이지(http://seoji.nl.go.kr)
와 국가자료종합목록 구축시스템(http://kolis-net.nl.go.kr)에서 이용하실 수 있습니다.

깊이 있는 수업을 위한

그림책 탐구 질문 1000

강지혜, 김미영, 김선정, 노선이, 윤민영, 전윤경, 정인순 지음

학교
도서관
저널

들어가며

　오랫동안 그림책 모임을 이어 오며, 그림책의 세계에 더 깊이 빠져들게 되었습니다. 모임을 통해 잘 몰랐던 그림책을 발견할 때면 가슴이 두근거렸습니다. 그림책을 더 잘 이해하고 더 깊이 나누고 싶었습니다. 그림책은 내용이 함축적이고 여백이 많아 읽는 사람의 수만큼이나 다양한 해석이 가능합니다. 0세에서 100세까지 세대를 아우르는 그림책의 광범위한 주제만큼 이해하기 어려운 작품도 많습니다. 혼자 읽을 때는 미처 발견하지 못한 장면의 의미를 함께 읽으며 깨닫게 되고, 때로는 불편했던 장면이 타인의 말을 통해 해소되거나 받아들여지기도 했습니다. 함께 읽기는 그림책을 보는 시각과 관점을 점점 더 넓혀 주었고, 나만 옳은 것도 아니라는 겸손과 나만 모르는 것도 아니라는 깨달음을 주었습니다. "아하!", "그랬군요!", "몰랐어요.", "이렇게 생각하는 게 맞을까요?", "작가가 어떤 의도로 이런 표현을 썼는지 궁금해요." 함께 읽다 보면 나 혼자만의 우주에 갇히지 않은 것이 얼마나 다행인지 알게 되었습니다.

　그런 우리들 곁에는 늘 '질문'이 있었습니다. 질문은 그림책을 다시

보게 하고, 서로의 생각을 엿보게 하고, 그림책 너머의 삶을 이야기하게 하는 힘이 있었습니다. 그렇게 나눈 이야기의 즐거움을 아이들과도 나누고 싶다는 마음은 자연스럽게 수업으로 이어졌습니다.

사실 교육 현장에서 그림책 수업은 익숙합니다. 하지만 여전히 많은 수업에서 그림책이 교과와 연결된 자료나 활동의 도구로만 활용됩니다. 교사들은 애써 그림책을 수업에 담아내지만, 정작 이야기의 구성이나 그림의 상징, 표현 방식 등을 깊이 있게 다루지 않습니다. 또한 학생들이 질문을 만드는 데 에너지를 쏟느라 깊이 있는 대화를 나누지 못하거나, 저학년 학생들의 질문만으로 수업을 이끌어 나가기 부족한 경우가 많습니다. 교사가 직접 질문을 만드는 일도 만만치 않습니다. 매 수업 시간마다 새로운 질문을 준비해야 하는 부담은 결국 그림책을 읽고 간단한 활동으로 마무리하는 익숙한 방식으로 되돌아가게 만들었습니다. '좋은 질문이 미리 준비되어 있다면 얼마나 좋을까?' 하는 바람은 이 책의 출발점이 되었습니다.

그림책을 깊이 있게 다루기 위한 핵심은 '질문'입니다. 정답을 찾기 위한 질문이 아니라, 생각을 확장하고, 이야기 속 의미를 다시 바라보게 하며, 자신의 삶을 돌아보게 만드는 질문이야말로 수업을 변화시키는 힘입니다. 하지만 한 권의 그림책에 알맞은 질문을 만드는 일은 결코 쉽지 않았습니다. 질문은 단순한 문장이 아니라, 텍스트와 삶을 연결하는 사고의 흐름이기 때문입니다. 질문을 만드는 과정에서는 각 그림책을 여러 차례 읽으며, 장면을 다시 들여다보고 의미를 해석하고, 그것이 수업에서 어떤 대화를 만들어낼 수 있을지 고민했습니다. 질문이 지나치게 추상적이지 않도록, 동시에 단순한 활동에 머물지 않도록 세심하게 다듬는 데 많은 시간과 노력이 필요했습니다.

 이 책에 담긴 질문들은 단지 이론적인 틀에 맞춰 구성된 것이 아닙니다. 오랜 시간 수업과 모임에서 직접 사용해 보고, 치열한 토론과 다양한 의견 나눔을 거쳐 다듬어 낸 질문들입니다. 특히 질문 하나하나의 적절성뿐 아니라, 질문 간의 흐름과 연속성에 대해서도 깊이 고민하며 설계했습니다. 질문을 따라 생각이 자연스럽게 확장되고, 이야기 속으로 더 깊이 들어가는 과정을 통해 오히려 그림책의 가치가 새롭게 다가오는 경험도 했습니다. 그렇게 만들어진 질문이기에, 교실에서 더 깊이 있는 수업과 진정성 있는 대화로 이어질 수 있으리라 믿습니다.

 이 책은 50권의 그림책을 중심으로 1800개가 넘는 질문을 담고 있으며, 각 그림책마다 다음과 같은 흐름으로 구성되어 있습니다.

- **책 소개와 키워드**: 그림책의 줄거리와 주제를 간단히 소개하고, 감상 키워드를 함께 제시합니다.
- **핵심 질문**: 작품이 던지는 본질적인 물음을 중심으로 깊이 있는 사유와 토론을 이끕니다.
- **배경지식 질문**: 읽기 전에 생각을 열고, 개인의 경험이나 사회적 맥락과 연결할 수 있도록 돕습니다.
- **그림책 BINGO**: 사실 확인 중심의 질문으로, 이야기의 흐름과 구조를 점검할 수 있도록 구성했습니다.
- **해석 및 평가 질문**: 인물의 감정, 장면의 상징, 이야기의 의미를 자유

롭게 해석하고 나눌 수 있도록 유도합니다.
- **적용 질문**: 책의 메시지를 자신의 삶, 공동체, 사회와 연결하여 사고를 확장할 수 있도록 돕습니다.
- **선택 질문**: 다양한 입장을 비교하고 자신의 의견을 분명히 표현할 수 있도록 합니다.
- **그림책 활동 더하기**: 그림책의 핵심 내용과 질문이 자연스럽게 연결되도록 활동을 설계했습니다. 특별한 준비물 없이 교실, 독서 모임, 동아리, 독서 캠프 등에서 바로 활용할 수 있습니다.

　그림책은 함께 읽으면 더 깊어지고, 그림책으로 질문을 나누면 더 다채로워집니다. 그런 순간들을 이 책을 활용해 만들어 갈 수 있기를 바랍니다. 이 책은 그림책 수업을 더 깊이 있게 구성하고자 하는 교사, 그림책을 중심으로 풍성한 대화를 나누고 싶은 독서 모임 참가자, 그림책 읽기를 토론과 사고로 확장해 보고 싶은 학부모와 교육 실천가가 특히 유용하게 활용할 수 있을 것입니다. 그림책을 통해 '함께 읽고, 질문하고, 나누는 기쁨'을 누리고자 하는 모든 분들에게 이 책이 따뜻한 길잡이가 되어 주기를 진심으로 바랍니다.

차 례

들어가며 _4

1부 그림책 탐구 질문이란?

그림책, 왜 탐구 질문인가? _15
그림책 탐구 질문은 어떻게 만들까? _22
그림책 탐구 질문을 활용한 수업은 어떻게 진행할까? _30

2부 그림책 탐구 질문 활용 수업

01 자기 이해

거꾸로도 괜찮아 『거꾸로 토끼끼토』_41
노가 준 가능성 『노를 든 신부』_49
단순하게 사는 법 『더우면 벗으면 되지』_56
유연함으로 찾은 개성 『문어 팬티』_63
후회 없는 삶이란? 『100만 번 산 고양이』_70
나다움으로 성장하기 『브로콜리지만 사랑받고 싶어』_77
작은 눈덩이의 도전과 성장 『작은 눈덩이의 꿈』_84

온전한 나 『작은 조각 페체티노』 _92
착한 아이 콤플렉스 극복하기 『착해야 하나요?』 _98
꿈꾸는 삶의 소중함 『키오스크』 _106

02 감정과 마음

감정 손님을 잘 맞이하려면? 『감정 호텔』 _115
개욕탕에서 씻어 내고 싶은 마음은? 『개욕탕』 _122
작은 존재들을 향한 위로 『괜찮을 거야』 _129
눈물이 주는 치유 『눈물바다』 _136
나쁜 하루에도 좋은 순간은 있다 『맙소사, 나의 나쁜 하루』 _143
미움에서 벗어나려면? 『미움』 _150
끝없는 욕망의 끝은? 『세상에서 가장 맛있는 무화과』 _157
완벽함의 기준 『앙통의 완벽한 수박밭』 _164
사랑과 이별을 통한 성장 『어떤 토끼』 _172
행운과 불운 사이 『행운을 찾아서』 _179

03 관계와 갈등

경계를 지키는 관계란?『곰씨의 의자』__187
겨울을 녹이는 눈부신 우정『눈아이』__194
따로 또 같이 함께하기『똑, 딱』__202
과정의 즐거움『샘과 데이브가 땅을 팠어요』__209
긍정이 가져온 마법『에드와르도 세상에서 가장 못된 아이』__216
질투와 배신『여우』__224
입장 차이가 불러온 갈등『왼손에게』__232
이상한 셈법의 비밀『우리가 케이크를 먹는 방법』__239
지친 가족을 위한 특별한 휴식『우리 가족 납치 사건』__247
잊어버려도 괜찮은 날『잊어버리는 날』__254
용기가 필요한 순간『잊었던 용기』__261

04 사회와 공동체

공주가 독사과를 먹은 이유『공주를 깨우지 마세요』__269
가짜 뉴스를 대하는 태도『그 소문 들었어?』__276
우리에게 여전히 희망이 남아 있다면?『그들은 결국 브레멘에 가지 못했다』__283
측정이 불러온 비교와 차별『당신을 측정해 드립니다』__291
진정한 아름다움이란?『루빈스타인은 참 예뻐요』__299

나의 냄비와 공존하는 법 『…아나톨의 작은 냄비』 _306
어둠이 금지된다면? 『어둠을 금지한 임금님』 _314
같은 것을 본다는 건 『위를 봐요!』 _322
편견을 이해로 바꾸려면 『이파라파냐무냐무』 _329
전쟁을 이긴 책의 힘 『책으로 전쟁을 멈춘 남작』 _335

05 공존과 지속 가능한 미래

기후 위기 속 공존과 책임 『눈보라』 _343
지구를 구하는 연대의 목소리 『도시에 물이 차올라요』 _350
어느 날 반려 용이 생긴다면? 『반려 용 팝니다』 _358
편리함으로 사라진 것들 『사라진 저녁』 _366
상자의 경고 『상자 세상』 _374
동물다운 삶이란 『에덴 호텔에서는 두 발로 걸어 주세요』 _380
지구를 위한 처방 『자, 맡겨 주세요!』 _388
생명을 위한 선택의 가치 『지각』 _394
자연의 노래를 다시 회복하려면 『판판판 포피포피 판판판』 _401

1부

그림책
탐구
질문이란?

| 그림책, 왜 탐구 질문인가?

| 그림책 탐구 질문은 어떻게 만들까?

| 그림책 탐구 질문을 활용한 수업은 어떻게 진행할까?

그림책,
왜 탐구 질문인가?

그림책이 교육 현장에서 주목받는 이유

학교에서 그림책이 얼마나 많이 쓰이는지 두 곳에서 자료를 찾아보았습니다. 2025년 4월, 국립중앙도서관에서 '그림책 수업'을 검색해 보니 단행본 96권이 확인되었습니다. 같은 시기에 인터넷 서점에서 '그림책 수업'을 검색해 보니 2020년부터 2025년 사이 출간된 책 127종이 판매되고 있었습니다. 책의 제목, 키워드, 분류, 소개 등을 살펴보면, 그림책이 유아와 초등학생은 물론, 중고등학생과 성인을 대상으로도 다양하게 활용되고 있음을 알 수 있습니다. 그림책이 교육 현장에서 꾸준히 주목받는 데는 다음과 같은 이유가 있습니다.

- 짧지만 주제를 밀도 있게 다룬다.

- 글과 그림이 함께 있어 누구나 쉽게 접근할 수 있다.
- 토론, 글쓰기, 연극, 미술 활동 등으로 자연스럽게 확장할 수 있다.
- 감정 이입, 공감, 사회적 관계 이해 등 정서적 성장에 도움이 된다.

이처럼 그림책은 단순한 이야기책이 아니라 다양한 교육적 목표를 실현하는 데 매우 유용한 매체이자 자료입니다.

수업 자료를 넘어 그림책 그 자체를 탐구하는 수업

그림책은 많은 수업에서 교과 주제를 소개하거나 특정 가치를 전달하는 자료로 활용됩니다. 이러한 방식은 그림책을 단순히 '내용 전달'의 도구로 다루게 만들며, 그림책에 담긴 깊이 있는 의미와 표현 방식을 가벼이 지나치게 만듭니다. 학생들은 그림책을 능동적으로 탐색하거나 해석하기보다는 정해진 교훈이나 정답을 찾는 방식의 읽기에 머무르게 됩니다.

문제는 그림책의 본질적인 특성과 무관하지 않습니다. 그림책은 글과 그림, 페이지 구성, 장면 배열, 색채와 여백, 시점과 시각적 리듬 등 다양한 요소들이 유기적으로 결합되어 의미를 형성하는 복합 텍스트입니다. 글은 사건의 흐름을 주도하고, 그림은 인물의 감정과 정서를 시각적으로 표현하여 독자의 해석을 유도합니다. 글과 그림이 동일한 내용을 담기도 하지만, 때로는 글과 그림이 서로 다른 정보를 전달하며 긴장과 보완의 관계를 이루기도 합니다. 그림책은 다양한 표현 요소가 상호작용하며 하나의 의미를 구성하기 때문에, 단순히 내용을 따라가는 수동적인 읽기로는 텍스트 전체의 의미를 충분히 이해하기 어렵습니다. 그림책을 제대로 이해하려면 글을 읽는 동시에 그림을 살펴보고, 이 두 요소가 어떻게 조화를 이루며 이야기를 만들어 가는지를 능동적으로 탐색해야 합니다. 이는 곧 그림책을 탐구하며 읽는 과정입니다. 이때 독자는 텍스트 곳곳에 숨겨진 단서를 바탕으로 의미를 구성해 나갑니다.

이러한 탐구적 읽기는 학생의 해석 능력을 심화시키고 감수성과 비판적 사고력, 표현력의 바탕이 됩니다. 그림책을 하나의 복합 텍스트로 바라보고 학생 스스로가 그 의미를 구성하는 주체가 되는 수업은 정보를 수용하도록 돕는 수업을 넘어, 진정한 문해력 교육의 출발점이 될 수 있습니다.

왜 탐구 질문인가?

그림책을 깊이 있게 읽기 위해서는 단순한 내용 이해를 넘어서 이야기 속 의미를 능동적으로 탐색하고 해석하는 과정이 필요합니다. 그러나 이러한 읽기를 학생 스스로 해내기는 쉽지 않습니다. 이때 학생의 사고를 자극하고 해석을 이끌어 내는 데 효과적인 도구가 바로 '질문'입니다.

질문은 학생의 생각을 열어 주고, 그림책을 더 자세히 더 깊이 들여다보게 만드는 힘을 가집니다. 질문을 품은 학생은 질문이 다루는 문제를 해결하려고 책에 더욱 몰입하게 됩니다. 한 문장을 다시 읽어 보고, 그림의 세부 표현을 주의 깊게 살펴보며, 이야기를 새롭게 해석해 보려는 노력을 하게 됩니다. 또한 질문은 학생이 중심 생각을 발견하는 방법을 고민하게 만들고, 장면의 전개나 인물의 감정 변화에 주목하게 합니다. 어떤 질문은 작품의 주제를 스스로 판단하게 하거나, 자신의 삶과 연결해 보도록 이끌기도 합니다.

탐구 질문은 다음과 같은 흐름을 따라 유기적으로 구성될 수 있습니다.

- **읽기 전**: 무엇이 궁금한지 떠올린다.
- **읽기 중**: 장면의 변화나 인물의 감정에 집중한다.
- **읽기 후**: 주제에 대한 자신의 생각을 정리하고, 그것을 삶의 문제로 확장해 본다.

이처럼 질문들이 서로 자연스럽게 연결될 때, 학생은 각 질문을 따라가며 사고를 점차 확장해 나가고, 마침내 책의 핵심 질문에 도달할 수 있습니다. 연속된 탐구 질문을 해결하는 과정은 학생의 사고를 구체적인 이해에서 보다 일반적이고 본질적인 문제 해결로 이끌며, 이야기의 표면적 이해를 넘어 근본적인 의미 구성에 도달하도록 돕습니다.

이러한 과정을 경험한 학생은 단순한 이야기 소비자가 아니라 텍스트 속에서 스스로 의미를 만들어 가는 능동적인 탐구자로 성장합니다.

나아가 이러한 질문 기반의 읽기 경험은 그림책뿐만 아니라 다양한 텍스트를 접할 때에도 학생이 스스로 질문하며 읽는 태도, 즉 사고하는 독서 습관을 자연스럽게 길러 줍니다.

질문으로 탐구하기에 적합한 그림책

탐구 질문을 활용한 그림책 읽기는 학생에게 깊이 있는 사고와 해석의 기회를 제공합니다. 그러나 모든 그림책이 이러한 방식에 적합한 것은 아닙니다. 예를 들어, 정보를 전달하거나 감정을 위로하는 데 중점을 둔 그림책은 명확한 메시지를 직접 전달하는 구조를 가지고 있습니다. 그래서 독자가 이야기의 흐름을 따르거나 메시지에 공감하는 것만으로도 충분한 의미가 됩니다.

반면, 탐구 질문을 통해 깊이 있는 읽기를 유도할 수 있는 그림책은 다음과 같은 특징을 지니고 있습니다.

- 글과 그림이 단순히 반복되지 않고, 서로 긴장하거나 보완하며 복합적인 의미를 형성한다.

  예 『잊어버리는 날』(사라 룬드베리 글·그림, 어린이작가정신) → 글은 엄마와 아들 노아의 하루를 담담하게 그리지만, 그림은 어두운 색감과 구성, 인물의 표정과 배경을 통해 심리적 거리감과 긴장감을 전달한다.

- 텍스트 곳곳에 여백과 단서가 숨어 있어, 독자가 능동적으로 의미를 구성해야

한다.

예 『당신을 측정해 드립니다』(권정민 글·그림, 사계절) → 다양한 비유와 상징이 있어서 꼼꼼하게 해석해야 작품에 담긴 의미를 충분히 이해할 수 있다.

- 주제가 인간관계, 사회, 철학 등 삶의 본질적 문제로 확장될 수 있다.

예 『세상에서 가장 맛있는 무화과』(크리스 반 알스버그 글·그림, 미래아이) → 환상적인 이야기 구조 속에 인간의 욕망과 선택에 대한 철학적 질문이 내포되어 있다.

그림책 주제의 탐구 범주

이 책은 '자기 이해', '감정과 마음', '관계와 갈등', '사회와 공동체', '공존과 지속 가능한 미래' 다섯 가지 범주로 그림책을 분류하고 이에 따른 질문을 구성했습니다. 이 범주는 학생이 그림책을 읽으며 자기 자신을 성찰하고, 타인과의 관계를 돌아보며, 공동체와 세계를 넓은 시야로 바라볼 수 있도록 사고를 조직해 주는 틀입니다. 이는 2022 개정 교육과정의 핵심 역량과 긴밀히 연결되며, SEL(사회정서학습)의 주요 영역과도 일치합니다.

또한, 질문을 중심으로 그림책의 의미를 구성해 나가는 수업은 지식정보처리 역량, 창의적 사고 역량, 심미적 감성 역량 등 다른 핵심 역량을 함께 길러 줄 수 있습니다. 이러한 역량은 그림책의 내용 그 자체보다는 탐구 질문을 바탕으로 깊이 있게 읽고 스스로 해석하며 표현하는 수업 과정 속에서 자연스럽게 발현됩니다.

	그림책 주제 분류	2022 개정 교육과정 핵심 역량	SEL(사회정서학습)의 주요 영역
1	자기 이해	자기관리 역량	자기 인식
2	감정과 마음		자기 조절
3	관계와 갈등	의사소통 역량	관계 기술
4	사회와 공동체	공동체 역량	사회적 인식
5	공존과 지속 가능한 미래		책임 있는 의사결정

교사는 이 다섯 범주를 토대로 수업을 설계할 수 있으며, 같은 범주 내의 그림책을 비교하거나 학생의 삶과 연결하여 깊이 있는 수업을 구성할 수 있습니다. 결국, 탐구 질문 중심의 그림책 수업은 학생이 스스로 의미를 구성하고, 자신의 삶과 연결 짓고, 다른 사람과 생각을 나누는 능동적인 독자가 되도록 이끄는 중요한 수업 전략입니다.

그림책 탐구 질문은 어떻게 만들까?

그림책은 단순한 줄거리 중심의 이야기책이 아니라, 글과 그림, 색채, 장면 구성, 여백 등 다양한 표현 요소가 결합된 복합 텍스트입니다. 따라서 그림책을 깊이 있게 읽는다는 것은 그림책을 탐구하며 읽는 과정을 의미합니다. 그렇다면, 그림책을 탐구하며 읽을 때 독자는 어떤 사고 과정을 경험해야 할까요?

그림책 탐구 과정

그림책을 탐구하며 읽기 위해서는 다음과 같은 사고 과정이 포함되어야 합니다.

- 그림책의 물리적·시각적 특징을 관찰하고 그 의미 작용을 파악한다.
- 인물, 사건, 배경 등의 서사 정보를 확인하고 이야기의 전개와 구조를 이해한다.

- 글과 그림에 숨겨진 단서나 상징을 해석하고, 그 의미를 유추한다.
- 자신의 감정과 반응을 점검하고, 그것에 영향을 준 표현 요소를 찾아본다.
- 중심 생각이나 주제를 파악하고, 이를 전달하는 데 사용한 표현 방식을 비판적으로 평가한다.
- 주제를 자기 삶, 공동체, 다른 텍스트와 연결하여 사고를 확장한다.
- 자신의 감상을 정리해 표현하고, 타인의 감상과 비교하며 다양한 관점을 이해한다.

질문의 성격을 분명히 해야 하는 이유

그림책을 탐구하며 읽는 사고 과정을 효과적으로 이끌기 위해서는 각 질문이 요구하는 사고의 방향과 깊이를 명확히 인식하고, 그 성격을 분명히 하는 것이 중요합니다. 질문은 단지 정보를 확인하기 위한 도구가 아니라, 학생의 사고를 구성하고 확장하는 인지적 장치로 기능할 수 있습니다.

질문 하나하나가 독자에게 요구하는 사고 활동은 서로 다릅니다. 어떤 질문은 내용을 파악하게 하고, 어떤 질문은 텍스트에 숨겨진 의미를 발견하게 하며, 또 다른 질문은 자신의 삶이나 사회와 연결해 생각을 넓히게 합니다. 질문의 성격을 분명히 하면, 수업 구조와 질문의 역할이 명확해지고, 수업 전개가 더욱 정교하게 이루어질 수 있습니다. 그 결과 다음과 같은 효과를 기대할 수 있습니다.

- 학생의 사고 흐름을 단계적으로 안내할 수 있다.
- 교사와 학생 모두에게 질문의 방향성과 수준을 명확히 제시한다.
- 질문 간의 연속성과 논리적 연결을 바탕으로 사고를 깊이 있게 확장할 수 있다.
- 그림책이라는 복합 텍스트에 어울리는 다층적 독서 전략으로 기능한다.
- 교사가 수업에서 질문을 설계할 때 기준으로 삼을 틀이 된다.

여섯 가지 질문 유형

그림책을 탐구하며 읽는 수업을 위해 여섯 가지 질문 유형을 제안합니다. 이 질문들은 그림책을 읽는 다양한 사고 흐름에 따라 구성되었으며, 학생이 점진적으로 사고를 확장해 나가도록 돕습니다. 각 질문의 유형은 다음과 같습니다.

- **배경지식 질문**: 독자의 사전 경험이나 사회적 맥락을 떠올리게 하여 독서 몰입을 돕는 질문
- **사실 확인 질문**(그림책 BINGO): 그림책에 명확히 드러난 정보를 바탕으로 이야기의 줄거리, 인물, 사건 등을 파악하게 하는 질문
- **해석 및 평가 질문**: 텍스트 속 단서나 표현을 해석하고 인물의 감정, 선택, 주제 등을 평가하게 하는 질문
- **적용 질문**: 그림책의 주제를 자신의 삶이나 공동체, 사회 현실과 연결해 사고를 확장하게 하는 질문
- **선택 질문**: 둘 이상의 입장 중 하나를 선택하며 자신의 생각을 정리하고, 타인

의 관점과 비교할 수 있도록 돕는 질문
- **핵심 질문**: 삶의 본질적인 물음에 대해 깊이 생각하게 하며, 자신만의 답을 찾고 친구들과 토론을 이끌어낼 수 있는 질문

탐구 질문을 만드는 방법

탐구 질문을 만들기 위해서는 교사가 먼저 그림책을 충분히 읽고, 다음과 같은 요소들을 종합적으로 고려해야 합니다.

- 작품의 주제와 핵심 메시지
- 인물의 감정과 선택, 이야기의 흐름
- 시각적 요소와 서술 방식
- 독자의 정서적 반응과 삶의 맥락

이러한 요소들을 바탕으로 앞서 소개한 여섯 가지 질문 유형에 맞추어 다음과 같은 방식으로 질문을 구성할 수 있습니다.

① 배경지식 질문

배경지식 질문은 책의 주제나 소재, 표지, 제목 등을 바탕으로 독자의 사전 경험이나 사회적 맥락을 떠올리게 하는 질문입니다. 독서 전에 활용하기 적합하며, 학생이 책에 몰입하고 내용을 예측하도록 돕습니다.

그림책	질문
키오스크	키오스크를 이용해 본 경험이 있나요?
앙통의 완벽한 수박밭	앙통의 완벽한 수박밭은 어떤 모습일까요?
…아나톨의 작은 냄비	표지 속 아나톨은 어떤 기분일까요? 왜 그렇게 생각했나요?
괜찮을 거야	표지 속 인물은 어디로 가고 있을까요?

② 사실 확인 질문

사실 질문은 텍스트에 직접 드러난 구체적인 정보를 바탕으로 이야기의 줄거리, 인물, 사건, 배경 등을 파악하게 하는 질문입니다. '누가, 언제, 어디서, 무엇을 했는가?'를 묻는 형태로 구성하면 좋습니다.

그림책	질문
키오스크	키오스크가 넘어지면서 올가의 □□이 뒤집혔습니다.
앙통의 완벽한 수박밭	누군가 앙통의 수박 한 통을 훔쳐가기 전까지 앙통은 자신의 수박밭에 대해 ○○하다고 느꼈습니다.
…아나톨의 작은 냄비	아나톨은 냄비를 없애기 위해 노력했지만, 떨어지지 않자 어떻게 했나요?
괜찮을 거야	주인공은 잃어버린 ○○○를 찾아서 도시를 헤매고 있었습니다.

③ 해석 및 평가 질문

해석 및 평가 질문은 인물의 감정 변화, 선택의 이유, 상징적 장면, 반복되는 요소 등을 바탕으로 내용을 해석하거나 판단하도록 유도하는 질문입니다. '왜?', '무슨 의미일까?', '이 장면을 어떻게 이해할까?'와 같은 질문으로 구성하면 좋습니다.

그림책	질문
키오스크	올가는 끝까지 키오스크를 벗어나지 않습니다. 올가는 왜 키오스크를 떠나지 않는 걸까요?
앙통의 완벽한 수박밭	앙통은 난장판이 된 수박밭을 바라보며, 지금의 수박밭이 그 어느 때보다 완벽하다고 말합니다. 앙통이 완벽함에 대한 생각을 바꾸게 된 결정적인 계기는 무엇인가요?
…아나톨의 작은 냄비	아나톨은 상냥하고 재주도 많은 아이지만, 사람들은 그의 냄비만 쳐다봅니다. 사람들은 왜 아나톨의 이런 장점을 보지 못할까요?
괜찮을 거야	고층 빌딩이 우뚝 솟아 있고, 거리는 붐비고 있습니다. 이런 공간 속에서 어린 주인공과 고양이는 어떤 공통점을 가질까요?

④ **적용 질문**

그림책의 주제를 자신의 삶, 주변 관계, 사회 문제와 연결하여 사고를 확장하게 하는 질문입니다. '나에게 비춰 보면?', '우리 사회에서는?'과 같은 방식으로 구성하면 좋습니다.

그림책	질문
키오스크	올가에게 키오스크는 단순한 일터가 아니라, 그녀의 인생이자 꿈을 꾸는 공간이었습니다. 지금 여러분의 삶에서 가장 많은 시간을 보내고, 꿈을 꾸게 하는 '키오스크'는 무엇인가요?
앙통의 완벽한 수박밭	앙통은 의자를 수박밭 한가운데에 놓고 밤새 수박밭을 지키기로 결심합니다. 그런 앙통에게 어떤 말을 해주고 싶나요?
…아나톨의 작은 냄비	아나톨은 상냥하고 재주도 많은 아이지만 사람들은 그의 냄비만 쳐다봅니다. 사람들은 왜 아나톨의 이런 좋은 점은 보지 못할까요?
괜찮을 거야	잃어버린 고양이를 찾아 헤매는 주인공처럼, 여러분도 무언가를 간절히 찾거나 기다렸던 경험이 있나요?

⑤ 선택 질문

선택 질문은 하나의 쟁점에 대해 둘 이상의 입장을 제시하고, 학생이 자신의 선택과 이유를 분명히 표현하도록 돕는 질문입니다. 해석 또는 적용 질문에서 입장을 나눌 수 있는 쟁점을 찾아 '당신이라면?', '어느 쪽에 동의하나요?'처럼 구성하면 좋습니다.

그림책	질문
키오스크	올가는 매우 좁은 키오스크에서 생활하며, 그 안에는 판매하는 물건, 화장실, 그리고 그녀에게 필요한 물건들로 가득 차 있습니다. 이렇게 제한된 공간에서 오랜 시간을 보내는 올가는 행복할까요? ☐ 그렇다 ☐ 아니다
앙통의 완벽한 수박밭	앙통은 '기묘한 밤'을 겪은 후, '완벽한 수박밭'에 대한 생각을 바꾸게 됩니다. 여러분은 이러한 앙통의 변화 과정에 공감하나요? ☐ 공감한다 ☐ 공감하기 어렵다
…아나톨의 작은 냄비	'평범하지 않은 사람'은 아나톨이 냄비를 가지고 살아가는 방법을 알려 줍니다. 아나톨에게 가장 큰 도움이 된 것이 무엇이라 생각하나요? ☐ 무엇을 잘하는지 가르쳐 주기 ☐ 무서운 것을 표현하도록 도와주기 ☐ 재능 알아봐 주기 ☐ 냄비를 넣을 수 있는 가방 만들어 주기
괜찮을 거야	주인공은 고양이를 위해 여러 가지 당부의 말을 남깁니다. 만약 여러분이 고양이라면, 아래 당부 중 가장 유용한 것은 무엇인가요? ☐ 골목길이 더 빠르지만 어두운 곳으로는 다니지 말 것 ☐ 커다란 개 세 마리가 있는 큰 건물 앞은 지나지 말 것 ☐ 아랫동네 친절한 생선 가게 주인에게서 생선을 구할 것 ☐ 빈터의 가시덤불을 조심할 것 ☐ 피아노 연주가 들리는 곳에서 좋아하는 음악을 들어볼 것

⑥ 핵심 질문

그림책이 제시하는 삶의 본질적인 물음에 대해 깊이 성찰하도록 이끄는 질문입니다. 그림책의 반복 구조, 상징, 인물의 선택, 여운이 남는 결말 등을 중심으로 질문을 만듭니다. '왜?', '무슨 의미일까?'와 같은 질문을 만들 수도 있고, '~의 관점에서 나는 어떻게 살고 있는가?'와 같은 철학적 질문으로 확장할 수도 있습니다.

그림책	질문
키오스크	자신의 삶을 변화시킬 수 있는 힘은 어디에서 올까요?
앙통의 완벽한 수박밭	완벽함을 추구하는 것과 행복은 어떤 관계가 있나요?
…아나톨의 작은 냄비	자신의 냄비와 함께 살아가는 방법을 배우는 과정은 어떤 의미가 있을까요?
괜찮을 거야	"괜찮을 거야."라는 말은 어떤 힘을 가졌을까요?

이러한 여섯 가지 질문 유형을 중심으로 그림책 수업을 구성하면, 학생은 텍스트를 수동적으로 읽는 데 그치지 않고, 자신의 생각을 구성하고 표현하게 됩니다. 그리고 타인의 생각을 듣고 함께 의미를 만들어 가는 공동 탐구의 과정을 경험하게 됩니다.

그림책 탐구 질문을 활용한 수업은 어떻게 진행할까?

그림책 탐구 질문을 중심으로 한 수업은 단순한 독서 활동을 넘어 학생이 스스로 생각을 구성하고 타인과 생각을 나누며 의미를 함께 만들어 가는 공동 탐구의 과정입니다. 이러한 수업은 앞서 제시한 여섯 가지 질문 유형인 배경지식, 사실 확인, 해석 및 평가, 적용, 선택, 핵심 질문을 수업 흐름에 따라 유기적으로 구성해 나가는 것이 핵심입니다. 다음은 『곰씨의 의자』(노인경 글·그림, 문학동네)로 탐구 질문을 통한 수업을 구성한 사례입니다.

『곰씨의 의자』 수업은 2차시(총 80분)로 구성하고 읽기 전, 읽기 중, 읽기 후 3단계로 진행했습니다. 각 단계는 질문 유형에 따라 학생의 사고 흐름을 점진적으로 확장하도록 설계했습니다.

〈수업 지도안〉

그림책	곰씨의 의자	차시	2차시(80분)
핵심 질문	Q. 의자는 곰씨에게 어떤 의미일까요? Q. 관계의 어려움을 풀기 위해 곰씨에게 필요한 것은 무엇일까요? Q. 곰씨와 토끼처럼 서로를 이해하기 위해서 우리는 어떤 노력을 해야 할까요?		
대상	초등학생 5학년	인원	20명
준비물	허니컴보드, 수성사인펜, 색연필, 질문 PPT		
질문 수업 내용			

읽기 전
(10분)
	▶ 동기유발
	• **배경지식 질문**을 통해 그림책에 대한 흥미와 관심을 이끈다.
	▶ 그림책 읽고 내용 확인하기
	• 교사가 읽어 주기, 짝 읽기, 모둠 릴레이 읽기 중 한 가지 방법으로 그림책을 읽는다.
	• 글과 그림에 집중하며 개인별로 한 번 더 읽어 볼 수 있도록 한다.
	• 그림책 BINGO 활동을 통해 내용을 점검하고, 풀지 못한 문제는 친구들과 함께 확인하도록 한다.
	  - 팀(2명 또는 4명)으로 나뉘어 빙고 퀴즈를 풀어 본다.
	  - 빙고 형식은 한 줄, 두 줄, ㄴ자 등 다양하게 진행할 수 있다.		

읽기 중 (60분)	▶ 토론 활동 • **해석 및 평가 질문**, **적용 질문**을 활용해 자신의 생각을 나눈다. • **선택 질문**을 PPT로 제시하고, 짝이나 모둠별로 토론한다. - 모둠별 의견은 허니컴보드에 정리해 칠판에 부착하고, 유사한 답변끼리 분류하여 함께 정리·발표한다.		
읽기 후 (10분)	▶ 활동 정리 및 마무리 • '나만의 곰씨 의자'를 그리고 발표한 뒤 칠판에 전시한다. • 느낀 점이나 배운 점을 5줄 글쓰기로 정리한다. ▶ 핵심 질문 나누기 • **핵심 질문**에 대한 자신의 생각을 글로 쓰고, 전체 앞에서 함께 나눈다.		

읽기 전(10분)

배경지식 질문을 활용해 표지를 관찰하고, 책의 내용이나 주제에 대해 추론해 봅니다.

 배경지식 질문

교사: 곰씨의 의자는 어떤 의자일까요?
학생1: 표지를 보면 곰씨가 책을 읽을 때 사용하는 의자 같아요.
학생2: 곰씨만 사용할 수 있는 특별한 의자 같아요.

이어서 그림책을 교사가 읽어 주거나, 학생들이 짝 읽기 또는 릴레이 방식으로 함께 읽습니다. '그림책 BINGO' 활동을 통해 사실 정보를 확인하고 내용을 정리하며 독서에 대한 이해를 다집니다.

읽기 중(60분)

해석 및 평가 질문, 적용 질문, 선택 질문을 중심으로 짝 또는 모둠 활동을 진행합니다. 학생들은 활동지를 작성한 후 서로의 의견을 나누고, 허니컴보드에 정리한 답을 칠판에 붙인 후 비슷한 답끼리 모아 재배열합니다.

해석 및 평가 질문

교사: 토끼 가족이 늘어나면서 곰씨는 의자에서 마음의 평화를 찾기 힘들어집니

다. 즐거워하는 토끼들과 달리, 곰씨의 표정은 어두워지는데요. 곰씨는 어떤 감정을 느끼고 있을까요?

학생1: 곰씨는 조용히 책을 읽거나 음악을 듣고 싶은데, 토끼들이 방해해서 힘들 것 같아요.

학생2: 곰씨는 혼자만의 시간을 중요하게 여기는데, 쉬지 못해서 피곤할 것 같아요.

교사: 토끼들은 곰씨가 누워서 책을 읽으면 곰씨의 책을 들어주겠다고 하고, 의자에 페인트칠을 하면 더 멋지게 꾸며 주겠다고 하며 새 의자에 앉으면 한 번만 앉게 해달라며 곰씨 위에 올라탑니다. 토끼들은 왜 이렇게 행동하는 걸까요?

학생1: 곰씨를 좋아하고 위하는 마음에서 도와주려는 것 같아요.

학생2: 토끼들은 함께 있는 것을 좋아하기 때문에 곰씨와 함께하는 시간이 즐거운 것 같아요.

교사: 곰씨가 자신의 생각을 직접적인 말이 아닌, 행동으로 표현하는 이유는 무엇일까요?

학생1: 토끼가 상처받을까 봐 조심했던 것 같아요.

학생2: 말을 꺼냈다가 관계가 멀어질까 봐 걱정했던 것 같아요.

교사: 곰씨는 오랫동안 자신의 의자에서 많은 시간을 보냅니다. 곰씨에게 의자는 어떤 공간일까요?

학생1: 곰씨가 좋아하는 일을 하면서 쉴 수 있는 공간이에요.

학생2: 누구에게도 방해받지 않고 혼자만의 시간을 보낼 수 있는 공간이에요.

교사: 이야기의 뒷부분에서 곰씨와 토끼의 관계는 어떤 변화가 생겼을까요?
학생1: 곰씨가 잘 때 토끼들이 서로 "쉿"이라고 말하며 조용히 해주려 노력해요. 곰씨를 배려하는 마음이 생긴 것 같아요.
학생2: 곰씨가 의자를 벗어나 토끼들과 함께 숲을 걷는 걸 보면, 관계를 더 적극적으로 맺으려는 모습이 보이는 것 같아요.

적용 질문

교사: 곰씨는 의자에서 음악을 듣고 책을 읽으며 자신만의 시간을 보냅니다. 여러분에게도 '곰씨의 의자' 같은 공간이 있나요? 그 공간은 여러분에게 어떤 의미인가요?
학생1: 제 방이요. 음악을 듣거나 책 읽기, 스마트폰 등을 할 수 있기 때문에 '휴식의 공간'이에요.
학생2: 학교도서관이요. 조용해서 방해받지 않고 책을 읽을 수 있어서 저에게 '평온한 공간'이에요.

선택 질문

교사: 곰씨는 "내가 얼마나 노력했는데. 난 세상에 다시없는 친절한 곰이라고." 라고 말합니다. 여러분은 곰씨가 친절한 곰이라고 생각하나요?

친절한 곰이라고 생각한다	학생1: 곰씨는 친절해서 토끼들에게 의자를 내어 주었지만, 혼자 쉴 수 있는 시간도 필요했어요. 학생2: 토끼들을 위해 자리를 내주고, 결혼식도 축하해 주었기 때문이에요.
그렇지 않다고 생각한다	학생3: 자신의 감정을 말로 표현하지 않고 똥을 싸는 행동은 배려가 없어 보여요. 학생4: 진정으로 친절한 곰이라면, 자신의 생각을 전할 때 토끼의 기분이 상하지 않도록 배려하며 말했어야 한다고 생각해요.

교사: 여러분은 누군가와 함께하는 즐거움과 혼자만의 여유로운 일상이 우리 삶에서 공존할 수 있다고 생각하나요?

그렇다	학생1: 혼자만의 시간도, 친구들과 함께하는 시간도 모두 필요해요. 잘 조절하면 두 가지는 충분히 공존할 수 있다고 생각해요. 학생2: 좋은 친구들과 잘 지내더라도 때로는 혼자만의 시간이 필요할 때가 있어요. 혼자 시간을 보낸다고 해서 친구들과의 관계가 멀어지는 건 아니기 때문이에요.
아니다	학생3: 뉴스에서 집에만 있고 밖에 나가지 않는 사람들이 있는 것을 봤어요. 혼자 있기를 선호하는 사람에게는 함께하는 삶이 어렵다고 생각해요. 학생4: 친구가 자주 쉬고 싶다며 함께 놀지 않으면, '나를 싫어하나?'라고 오해할 수 있어요. 그래서 관계가 멀어질 수도 있어요.

읽기 후(10분)

'나만의 곰씨 의자'를 그려 보고 발표하며, 자신만의 휴식 공간에 대해 공유합니다. 이어서 5줄 글쓰기를 통해 수업에서 느낀 점을 정리합니다. 핵심 질문을 중심으로 자신만의 생각을 글이나 말로 표현하며 수업을 마무리합니다.

💡 핵심 질문

교사: 의자는 곰씨에게 어떤 의미일까요?
학생1: 혼자서 조용히 쉴 수 있는 휴식의 공간이요.
학생2: 곰씨가 좋아하는 것을 할 수 있고 누구에게도 방해받지 않고 싶은 자신만의 공간인 것 같아요.

교사: 관계의 어려움을 풀기 위해 곰씨에게 필요한 것은 무엇일까요?
학생1: 토끼와의 소통이 필요해 보여요. 곰씨는 소통을 하지 않고 결국 행동으로 토끼들에게 싫다는 표현을 했는데 그것들이 오히려 불친절한 행동으로 보였어요.
학생2: 자신의 생각을 표현할 수 있는 용기요. 곰씨는 토끼에게 미움받을 것 같아 자신의 생각을 표현할 용기가 없었어요. 표현을 못하다 보니 불만이 쌓이게 되어 감정이 폭발한 것 같아요.

교사: 곰씨와 토끼처럼 서로를 이해하기 위해서 우리는 어떤 노력을 해야 할까요?

학생1: 서로의 다름을 인정하고, 각자의 '보이지 않는 선'을 존중해야 해요.

학생2: 말로 표현하는 연습이 필요해요. 감정을 참다 보면 오히려 관계가 멀어질 수 있어요.

2부

그림책 탐구 질문 활용 수업

01 자기 이해

자기 이해는 자신을 깊이 들여다보고 받아들이는 내면 성장의 과정입니다. 자신이 누구인지, 어떤 감정을 느끼고 어떤 생각을 하는지 알아가는 일은 건강한 자아 형성과 자신감, 삶의 방향 설정에 큰 도움이 됩니다. 그림책은 쉽고 자연스러운 이야기로 자기 이해의 길을 열어 줍니다. 예를 들어 『거꾸로 토끼끼토』는 다름을 인정하고 자신만의 특별함을 사랑하도록 이끌며, 『100만 번 산 고양이』는 삶과 존재에 대한 깊은 성찰을 전합니다. 『브로콜리지만 사랑받고 싶어』는 인기나 타인의 시선에 흔들리지 않는 자기 사랑을 키워 주고, 『착해야 하나요?』는 착함과 솔직한 자기표현 사이의 균형을 고민하게 합니다. 이러한 경험은 자기 존중과 성장을 돕는 든든한 동반자가 되어, 더 건강한 관계와 행복한 삶으로 나아가는 첫걸음이자 평생의 자산이 됩니다.

관련 교과별 성취 기준
[2바01-02] 나를 이해하고 존중하며 생활한다.
[2슬01-02] 나를 탐색하여 나에 대해 설명한다.
[4도01-01] 자신의 감정을 소중히 여기며 존중하는 태도를 바탕으로 내가 누구인가를 탐구한다.
[4국05-04] 감각적 표현에 유의하여 작품을 감상하고, 감각적 표현을 활용하여 자신의 생각이나 감정을 표현한다.
[6도01-03] 자기가 하고 싶은 일을 선택할 때 도덕적 고려의 필요성을 알고 자신의 특기와 적성을 탐색하여 진로계획을 수립한다.
[6미01-01] 다양한 감각과 매체를 활용하여 자신과 대상을 탐색할 수 있다.

거꾸로도 괜찮아

『거꾸로 토끼끼토』
보람 글·그림, 길벗어린이

남들과 다른 방식으로 세상을 살아가는 토끼 '끼토'는 선물 받은 신발을 아끼기 위해 두 귀로 걷기로 합니다. 이러한 끼토의 독특한 행동을 통해 '나다움'과 '용기'에 대한 질문을 자연스럽게 끌어낼 수 있습니다. 이 책을 활용해 질문 수업을 한다면 학생들은 자존감과 다양성, 자기표현에 대해 생각해 볼 수 있을 것입니다. 더불어 학생들은 자신을 긍정하는 힘을 얻게 될 것입니다.

#자기표현 #편견 #타인존중 #친구

 핵심 질문

> 1. '유별나다'라는 것은 어떤 의미일까요?
> 2. 나와 다른 삶의 방식을 어떻게 바라보아야 할까요?

📖 배경지식 질문

1. 거꾸로 읽어도 똑같은 단어에는 어떤 것들이 있을까요?
2. 표지의 토끼처럼 거꾸로 서 본 적이 있나요?
3. 표지 속 토끼는 왜 거꾸로 서서 울고 있을까요?

🎯 그림책 BINGO

① 끼토가 생일에 선물 받은 것은 □□입니다.	② 끼토가 거꾸로 걷게 된 까닭은 어떤 아이가 급하게 달려오다가 □□□을 튀겼기 때문입니다.	③ 끼토가 다쳤을 때 토토가 붙여 준 것은 무엇인가요?
④ 끼토의 단어들 중 거꾸로 해도 같은 단어는 무엇일까요?	⑤ 끼토가 토토를 보고 생각해 낸 새로운 방법은 무엇인가요?	⑥ 토토는 신발을 깨끗하게 유지하기 위하여 자신의 어디에 신발을 두고 걸어 다녔나요?
⑦ 끼토의 모습을 숨어서 보고 있는 동물의 이름은 무엇일까요?	⑧ 끼토가 거꾸로 걷고 있는 모습을 보고 주변에서 잔소리를 할 때 끼토는 거꾸로 걷기를 멈추었나요? (O/X)	⑨ 끼토가 거꾸로 걷는 방법이 아닌 다른 방법으로 신발을 소중히 여길 수 있음을 생각하게 해 준 것은 누구일까요?

답: ①신발 ②흙탕물 ③당근 밴드 ④토마토, 별똥별, 기러기, 토끼끼토 ⑤신발을 귀에 신는다. ⑥머리 위 ⑦개미 ⑧X ⑨토토

👁 해석 및 평가 질문

1. 끼토는 새 신발이 더러워지는 게 싫어서 거꾸로 걷기로 합니다. 이 장면을 보고 어떤 생각이 들었나요?

1-1. 끼토는 어떤 성격을 가진 토끼라고 생각하나요?

2. "넌 왜 거꾸로 서서 다니니?", "괴물 토끼다! 도망가자!", "거꾸로 걸으면 키가 안 커!" 등 이웃 토끼들은 끼토를 보며 잔소리를 합니다. 이웃들이 이렇게 반응하는 이유는 무엇일까요?

3. 거꾸로 걷던 끼토는 귀가 아파오자 다시 똑바로 걸을까 고민합니다. 하지만 이웃들의 잔소리를 들은 뒤, "다들 날 좀 내버려 둬요!"라며 뛰어가 버립니다. 만약 이웃들이 잔소리를 하지 않았다면 끼토는 어떻게 했을까요?

4. 돌에 걸려 넘어진 끼토는 자신을 걱정하는 이웃에게 "신경 쓰지 마세요!"라고 말하며 아픔을 꾹 참고 다시 걷습니다. 그러나 한참을 걷던 끝에 바위에 앉아 눈물을 흘립니다. 끼토는 왜 울었을까요?

5. 이웃 토끼들은 끼토를 보며 "유별난 토끼네. 우리처럼 평범하게 걸으면 안 돼?"라고 말합니다. 이웃들이 끼토를 '유별나다'고 생각하는 것에 대해 어떻게 생각하나요?

6. 끼토는 신발을 보호하기 위해 거꾸로 걷고, 토토는 신발을 머리 위에 올리고 다닙니다. 두 토끼가 신발을 아끼는 방식에는 어떤 차이가 있나요?

7. 끼토의 생각이 변하게 된 이유는 무엇일까요?

> **토토**: 네 신발 너무 예뻐! 거꾸로 걸어 다니는 거, 신발 때문이지? 나도 너랑 똑같거든. (…) 그런데 거꾸로 오래 걸으면 귀가 아프지 않아?
> **끼토**: 사실은… 좀 아파! 그런데… 널 보고 나도 좋은 방법을 생각해 냈어!

7-1. 토토가 끼토를 대하는 방식은 다른 이웃들이 끼토를 대하는 방식과 어떤 점이 다를까요?

⟳ 적용 질문

1. 새 신발이 더러워질까 봐 조심했던 경험이 있나요? 만약 여러분이 끼토라면, 신발을 깨끗하게 유지하기 위해 어떤 방법을 사용하겠나요?

2. 여러분이 끼토의 이웃이라면 신발을 지키기 위해 거꾸로 걷는 끼토를 보고 뭐라고 말하겠나요?

2-1. 끼토는 이웃들의 잔소리에 "다들 날 좀 내버려 둬요!"라며 뛰어갑니다. 여러분이라면 이런 상황에서 어떻게 행동했을 것 같나요?

3. 끼토를 비난하던 이웃들은 너도나도 네발로 걷고, 데굴데굴 구르고, 게다리 걷기를 하는 등 점점 더 다양한 방식으로 걸어 보며 그것이 즐겁다는 걸 깨닫습니다. 여러분은 어떻게 걷고 싶나요?

4. 이 책은 새 신발을 아끼려다 거꾸로 걷기 시작한 끼토의 이야기를 담고 있습니다. 여러분이 해 본 가장 엉뚱한 행동은 무엇인가요? 그 이유는 무엇인가요?

4-1. 만약 남들과 다르게 행동해 보고 싶다면 어떤 것을 시도해 보고 싶나요?

5. 끼토와 토토는 자신만의 방식으로 살아가기로 결심하고 함께 걸어갑니다. 여러분이 생각하는 '나다운 모습'은 무엇인가요?

6. 토토는 끼토를 이해하고 공감하며 '귀 전용 신발'을 선물합니다. 여러분 주변에 토토처럼 자신을 이해해 주는 사람이 있나요?

7. 끼토는 거꾸로 걷는 법 이외에 인사하는 법, 밥 먹는 법, 자는 법 등 다른 것에도 자신만의 독특한 방식을 만들어 냅니다. 끼토처럼 색다른 방법을 시도하는 사람을 보면 어떤 생각이 드나요?

8. 끼토는 거꾸로 바라보는 세상이 꽤 재미있다고 생각합니다. 만약 여

러분이 세상을 거꾸로 볼 수 있다면, 지금과 어떤 점이 달라 보일까요?

9. 끼토를 바라보는 이웃들의 시선이 마냥 따뜻하지만은 않습니다. 우리 사회에도 고정관념이나 편견이 존재하는데요, 우리 사회에는 어떤 편견이 있다고 생각하나요?

선택 질문

1. 끼토는 새 신발을 보호하기 위해 거꾸로 걷기로 합니다. 끼토의 선택에 공감하나요?
☐ 공감한다　☐ 공감하기 어렵다

2. 이웃 토끼들은 끼토에게 여러 잔소리를 합니다. 이러한 잔소리는 끼토에게 도움이 되었을까요?
☐ 도움이 된다　☐ 도움이 되지 않는다

3. 여러분이 끼토라면, 남들의 시선을 의식하여 거꾸로 걷는 행동을 바꾸겠나요?
☐ 바꾼다　☐ 바꾸지 않는다

4. 모둠원 혹은 팀원을 선택할 수 있다면, 끼토 같은 친구를 뽑겠나요?
☐ 뽑는다　☐ 뽑지 않는다

5. 끼토가 들었던 말 중 가장 힘들 것 같았던 말은 무엇인가요?

☐ 쓸데없는 짓을 한다   ☐ 괴물이다

☐ 키가 안 큰다   ☐ 평범하게 걸어라   ☐ 예의가 없다

6. 끼토는 토토를 만난 후 신발을 귀에 꽂고 똑바로 걸어 봅니다. 만약 토토를 만나지 않았다면 끼토는 똑바로 걸어 보려는 시도를 했을까요?

☐ 시도한다   ☐ 시도하지 않는다

7. 지나가던 이웃 아저씨는 끼토에게 "신발은 원래 더러워지는 거야. 쓸데없는 짓 그만하고 똑바로 걸어 다니렴."이라고 말합니다. 이 말에 공감하나요?

☐ 공감한다   ☐ 공감하기 어렵다

그림책 활동 더하기

나만의 ○○ 방법 만들기

그림책 속 끼토처럼 자신만의 특별한 방식을 만들어 봅시다. 예를 들어 '나만의 씻는 법', '옷 입는 법', '공부하는 법', '노는 법'처럼 일상 속 익숙한 행동을 내가 정한 방식으로 자유롭게 표현하는 겁니다.

노가 준 가능성

『노를 든 신부』
오소리 글·그림, 이야기꽃

신부가 되고 싶었던 소녀는 부모님에게 받은 노 하나를 들고 길을 나섭니다. 노를 저어 섬을 떠나야 하는 신부에게 하나밖에 없는 노는 결혼의 걸림돌이 되지요. 그러나 모험을 계속할수록 노는 점차 신부의 삶을 이끄는 도구로 변해 갑니다. 이 책은 사회가 기대하는 전통적인 방식을 대하는 나의 태도, 나다움에 숨겨진 가능성에 대해 질문하며 이야기 나누기 좋은 책입니다. 질문 수업을 통해 아이들과 함께 자신만의 삶의 의미와 방향을 찾아가는 시간을 가져보기 바랍니다.

#나다움 #성장 #모험 #가능성

 ### 핵심 질문

> 1. 신부에게 '노'는 어떤 의미일까요?
> 2. 내가 진짜로 원하는 삶을 살기 위해 필요한 것은 무엇일까요?

📖 배경지식 질문

1. 노를 사용해 본 적이 있나요?
2. 표지 속 신부가 노를 들고 있는 이유는 무엇일까요?
3. 신부는 노를 들고 어디로 가고 있는 것일까요?

🎯 그림책 BINGO

① 외딴 섬에 사는 소녀의 친구들은 ㅅㄹ과 ㅅㅂ가 되어 섬을 떠납니다.	② 신부가 되기 위해 떠나는 소녀에게 부모님이 준 것은 무엇인가요?	③ 신부가 된 소녀가 첫 번째로 간 곳은 어디인가요?
④ 신부가 바닷가에서 배를 탈 수 없었던 이유는 무엇인가요?	⑤ 산 중턱에서 만난 사람은 신부에게 다른 많은 신부들이 있는 배에 타라며 "절대 ㅁㅁㅁ 않을 거요."라고 말합니다.	⑥ 신부는 숲에서 늪에 빠진 ㅁㅁㅁ을 만나게 됩니다.
⑦ 신부는 노를 사용할 새로운 방법을 생각했습니다. 어디에 사용하였나요?	⑧ 신부가 추운 지방의 야구팀과 계약한 이유는 무엇인가요?	⑨ 신부가 외딴 섬을 떠날 때 이용한 새로운 교통수단은 무엇인가요?

답: ①신랑, 신부 ②노 하나, 드레스 ③바닷가 ④노가 하나밖에 없어서 ⑤외롭지 ⑥사냥꾼 ⑦과일 따기, 요리, 격투, 야구 ⑧하얀 눈을 보고 싶어서 ⑨비행기

👁 해석 및 평가 질문

1. 소녀의 부모는 신부가 되어 모험을 떠나기로 결심한 소녀에게 드레스와 노 하나를 건넵니다. 부모는 왜 노를 하나만 주었을까요?

1-1. 부모는 떠나는 소녀에게 드레스와 노를 건네며, "이제 소녀가 아니라 신부구나."라고 말하며 그녀를 꼭 안아 줍니다. 여러분은 소녀의 부모가 말한 '소녀'와 '신부'의 차이가 무엇이라고 생각하나요?

2. 섬을 떠나기 위해 노 하나를 들고 바닷가로 간 신부에게 사람들은 "미안하지만, 노 하나로는 갈 수 없어요."라고 말합니다. 사람들에게 '노'는 어떤 의미일까요?

3. 배를 타고 바다로 나아가는 사람들 중 노를 젓는 이들은 모두 신부입니다. 왜 신랑이 아닌 신부들이 노를 젓고 있을까요?

4. 섬을 떠나지 못한 신부는 산을 오릅니다. 그녀는 수많은 신부를 태운 배와 화려한 크루즈를 지나쳐 갑니다. 이런 모습으로 보아, 신부는 어떤 인물이라고 생각하나요?

5. "차라리 심심한 게 나은지도 모르겠어."라고 생각하던 신부는 늪에 빠진 사냥꾼을 노로 구한 뒤, "이제 즐거운 시간을 보낼 수 있겠어!"라고 생각합니다. 신부의 생각이 바뀐 이유는 무엇일까요?

6. 마을로 내려간 신부는 노를 방망이 삼아 사람들과 야구를 합니다. 그녀가 홈런을 치자 사람들은 열렬히 환호합니다. 이 장면을 어떻게 보았나요?

7. 소녀는 신부가 되어 배를 타고 섬을 떠나려 했지만, 결국 비행기를 타고 새로운 곳으로 향합니다. 이러한 신부를 보며 어떤 생각이 들었나요?

8. 신부는 불편할 수도 있는 드레스를 끝까지 입고 있습니다. 그녀는 왜 드레스를 벗지 않았을까요?

9. 신부가 살던 외딴 섬과 지금 우리가 살고 있는 사회는 어떤 점에서 닮아 있다고 생각하나요?

ⓖ 적용 질문

1. 모험을 떠나려는 딸에게 부모는 드레스와 노를 선물로 줍니다. 여러분이 소녀의 부모라면 어떤 선물을 주고 싶나요?

2. 만약 여러분이 노가 하나밖에 없어서 배를 탈 수 없다는 말을 들은 신부라면, 어떻게 하겠나요?

3. 신부의 부모님은 소녀가 모험을 떠난다고 하자 자랑스럽다고 말해 줍니다. 만약 여러분이 부모라면, 야구 선수가 되어 새로운 곳으로 떠나는 딸에게 어떤 말을 해 주고 싶나요?

4. 소녀는 신부가 되고자 자신이 살던 집과 섬을 떠나는 모험을 시작합니다. 여러분이 지금까지 했던 일 중 '모험'이라고 할 만한 경험이 있다면 무엇인가요?

5. 외딴섬에서 '노'는 짝을 찾는 중요한 도구였습니다. 우리 사회에서도 결혼을 위해 요구되는 여러 조건이 있습니다. 여러분이 생각하는 가장 중요한 결혼의 조건은 무엇인가요?

6. 이 책은 관습과 제도를 벗어나 자신의 가능성을 찾아 나선 신부의 이야기를 담고 있습니다. 신부의 '노'처럼, 여러분에게는 어떤 '노'가 있나요? 그 '노'는 어떤 가능성을 가지고 있다고 생각하나요?

7. 저출산 시대에 자녀를 한 명만 낳거나 아예 낳지 않는 부부가 많아지고 있습니다. 이에 따라 부모의 과잉 보호적 양육 태도가 사회적 문제로 대두되고 있는데, 이 책이 이러한 문제에 대해 시사하는 바는 무엇이라고 생각하나요?

 **선택 질문**

1. 만약 신부에게 노가 두 개였다면, 배를 타고 섬을 떠났을까요?
   ☐ 떠난다   ☐ 떠나지 않는다

2. 만약 야구팀 감독들이 신부를 데려가려 하지 않았다면, 신부는 섬을 떠났을까요?
   ☐ 떠난다   ☐ 떠나지 않는다

3. 눈이 보고 싶은 신부는 추운 지방의 야구팀과 망설임 없이 계약합니다. 신부의 선택에 공감하나요?
   ☐ 공감한다   ☐ 공감하기 어렵다

4. 신부가 야구 선수가 되어 섬을 떠난 이후에도 신랑을 찾으려 했을까요?
   ☐ 찾는다   ☐ 찾지 않는다

5. 신부가 섬을 떠난 뒤, 마을 사람들의 생각에 변화가 생겼을까요?
   ☐ 변한다   ☐ 변하지 않는다

6. 자신이 중요하게 생각하는 가치와 관습·제도가 충돌할 때, 어떤 것을 따르는 편인가요?
   ☐ 나의 가치   ☐ 관습이나 제도

 그림책 활동 더하기

신부의 뒷이야기로 마지막 장 추가하기

쓸모없던 '노 하나'는 야구방망이가 되어 신부의 꿈을 이루는 데 사용됩니다. 야구 선수가 되기 위해 섬을 떠난 신부에게 어떤 일이 펼쳐질까요? 이후 일어날 이야기로 마지막 한 장을 추가해 봅시다.

단순하게 사는 법

『더우면 벗으면 되지』
요시타케 신스케 글·그림, 주니어김영사

'더우면 벗으면 되지'처럼 단순하지만 본질을 꿰뚫는 방식으로, 다양한 고민의 해답을 유쾌하게 건네는 책입니다. 사소한 일부터 삶의 근본적인 질문까지, 고민을 꼭 무겁고 진지하게만 받아들일 필요가 있는지 되묻게 하지요. 이 책은 고민을 다루는 새로운 관점을 나누고, 마음을 가볍게 돌보는 방법과 유연하게 삶을 바라보는 태도를 기를 수 있도록 도와줍니다. 이 책으로 수업을 한다면, 학생들이 자신만의 고민을 표현하고, 타인의 시선으로 바라보는 활동을 통해 마음 관리와 공감, 위로와 자기 성찰의 경험을 할 수 있습니다.

#고민 #관점의전환 #마음관리 #위로

 핵심 질문

1. '더우면 벗으면 되지'식의 사고가 필요한 이유는 무엇일까요?
2. 나만의 고민 해결 방법은 무엇인가요?

📖 배경지식 질문

1. 더우면 어떻게 하나요?
2. 요즘 가장 큰 고민은 무엇인가요?
3. '~하면 되지'라는 말을 주로 언제 사용하나요?

◎ 그림책 BINGO

① 더우면 ㅂ□면 되고, 추우면 ㅇ□면 됩니다.	② 살이 좀 쪘다면 어떤 친구를 만나면 되나요?	③ 무슨 뜻인지 모를 때는 휙휙 건너뛰고 어떤 부분만 읽으면 되나요?
④ 꼭 갖고 싶은 게 있다면 어떤 아이인 척 하면 되나요?	⑤ 따스하고 보드라운 것을 만지고 싶다면 무엇을 만나면 되나요?	⑥ 방이 어질러져 있다면 일단 ㅁㅅㄹ만이라도 맞추면 됩니다.
⑦ 아무도 날 봐 주지 않는다면 공손하게 인사하면 됩니다. (O / X)	⑧ 말 상대가 필요하다면 귤에다 ㅇㄱ을 그려 넣습니다.	⑨ 세상이 변했다면 나도 □□면 됩니다.

답: ①벗으, 입으 ②살찐 친구 ③아는 부분 ④착한 아이 ⑤동물 ⑥모서리 ⑦X ⑧얼굴 ⑨변하

👁 해석 및 평가 질문

1. "살이 좀 쪘다면 살찐 친구들을 만나면 되지."에서 살찐 친구를 만나는 것이 문제의 근본적인 해결책은 아닐 수도 있습니다. 그럼에도 불구하고 이 답이 쓸모가 있다면 어떤 점에서 그러한가요?

2. "아무에게도 상처 주고 싶지 않다면 멋진 거짓말을 지어내면 되지."에서 여러분이 생각하는 '멋진 거짓말'에는 어떤 것들이 있나요?

3. "누군가의 불행을 바란다면 파도가 밀려오는 물가에다 쓰면 되지."라고 한 까닭은 무엇일까요?

4. "세상이 변했다면 나도 변하면 되지."에 비추어 생각해 본다면, 요즘 세상의 변화는 어떤 모습인가요?

5. 책 속 첫 번째 문제는 "더우면"이고 그 해결책은 "벗으면 되지."입니다. 그런데 가장 마지막 문제는 "추우면"이고 그 해결책은 "입으면 되지."입니다. 작가가 책의 앞뒤 장면을 이렇게 배치한 이유가 무엇이라고 생각하나요?

6. 이 책은 남녀노소 모두의 고민이나 질문에 단순하고 명쾌한 답을 제시해 줍니다. 가장 인상 깊었던 장면은 무엇인가요?

6-1. 위와 같은 방식을 통해 작가가 전하고 싶은 말은 무엇일까요?

🔄 적용 질문

1. 이 책에 나온 여러 해결책 중 여러분이 실제로 해 본 고민이나 해결책이 있다면 무엇인가요?

2. "어른의 삶에 지쳤다면 땅에서 발뒤꿈치를 떼면 되지."에서 작가는 어른들에게 쉬거나 그네 타기, 나무에 올라가기 등의 방법을 제시합니다. 여러분이 삶에 지친 어른을 만난다면 어떤 위로의 말을 건네고 싶나요?

2-1. 힘들어하는 어린이에게 어떤 위로를 해 주고 싶나요?

3. "세상이 꼴 보기 싫어졌다면 번쩍거리는 화면을 보지 않으면 되지."와 같이 요즘 가장 보기 싫은 세상일은 무엇인가요?

4. "말 상대가 필요하다면 귤에다 얼굴을 그려 넣으면 되지."에서처럼 말 상대가 필요하다면 어떻게 하나요?

5. 식당에서 먹은 음식 "맛이 별로였다면 입가심거리를 찾아 산책을 나서면 되지."라고 합니다. 이럴 때 어떻게 행동하겠나요?

6. "몸이 옛날 같지 않다면 옛날의 내가 어땠는지 들려주면 되지."처럼 이야기하고픈 예전의 특별한 자랑거리가 있나요?

7. 문제 앞에서 지나치게 복잡하게 생각하여 아무 일도 하지 못하는 경우가 있습니다. 단순한 방법으로 문제를 해결한 경험이 있나요?

7-1. 이 책을 주변 사람들에게 추천해 주고 싶다면 누구에게 추천하고 싶은가요?

8. 털어놓고 싶은 고민이 있나요?

8-1. 여러분이 작가라면, 고민에 대해 어떤 해결책을 제시하고 싶나요?

선택 질문

1. '손 하나 까딱하기도 힘들 정도로 피곤하면 양치질도 건너뛰고 그냥 자기', '아무도 날 봐 주기 않는다면 큰 소리로 울기', '꼭 갖고 싶은 게 있다면 착한 아이인 척하기' 등은 사람들의 고민에 대해 작가가 들려주는 해결 방안입니다. 이러한 방법에 공감하나요?
  ☐ 공감한다   ☐ 공감하기 어렵다

2. '살이 좀 쪘다면'이라는 고민에 작가는 '살찐 친구들을 만나면 되

지'라고 해결책을 제시합니다. 이런 해결책을 다른 사람에게 추천하겠나요?

☐ 추천한다 ☐ 추천하지 않는다

3. 만약 여러분의 가족이나 동료가 "무슨 뜻인지 모르겠다면 휙휙 건너뛰고 아는 부분만 읽으면 되지."라는 방식으로 해결하려 한다면 여러분은 그 방식을 지지하겠나요?

☐ 지지한다 ☐ 지지하지 않는다

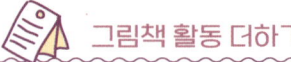 그림책 활동 더하기

나만의 고민 해결 미니북 만들기

이 책은 누구나 겪을 수 있는 고민에 어린아이처럼 단순하고 유쾌하게 해답을 제시합니다. 책을 다시 읽으며 나만의 해결 방법을 써 봅시다. 그중에서 5개를 골라 그림을 그리고 나만의 해결 방법이 담긴 미니북을 만들어 봅시다.

나만의 고민 해결 미니북

1. 더우면 _____ 되지.
2. 추우면 _____ 되지.
3. 살이 좀 쪘다면 _____ 되지.
4. 소중한 사람을 잃었다면 _____ 되지.
5. 세상이 꼴 보기 싫어졌다면 _____ 되지.
6. 무슨 뜻인지 모르겠다면 _____ 되지.
7. 누군가의 불행을 바란다면 _____ 되지.
8. 생각이 뒤죽박죽 엉켰다면 _____ 되지.
9. 꼭 갖고 싶은 게 있다면 _____ 되지.
10. 아무도 알아주지 않는다면 _____ 되지.
11. 맛이 별로였다면 _____ 되지.
12. 물건 잃어버리기 선수라면 _____ 되지.

유연함으로
찾은 개성

『문어 팬티』
수지 시니어 글, 클레어 파월 그림, 천개의바람

문어는 알몸인 자신이 부끄러워 팬티를 구하러 다닙니다. 여러 가게를 돌아다니며 문어 팬티를 찾지만, 비웃음만 듣게 됩니다. 인터넷 검색도 해보지만 찾을 수 없습니다. 마지막으로 아주 특별한 '큰바다 백화점'에 갑니다. 그곳에서 문어는 "없는 물건 빼고 다 있다."라고 말하는 특별한 주인 해마를 만나게 됩니다. 결국 고정관념에서 벗어난 해마의 해결책으로 문어는 자신만의 옷을 찾게 됩니다. 자신다움을 찾는 문어의 이야기를 통해 독자는 나다움, 고정관념을 깨는 유연성, 창의적 문제해결능력을 기를 수 있습니다.

#고정관념 #유연함 #개성 #자존감

 핵심 질문

1. 문어에게 팬티가 필요한 이유는 무엇일까요?
2. 모두에게 있다면 그것은 나에게도 필요한 것일까요?

📚 배경지식 질문

1. 문어에 대해 여러분이 알고 있는 것은 무엇인가요?
2. 표지의 문어는 어떤 표정인가요?
3. 표지의 문어는 왜 팬티를 들고 있을까요?

🎯 그림책 BINGO

① 문어가 팬티를 입고 싶은 이유는 무엇인가요?	② 가게에서는 다리를 □□ 개나 넣을 수 있는 팬티는 없다고 합니다.	③ 문어는 □□□에서 팬티는 사지 않고 대구, 참치, 낚싯대만 삽니다.
④ 커다란 회전문, 온갖 물건이 가득한 가게 이름은 무엇인가요?	⑤ 큰바다 백화점에서 해마는 이곳에는 □□ 물건 빼고 다 있다고 말합니다.	⑥ 성게들이 서로 껴안을 수 있는 □□□, 물개들의 슬리퍼 □□도 판매합니다.
⑦ 물장구를 좋아하는 범고래에게 꼭 맞는 것은 무엇인가요?	⑧ 해마는 문어의 여덟 개 다리가 사실은 □이라고 말합니다.	⑨ 문어가 팬티 대신 입은 것은 무엇인가요?

답: ①알몸이라서 ②여덟 ③인터넷 ④큰바다 백화점 ⑤없는 ⑥우주복, 양말 ⑦튜브 ⑧팔 ⑨(문어)셔츠

👁 해석 및 평가 질문

1. 문어는 팬티를 찾으러 여러 옷 가게를 돌아다니지만 다리가 여덟 개나 들어가는 팬티는 없다고 합니다. 왜 문어 팬티는 없는 걸까요?

2. 문어는 인터넷에서 열심히 팬티를 찾지만, 결국 대구, 참치, 낚싯대만 사고 맙니다. 왜 문어는 다른 물건들만 잔뜩 샀을까요?

3. 상어도, 오징어도, 복어도 모두 팬티가 있는데 자신만 팬티가 없다며 불평하는 문어를 보며 어떤 생각이 들었나요?

4. 문어는 '큰바다 백화점'을 발견합니다. 이 백화점이 특별한 이유는 무엇일까요?

4-1. 문어가 백화점에 들어가기 전에 안내문 뒤에 숨고, 주변을 살피는 이유는 무엇일까요? 먼저 방문했던 옷 가게와 다른 행동을 하는 이유는 무엇인지 말해 봅시다.

5. 백화점에 들어간 문어에게 해마는 "이곳에는 없는 물건 빼고 다 있답니다!"라고 말합니다. '없는 것 빼고 다 있는 것'은 당연한데 해마는 왜 이런 말을 하는 걸까요?

6. 큰바다 백화점에는 다양한 물건들이 판매됩니다. 따개비 방울 모자

부터 파인애플 안경까지, 없는 것 빼고는 다 있는 것처럼 보입니다. 이 물건들을 보고 어떤 생각이 드나요?

7. 해마는 문어에게 "당신에게 팬티는 필요 없어요. 당신의 다리는 다리가 아니니까요. 그건 여덟 개의 팔이에요!"라고 말합니다. 이 말에 대해 어떻게 생각하나요?

7-1. 해마의 생각은 다른 바닷속 동물들과 어떤 점이 다른가요?

7-2. 다리가 여덟 개 들어가는 문어 '팬티'는 없지만 문어 '셔츠'는 있는 이유가 무엇일까요?

적용 질문

1. 문어는 여러 가게를 돌아다니며 팬티를 찾습니다. 여러분이 가게 주인이라면, 문어에게 뭐라고 말하겠나요?

2. 문어처럼 상황에 맞지 않는 행동이라고 비웃음이나 비난을 받은 적이 있나요?

3. 문어는 인터넷에서 필요하지 않은 물건을 잔뜩 샀습니다. 문어와 비슷한 경험을 한 적이 있나요?

3-1. 인터넷 쇼핑 시 불필요한 물건을 사지 않으려면 어떻게 해야 할까요? 나만의 합리적인 인터넷 쇼핑 방법이 있다면 알려 주세요.

4. 문어는 자신만 팬티를 가지지 못해서 서럽습니다. 여러분도 문어처럼 나만 가지지 못해 슬픈 것이 있나요?

4-1. 반대로 모두에게 없지만 나에게만 있는 것은 무엇인가요?

5. 여러분에게 백화점은 어떤 공간인가요?

5-1. 여러분이 큰바다 백화점 주인이라면 어떤 특별한 제품을 판매하고 싶나요?

5-2. 여러분이 해마라면 문어에게 셔츠 외에 어떤 제품을 추가로 추천할 건가요?

6. 뒷면지 바다에 있는 동물의 종이 가방에는 어떤 물건이 들어 있을까요? 경험을 떠올리며 상상해 봅시다.

7. 이 책에는 "우리가 가진 고정된 시선을 깨닫고, 유연한 사고를 할 수 있기를 바란다."라는 소개말이 담겨 있습니다. 이런 사고는 과학자, 발명가, 기업가 등의 혁신에서 자주 볼 수 있습니다. 가장 창의적이라고

생각되는 혁신가는 누구인가요? 그에게 배우고 싶은 점은 무엇인가요?

📖 선택 질문

1. 문어는 자신만 팬티가 없다는 사실이 부끄럽습니다. 남들과 같은 것을 가지려 여기저기 헤매는 문어의 행동에 공감하나요?
   ☐ 공감한다   ☐ 공감하기 어렵다

2. 문어가 여러 가게를 돌아다니며 팬티를 찾는 행동에 가게 주인들이 비웃습니다. 이런 가게 주인들의 모습에 공감하나요?
   ☐ 공감한다   ☐ 공감하기 어렵다

3. 큰바다 백화점의 물건 중 가장 기발한 것은 무엇인가요?
   ☐ 따개비 방울 모자   ☐ 뱀장어 턱시도&드레스   ☐ 성게 우주복
   ☐ 물개 슬리퍼 양말   ☐ 해파리 장신구   ☐ 범고래 튜브   ☐ 송어 무지개 물감

4. 문어의 다리는 '다리'가 아니라 '팔'이라는 말에 공감하나요?
   ☐ 공감한다   ☐ 공감하기 어렵다

5. 셔츠를 입은 문어는 매우 만족한 듯 보입니다. 문어는 더 이상 팬티를 찾지 않을까요?
   ☐ 찾는다   ☐ 찾지 않는다

컵을 다양하게 변신시키기

여러분은 물건의 기존 사용법 외에 다른 방식으로 사용해 본 경험이 있나요? 이곳에 그려진 '컵'을 다양한 방식으로 사용하거나 새로운 물건으로 변신시켜 봅시다.

후회 없는 삶이란?

『100만 번 산 고양이』
사노 요코 글·그림, 비룡소

100만 번이나 죽고 다시 태어난 고양이는 그 누구도 사랑한 적이 없습니다. 그러나 마지막 삶에서 진정으로 사랑하는 존재를 만나게 되고, 주체적으로 살아갑니다. 특히 "그러고는 두 번 다시 되살아나지 않았습니다."라는 마지막 문장은 삶의 가치에 대해 고민하게 하지요. 이 책으로 질문 수업을 하면 아이들은 반복되는 고양이의 삶을 통해 삶과 죽음, 관계에 대해 성찰할 수 있습니다. 교사는 진정한 삶과 사랑에 대해 깊이 있는 토론 수업을 구성할 수 있습니다.

#진정한삶 #주체성 #사랑 #행복

 핵심 질문

1. 고양이는 100만 번째 죽음 이후, 왜 다시 살아나지 않았을까요?
2. 후회 없는 삶을 사는 방법은 무엇일까요?

📖 배경지식 질문

1. 고양이를 키워 본 적이 있나요?
2. 고양이는 어떻게 100만 번이나 살 수 있었을까요?
3. 표지 속 고양이는 어떤 성격일 것 같나요?

🎯 그림책 BINGO

① 한때 임금님의 고양이였던 주인공은 □□에 맞아 죽게 됩니다.	② 고양이의 주인들이 고양이가 죽자 어떻게 했나요?	③ 얼룩무늬 □□고양이가 된 주인공은 처음으로 자기만의 고양이로 태어나게 됩니다.
④ 얼룩무늬 고양이 곁 암고양이들은 고양이의 ㅅㅂ가 되고 싶었습니다.	⑤ 하얀 고양이는 다른 암고양이들과 달리 얼룩무늬 도둑고양이를 어떻게 대했나요?	⑥ 고양이가 하얀 고양이를 만나기 전 가장 좋아했던 인물은 누구였나요?
⑦ 하얀 고양이를 만나고 절대로 하지 않게 된 말은 무엇인가요?	⑧ 하얀 고양이가 할머니가 되어 가자 주인공 고양이는 하얀 고양이가 어떻게 되기를 바랐나요?	⑨ 고양이가 처음으로 울게 된 이유는 무엇일까요?

답: ①화살 ②슬퍼하며 울었음 ③도둑 ④신부 ⑤얼룩무늬 고양이를 본 체도 하지 않음 ⑥자기 자신 ⑦나는 백만 번이나 죽어 봤다고! ⑧오래오래 살기를 바람 ⑨사랑하던 하얀 고양이가 죽었기 때문에

👁 해석 및 평가 질문

1. 고양이는 뱃사공, 임금님, 서커스단 마술사, 할머니, 여자아이의 고양이 등으로 살았습니다. 이 중 여러분에게 가장 인상 깊었던 고양이의 삶은 어떤 것이며, 그 이유는 무엇인가요?

2. 여러 주인들은 고양이를 귀여워했고, 고양이가 죽었을 때 슬퍼하며 울었습니다. 하지만 고양이는 단 한 번도 울지 않았습니다. 고양이는 왜 한 번도 울지 않았을까요?

3. 고양이는 100만 번의 삶을 살며 여러 주인을 만났지만, 그들을 좋아하지 않습니다. 그럼에도 불구하고 왜 죽을 때까지 주인들을 떠나지 않았을까요?

4. 고양이에게 관심을 보인 다른 암고양이들과 달리, 하얀 고양이는 언제나 무관심하게 짧은 답만 합니다. 하얀 고양이가 이렇게 행동한 이유는 무엇이라고 생각하나요?

5. 하얀 고양이가 움직임을 멈춘 후, 고양이는 처음으로 웁니다. 고양이가 하얀 고양이를 안은 채 고개를 하늘로 쳐들고 입을 벌리며 우는 장면을 어떻게 보았나요?

6. 이 책은 "그러고는 두 번 다시 되살아나지 않았습니다."라는 말로 끝

을 맺습니다. 고양이는 왜 다시 살아나지 않았을까요?

6-1. 그렇다면 고양이가 이전의 삶에서는 왜 100만 번이나 되살아났을까요?

7. 100만 번 산 고양이의 삶은 크게 세 부분으로 나눌 수 있습니다. 첫째, 누군가의 고양이로 사는 삶. 둘째, 주인 없는 도둑고양이로 사는 삶. 셋째, 하얀 고양이를 만난 이후의 삶. 이 세 가지 삶의 차이는 무엇일까요?

적용 질문

1. 고양이는 누구의 고양이가 아닌 도둑고양이로 태어난 후 자신을 무척 사랑하게 됩니다. 이처럼 여러분 자신이 소중하거나 사랑스럽게 느껴지는 순간이 있다면 언제인가요?

2. 만약 죽은 뒤 다시 태어날 수 있다면, 어떤 삶을 살아보고 싶나요?

3. 고양이는 "난 백만 번이나 죽어 봤다고!"라고 자랑하며 하얀 고양이의 관심을 얻으려다 실패합니다. 결국 "네 곁에 있어도 괜찮겠니?"라는 진심 어린 말을 통해 하얀 고양이의 마음을 얻게 되지요. 여러분이 고양이라면, 관심 있는 대상에게 어떤 말과 행동으로 마음을 전하고 싶나요?

4. 고양이는 하얀 고양이와 새끼 고양이들을 통해 삶의 만족감과 행복을 느낍니다. 평범한 일상에서 나를 웃게 하거나 행복하게 만드는 것은 무엇인가요?

5. 사랑했던 하얀 고양이가 죽은 후, 고양이는 처음으로 소리 내어 웁니다. 밤이 되고 아침이 되도록 100만 번이나 울고 또 웁니다. 여러분은 슬픔을 감추지 못하고 소리 내어 울었던 적이 있나요? 그 순간은 언제였나요?

6. 고양이는 100만 번째에 그 누구의 고양이도 아닌 자기 자신으로 살면서, 당당하게 자신을 사랑하는 모습을 보입니다. 김수현 작가는 『나는 나로 살기로 했다』라는 책에서 "우리는 자기 자신 외에 그 무엇도 될 수 없고, 될 필요도 없다."라고 말합니다. 다른 누구도 아닌 '진짜 나'로 살아가려면 스스로에게 어떤 말을 해 주면 좋을까요?

선택 질문

1. 하얀 고양이는 다른 암고양이들과 다르게 얼룩무늬 도둑고양이를 본 척도 하지 않습니다. 여러분이 고양이라면 자신에게 관심 없어 보이는 하얀 고양이를 좋아할 수 있나요?

☐ 그렇다   ☐ 아니다

2. 고양이는 100만 번째 전까지는 되살아나면서도 주인을 사랑하지 않았습니다. 하지만 고양이의 주인이었던 이들은 그의 죽음을 슬퍼하고 애도했습니다. 여러분은 누군가에게 사랑받는 삶과 누군가를 사랑하는 삶 중 어떤 삶을 살고 싶은가요?

☐ 사랑받는 삶   ☐ 사랑하는 삶

3. 여러분은 100만 번 되살아나며 다양한 경험을 해 보는 삶과 단 한 번 온전히 자기로 사는 삶 중 하나를 고를 수 있다면 어떤 삶을 선택하겠나요?

☐ 다양한 100만 번의 삶   ☐ 단 한 번 온전히 자기로 사는 삶

4. 주인과 함께 편안하게 살던 고양이는 자신의 삶이 끝날 때 아무렇지도 않았습니다. 하지만 누구의 고양이도 아닌 도둑고양이로 태어나자 비로소 자신을 무척 좋아하게 됩니다. 이러한 고양이의 행동에 공감하나요?

☐ 공감한다   ☐ 공감하기 어렵다

5. 주인공 고양이는 100만 번의 죽음을 끝으로 두 번 다시 살아나지 않습니다. 여러분이 고양이라면 100만 번 죽음 이후 다시 살아나 새로운 삶을 살겠나요?

☐ 그렇다   ☐ 아니다

 그림책 활동 더하기

고양이의 유언장 쓰기

고양이는 하얀 고양이를 만나면서 처음으로 다른 이를 사랑하게 되고, 하얀 고양이의 죽음을 슬퍼하며 100만 번이나 울게 되지요. 그러고 다시 살아나지 않았습니다. 만약 고양이가 죽기 전에 자신과 하얀 고양이 사이에서 태어난 새끼 고양이들에게 유언을 할 수 있었다면, 무엇이라고 했을까요? 여러분이 고양이가 되어 유언장을 써 보세요.

사랑하는 아들, 딸에게

나다움으로
성장하기

『브로콜리지만 사랑받고 싶어』
별다름·달다름 글, 서영 그림, 키다리

브로콜리는 아이들로부터 미움받는다는 사실을 알고 몹시 속상해합니다. 그래서 사랑받는 친구들의 모습을 따라 하기도 하고, 이름을 바꿔 보기도 합니다. 모든 작전이 실패로 돌아간 뒤, 브로콜리는 마지막으로 특별한 요리를 만들어 마침내 아이들에게 사랑받는 채소가 됩니다. 이 그림책은 귀여운 캐릭터들과 밝은 색채 속에, 브로콜리가 좌절과 시행착오를 거쳐 '나다움'의 의미를 찾는 여정을 담고 있습니다. 진로, 자존감 수업에서 활용한다면 비교와 경쟁 속에서 지친 아이들이 자신을 사랑하는 마음으로 '나만의 특별함'을 키워 갈 수 있을 것입니다.

#나다움 #매력 #성장 #편식

 핵심 질문

1. '브로콜리'가 가진 특별함은 무엇인가요?
2. 자신의 특별함을 왜 알아야 할까요?

📖 배경지식 질문

1. 여러분이 가장 좋아하는 채소와 싫어하는 채소는 각각 무엇인가요?
2. 브로콜리는 왜 사랑받고 싶을까요?
3. 브로콜리는 사랑받기 위해 어떤 노력을 할까요?

🎯 그림책 BINGO

① 브로콜리는 아이들이 싫어하는 채소 몇 위로 뽑혔나요?	② 속상해진 브로콜리는 □□받는 친구들을 따라 해 보기로 합니다.	③ 브로콜리가 파마를 한 것은 누구를 따라 하기 위함인가요?
④ 브로콜리는 강아지 보더콜리를 따라 이름을 어떻게 바꾸나요?	⑤ 브로콜리는 오이를 따라 □□□ 방송을 합니다.	⑥ 브로콜리는 □□ 도사의 고민 상담소를 찾아갑니다.
⑦ 브로콜리는 브로콜리 맛 □□□□□을 만들지만 아무 관심도 받지 못합니다.	⑧ 브로콜리는 자신이 만든 □□로 사랑받는 데 성공합니다.	⑨ 브로콜리가 자신만의 매력을 뽐내며 마지막으로 외친 말은 무엇인가요? "나는 □□□□니까!"

답: ①1위 ②사랑 ③라면 ④보로콜리 ⑤인터넷 ⑥멜론 ⑦아이스크림 ⑧수프 ⑨브로콜리

👁 해석 및 평가 질문

1. 브로콜리는 아이들이 싫어하는 채소 1위에 뽑혔다는 사실을 듣고 펑펑 웁니다. 아이들은 싫어하는 채소로 왜 브로콜리를 뽑았을까요?

1-1. 브로콜리로 태어났다는 이유만으로 미움을 받는 그의 모습이 어떻게 보이나요?

2. 브로콜리는 소시지를 따라 분홍색으로 화장도 해 보고, 라면처럼 뽀글뽀글 파마도 합니다. 브로콜리는 왜 친구들을 따라 하는 방법으로 사랑받으려 한 걸까요?

3. 인터넷 방송을 시작하며 브로콜리는 "레몬보다 비타민 시가 두 배가 더 많은 브로콜리 인사드려요."라고 인사합니다. 자신을 소개하는 방식에서 브로콜리의 태도는 어떠한가요?

4. 멜론 도사는 '따라 하기만 해도 인기가 팡팡'이라는 고민 상담 프로그램의 진행자입니다. 50여 명의 채소들이 강력 추천할 정도로 인증된 그의 상담이 브로콜리에게는 통하지 않은 이유가 무엇일까요?

5. 상담을 해주던 멜론 도사는 실망한 브로콜리에게 "곧 팔릴 거라네. 수고하게나."라고 말하고 그냥 가버립니다. 브로콜리는 어떤 마음이 들었을까요?

6. 브로콜리는 자신은 절대 사랑받을 수 없을 거라고 말하며 아무도 없는 곳으로 떠나기로 합니다. 그러면서 밤새 스프를 만들거나 미련이 남은 듯한 모습을 보입니다. 브로콜리의 진짜 속마음은 무엇일까요?

7. 마지막으로 수프를 만들고 떠나려던 브로콜리는 한 아이의 "맛있어!"라는 소리에 떨 듯이 기뻐합니다. '맛있어'는 브로콜리에게 어떤 의미라고 생각하나요?

7-1. 브로콜리가 앞서 했던 모든 작전은 실패했지만 브로콜리 스프는 아이들의 마음을 얻는 데 성공합니다. 브로콜리 수프가 사랑받을 수 있었던 이유는 무엇일까요?

적용 질문

1. 브로콜리처럼 누군가 자신을 좋아하지 않아서 또는 싫어한다는 사실을 알게 되어 슬퍼한 적 있나요?

2. 브로콜리처럼 다른 사람의 모습이나 행동을 따라 해 본 적 있나요?

3. 브로콜리는 인터넷 방송에서 "저로 말할 것 같으면 겨자과에 속하는 짙은 녹색 채소로 비타민 시, 칼슘, 베타카로틴 등 항산화 물질이 풍부……."라고 자신을 소개합니다. 여러분이 방송에 나간다면 어떻게

자신을 소개할 건가요?

3-1. 인터넷 방송에 나온 브로콜리에 대해 아이들은 "브로콜리 완전 지루해.", "브로콜리 너무 맛없어.", "브로콜리 진짜 싫어." 등의 반응을 보입니다. 여러분이 브로콜리라면 자신을 향해 나쁜 댓글을 다는 아이들에게 뭐라고 말하겠나요?

4. 만약 상담원이 되어 브로콜리를 상담하게 된다면 뭐하고 이야기하겠나요?

5. 브로콜리는 양파, 감자, 우유와 만나 맛있는 수프가 됩니다. 누군가와 함께했을 때, 자신의 장점이 더욱 빛났던 경험이 있나요?

6. 브로콜리는 남을 따라 하기보다 있는 그대로의 자신을 드러내는 방법을 택합니다. 여러분이 가진 자신만의 매력은 무엇인가요?

7. 한단지보(邯鄲之步)는 남을 무작정 따라 하려다가 결국 자신의 장점마저 잃어버리게 된 상황을 가리키는 사자성어로, 자신의 개성을 지키는 것의 중요성을 강조하는 말입니다. 이 책의 브로콜리처럼 나다움을 지키고 주체적인 삶을 살기 위해 오늘날 우리에게 필요한 자세는 무엇일까요?

 **선택 질문**

1. 브로콜리는 아이들에게 사랑받는 친구들을 따라 하기로 결심합니다. 여러분이라면 브로콜리처럼 친구들을 따라 하겠나요?
  ☐ 따라 한다   ☐ 따라 하지 않는다

2. 브로콜리는 소시지처럼 색을 바꾸거나 라면처럼 파마를 합니다. 타인의 관심과 사랑을 받는 데 외모가 중요하다고 생각하나요?
  ☐ 중요하다   ☐ 보통이다   ☐ 중요하지 않다

3. 인터넷 방송에 나온 브로콜리를 대하는 아이들의 반응에 공감하나요?
  ☐ 공감한다   ☐ 공감하기 어렵다

4. 브로콜리가 사랑받기 위해 한 여러 행동 중 가장 공감되는 행동은 무엇인가요?
  ☐ 소시지처럼 분홍색이 되기   ☐ 라면처럼 파마하기
  ☐ 보더콜리처럼 이름 바꾸기   ☐ 오이처럼 인터넷 방송하기
  ☐ 브로콜리 아이스크림 만들어 판매하기

5. 모든 노력이 실패하자 브로콜리는 떠나기로 결심합니다. 남에게 사랑받지 못한다고 떠날 결심을 하는 브로콜리의 행동에 공감하나요?
  ☐ 공감한다   ☐ 공감하기 어렵다

'사랑받고 싶어' 시리즈 표지 만들기

여러분이 그림책 작가가 되어 『( )이지만 사랑받고 싶어』로 시리즈를 만든다면 다음 편은 누구를 주인공으로 하고 싶나요? 주인공의 모습을 넣어 그림책 표지를 완성해 봅시다.

작은 눈덩이의
도전과 성장

『작은 눈덩이의 꿈』
이재경 글·그림, 시공주니어

눈 덮인 들판, 작은 눈덩이는 처음 본 커다란 눈덩이에 반해 굴러가기 시작합니다. 가는 길에 까마귀를 만나 친구가 되고, 다양한 눈덩이들과 부딪치며 고민과 선택을 거듭합니다. 과연 이 작은 눈덩이는 어떤 길을 택할까요? 매일 조금씩 나아가다 보면 어느새 성장해 있는 우리들처럼, 이 이야기는 모든 것이 처음인 아이들뿐 아니라 어른들에게도 도전과 용기를 전하며 삶에 대해 생각할 거리를 건넵니다. 수업에서는 자신의 성장을 떠올리고, 꿈과 선택, 친구 관계를 돌아보는 활동으로 확장할 수 있습니다.

#성장 #꿈 #도전 #친구

 핵심 질문

1. 내 힘으로 굴러간다는 것의 의미는 무엇일까요?
2. 작은 눈덩이에게 까마귀는 어떤 존재일까요?

📖 배경지식 질문

1. 작은 눈덩이의 꿈은 무엇일까요?
2. 표지 속 작은 눈덩이는 어디로 가는 걸까요?
3. 표지 속 눈덩이와 그 뒤를 따라오는 까마귀는 어떤 사이일까요?

🎯 그림책 BINGO

① 이 책의 주인공은 작은 ⬜⬜⬜이다.	② 비탈길을 구르던 작은 눈덩이에게 박힌 것은 무엇인가요?	③ 작은 눈덩이에게 나뭇가지가 박혔을 때 도와준 건 ⬜⬜⬜이다.
④ "아저씨는 어떻게 그렇게 커요?"라는 작은 눈덩이의 질문에 큰 눈덩이는 뭐라고 답했나요?	⑤ 작은 눈덩이는 무엇이 되고 싶어 했나요?	⑥ 작은 눈덩이는 부서진 큰 눈덩이를 만났던 날 밤에 어떤 꿈을 꾸었나요?
⑦ 작은 눈덩이는 까마귀에게 자신의 힘으로 구르고 싶은 이유를 무엇이라고 했나요?	⑧ 따뜻한 햇볕 아래에서 녹고 있는 큰 눈덩이는 작은 눈덩이에게 무엇을 하자고 권했나요?	⑨ 마지막에 작은 눈덩이는 까마귀에게 "너와 ⬜⬜라면 어디든지!"라고 대답합니다.

답: ①눈덩이 ②나뭇가지 ③까마귀 ④멈추지 않고 계속 굴렸기 때문에 ⑤큰 눈덩이 ⑥온몸이 산산조각 부서지는 꿈 ⑦내 힘으로 굴러야 내가 정말 가고 싶은 곳을 알 수 있기 때문에 ⑧잠자기 ⑨함께

👁 해석 및 평가 질문

1. 작은 눈덩이가 큰 눈덩이에게 어떻게 그렇게 커졌는지 묻자 큰 눈덩이는 "멈추지 않고 계속 굴렀기 때문이지."라고 답합니다. '멈추지 않고 구른다'는 말은 어떤 의미라고 생각하나요?

2. 까마귀는 작은 눈덩이의 머리에 박힌 나뭇가지를 뽑아준 뒤 "나도 같이 가도 돼?"라고 묻습니다. 까마귀는 왜 작은 눈덩이와 함께 가고 싶었을까요?

3. 부서진 큰 눈덩이는 "나도 한때는 단단하고 동그래서 잘 굴렀는데……. 어차피 눈덩이는 부서지기 마련이니까, 날 그냥 내버려 두렴."이라고 말합니다. 부서진 눈덩이가 이렇게 말한 이유는 무엇일까요?

4. 작은 눈덩이는 부서진 큰 눈덩이를 만난 밤, 온몸이 산산조각 부서지는 꿈을 꿉니다. 작은 눈덩이는 왜 그런 꿈을 꾸었을까요?

4-1. 그런 꿈을 꾸었음에도 작은 눈덩이가 계속 큰 눈덩이가 되기로 결심한 이유는 무엇일까요?

5. 작은 눈덩이는 울퉁불퉁한 큰 눈덩이를 만난 후 "내 힘으로 굴러야 내가 정말 가고 싶은 곳을 알 수 있어."라고 말합니다. 작은 눈덩이는 왜 이렇게 생각하게 되었을까요?

6. 작은 눈덩이는 계속 까마귀에게 질문합니다. 여러분은 작은 눈덩이의 이러한 태도를 어떻게 생각하나요?

> **작은 눈덩이**: 내가 정말 멋진 큰 눈덩이가 될 수 있을까?
> **까마귀**: 그럼, 난 네가 큰 눈덩이가 될 거라고 믿어.
> **작은 눈덩이**: 바위에 부딪혀 부서지면 어떡해?
> **까마귀**: 바위를 잘 피하면 되지.
> **작은 눈덩이**: 햇볕에 녹으면 어떡해?
> **까마귀**: 햇볕은 내가 가려 줄게.
> **작은 눈덩이**: 힘들게 구르지 말고 다른 눈덩이 몸에 붙어 살까?
> **까마귀**: 그러면 네가 원하는 대로 구를 수가 없잖아.

6-1. 작은 눈덩이에게 까마귀가 어떤 존재라고 생각하나요?

7. 작은 눈덩이는 아주 작은 꼬마 눈덩이를 만난 후에야 자신이 크고 멋진 눈덩이가 되었음을 깨닫습니다. 작은 눈덩이가 자신의 변화를 몰랐던 이유는 무엇일까요?

8. 이야기는 처음에는 작은 눈덩이가 거대한 눈덩이를 만나는 장면으로 시작하지만, 마지막에는 작은 눈덩이가 크고 멋진 눈덩이가 되어 아주 작은 꼬마 눈덩이를 만나는 장면으로 끝납니다. 이 두 장면을 어떻게 해석할 수 있을까요?

9. 까마귀가 "이제 어디로 갈 거야?"라고 묻자, 작은 눈덩이는 "너와 함께라면 어디든지!"라고 답합니다. 작은 눈덩이는 자신의 여정을 통해 어떤 것을 깨닫게 되었을까요?

적용 질문

1. 작은 눈덩이는 '크고 멋진 큰 눈덩이'가 되고 싶어 했습니다. 여러분이 작은 눈덩이라면, 어떤 눈덩이가 되고 싶나요?

2. 여러분이 아주아주 큰 눈덩이라면, "어떻게 그렇게 커요?"라는 작은 눈덩이의 질문에 뭐라고 답하겠나요?

3. 비탈길을 굴러가던 작은 눈덩이의 머리에 나뭇가지가 박힙니다. 여러분이 작은 눈덩이라면, 어떻게 나뭇가지를 빼겠나요?

4. 작은 눈덩이는 까마귀에게 "내가 정말 멋진 큰 눈덩이가 될 수 있을까?"라고 묻습니다. 여러분이 까마귀라면, 작은 눈덩이에게 어떤 말을 해 주고 싶나요?

5. '부서진 큰 눈덩이', '울퉁불퉁한 큰 눈덩이', '스르르 녹고 있는 큰 눈덩이'도 한때는 크고 둥근 눈덩이였습니다. 여러분이 작은 눈덩이라면 이들로부터 어떤 점을 배울 수 있을까요?

6. 까마귀와 이야기를 나누던 작은 눈덩이는 "내 힘으로 굴러야 내가 정말 가고 싶은 곳을 알 수 있어."라고 말합니다. 이와 비슷한 깨달음을 얻은 순간이 있나요?

7. 작은 눈덩이는 까마귀와 어디든지 함께 가기로 결심합니다. 여러분에게도 까마귀와 같은 존재가 있나요? 있다면 누구인가요?

선택 질문

1. 여러분은 계속 구르면 큰 눈덩이가 될 수 있다는 말에 동의하나요?
☐ 동의한다 ☐ 동의하지 않는다

2. 작은 눈덩이가 큰 눈덩이처럼 되고 싶어하는 마음에 공감하나요?
☐ 공감한다 ☐ 공감하기 어렵다

3. 작은 눈덩이는 큰 눈덩이를 만난 후 그처럼 구르기로 결심합니다. 인생에서 중요한 결정을 할 때 자신과 타인 중 누구의 영향을 더 많이 받나요?
☐ 자신 ☐ 타인

4. 울퉁불퉁한 큰 눈덩이는 작은 눈덩이에게 "내 몸에 붙어라. 그러면 구르지 않고도 큰 눈덩이가 될 수 있다!"라고 말합니다. 여러분이 작은

눈덩이라면, 울퉁불퉁한 큰 눈덩이에 붙겠나요?

☐ 그렇다 ☐ 아니다

5. 여러분이 작은 눈덩이라면, 길을 구르는 동안 가장 두려운 것은 무엇인가요?

☐ 햇볕에 녹아 버리는 것

☐ 바위에 부딪혀 부서지는 것

☐ 자신이 원하는 대로 구를 수 없는 것

6. 여러분과 가장 닮은 눈덩이는 무엇인가요?

☐ 아주아주 큰 눈덩이   ☐ 부서진 큰 눈덩이

☐ 울퉁불퉁한 큰 눈덩이   ☐ 스르르 녹고 있는 큰 눈덩이   ☐ 작은 눈덩이

7. 작은 눈덩이가 크고 멋진 눈덩이가 되는 과정에서 가장 큰 영향을 준 존재는 누구라고 생각하나요?

☐ 아주아주 큰 눈덩이   ☐ 까마귀

8. 작은 눈덩이는 결국 "까마귀와 함께라면 어디든지 가겠다."라고 합니다. 여러분은 작은 눈덩이의 선택에 공감하나요?

☐ 공감한다   ☐ 공감하기 어렵다

 그림책 활동 더하기

나의 꿈 눈덩이 굴리기

여러분은 어떤 눈덩이로 자라고 싶나요? 큰 눈덩이 안에 여러분의 꿈을 그림으로 표현하고, 그 꿈을 이루기 위해 필요한 일이나 목표를 작은 눈덩이들에 하나씩 적어 보세요.

온전한 나

『작은 조각 페체티노』
레오 리오니 글·그림, 보림

자신이 한없이 작아 보이거나 어딘가 부족하게 느껴졌던 경험이 있나요? 여기, 작은 조각 페체티노가 있습니다. 그는 크고 멋진 친구들 사이에서 자신만 보잘것없는 작은 조각처럼 느꼈습니다. 그래서 "내가 혹시 다른 누군가의 작은 조각일까?"라는 질문을 품고, 자신을 찾아 여행을 떠납니다. 지혜로운-이의 조언을 따라 도착한 '쿵쾅섬'에서 마침내 중요한 깨달음을 얻게 됩니다. 그 깨달음은 단순한 이야기와 간결한 그림 속에 담겨, 깊은 철학과 따뜻한 위로를 전합니다. 이 책은 아이들에게는 건강한 자존감과 나다움을 발견하는 경험을, 어른들에게는 바쁜 일상 속에서 잠시 멈춰 자신을 온전히 들여다보게 합니다.

#나다움 #자존감 #온전함 #성장

 핵심 질문

> 1. 페체티노가 던진 질문은 그를 어떻게 변화시켰나요?
> 2. "나는 나야!"라는 말이 우리에게 주는 가치는 무엇일까요?

📖 배경지식 질문

1. 내가 알고 있는 작은 것들은 무엇이 있나요?
2. 표지 속 작은 조각과 큰 조각은 어떤 관계일까요?
3. 그들은 어떤 이야기를 나누고 있을까요?

◎ 그림책 BINGO

① ㅍㅊㅌㄴ는 이탈리아어로 작은 조각을 뜻합니다.	② 덩치도 크고 용감하며 멋진 일을 척척 해내는 친구들 사이에서 작은 페체티노는 ㄴㄱㄱ의 작은 조각일 뿐이라고 생각했습니다.	③ 페체티노가 "내가 너의 작은 조각일까?"라고 물은 친구는 누구누구인가요? (5명)
④ 페체티노에게 쿵쾅섬에 가보라고 말한 이는 누구인가요?	⑤ 쿵쾅섬은 온통 ㅈㅇㄷ이 쌓여 있는 산입니다.	⑥ 페체티노는 산을 오르고 내려가다가 지쳐 넘어져 굴러떨어져 ㅅㅅㅈㄱ 나고 말았습니다.
⑦ 페체티노는 쿵쾅섬에서 자기도 다른 이들처럼 ㅈㅇ ㅈㄱ들로 이루어졌다는 걸 깨닫게 됩니다.	⑧ 페체티노는 자신을 기다리던 친구들에게 뭐라고 말했나요?	⑨ 친구들은 페체티노가 한 말이 무슨 뜻인지 모르지만 페체티노가 무척 ㅎㅂ해 보였기 때문에 모두들 ㅎㅂ했답니다.

답: ①페체티노 ②누군가 ③달리는-친구, 힘센-친구, 헤엄치는-친구, 산-위에-있는-친구, 하늘을-나는-친구 ④지혜로운-이 ⑤조약돌 ⑥산산조각 ⑦작은 조각 ⑧나는 나야! ⑨행복

👁 해석 및 평가 질문

1. 페체티노는 자신이 틀림없이 누군가의 작은 조각일 것이라 생각합니다. 페체티노가 이렇게 생각하게 된 이유는 무엇일까요?

2. 페체티노는 다섯 친구들(달리는-친구, 힘센-친구, 헤엄치는-친구, 산-위에-있는-친구, 하늘을-나는-친구)과 지혜로운-이에게 "내가 너의 작은 조각일까?"라는 질문을 던집니다. 다섯 친구들과 지혜로운-이의 반응에는 어떤 차이점이 있나요?

3. 지혜로운-이는 왜 나무 한 그루도 없고, 풀 한 포기조차 없는 '쿵쾅섬'으로 페체티노를 보냈을까요?

3-1. 쿵쾅섬은 페체티노에게 어떤 의미를 가진 곳이었을까요?

4. 페체티노는 쿵쾅섬에서 자신도 다른 이들처럼 작은 조각들로 이루어져 있다는 것을 깨닫습니다. 그의 깨달음이 우리에게 던지는 메시지는 무엇일까요?

5. 페체티노가 친구들 앞에서 외친 "나는 나야!"라는 말은 어떤 의미를 담고 있을까요?

적용 질문

1. 페체티노는 "나는 과연 누구의 작은 조각일까?"라는 질문을 품고 있습니다. 여러분은 스스로에게 어떤 질문을 던지고 있나요?

2. 페체티노가 만난 이들은 '달리는-친구', '힘센-친구', '헤엄치는-친구', '산-위에-있는-친구', '하늘을-나는-친구', '지혜로운-이'로 표현됩니다. 여러분을 가장 잘 나타내는 별명이나 이름은 무엇인가요?

3. 여러분도 페체티노처럼 다른 사람과 나를 비교하며 자신이 작거나 부족하다고 느꼈던 적이 있나요? 그런 마음이 들 때, 나 자신을 소중히 여기기 위해 어떤 노력을 할 수 있을까요?

4. 페체티노는 쿵쾅섬에서 질문에 대한 답을 찾습니다. 여러분에게도 쿵쾅섬과 같은 장소나 시간이 있나요?

5. 페체티노가 두려움을 이겨내고 쿵쾅섬에 간 것처럼, '진짜 나'를 알아가기 위해 용기를 내본 적이 있나요? 앞으로는 어떤 용기를 내보고 싶나요?

6. 페체티노처럼 "나는 나야!"라고 외치고 싶은 순간이 있나요?

 **선택 질문**

1. 페체티노는 자신이 작디작은 조각이라 누군가의 일부일 거라고 생각했습니다. 이 생각에 공감하나요?
□ 공감한다   □ 공감하기 어렵다

2. 페체티노는 자신을 찾기 위해 여행을 떠났습니다. 여러분이라면 자신을 찾기 위한 여행을 떠나겠나요?
□ 떠난다   □ 떠나지 않는다

3. 지혜로운-이는 "나한테 한 조각이 부족하다면, 내가 어떻게 지혜로울 수 있을까?"라고 말합니다. 조각이 부족하면 지혜로울 수 없다고 생각하나요?
□ 그렇다   □ 아니다

4. 여러분이라면 쿵쾅섬이 어떤 곳인지도 모른 채 지혜로운-이의 말만 믿고 그곳에 갈 수 있나요?
□ 간다   □ 가지 않는다

5. 만약 페체티노가 진짜 누군가의 조각이었다면, 페체티노는 '온전한 나'가 될 수 없을까요?
□ 그렇다   □ 아니다

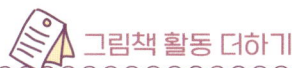 그림책 활동 더하기

나의 조각 퍼즐 만들기

우리는 모두 다양한 조각들로 이루어져 있습니다. 긍정적인 것, 부정적인 것, 소중한 순간, 좋아하는 말, 나에게 부족해 보여도 소중한 것, 가장 자랑스러운 것 등 나를 이루는 조각들을 하나하나 떠올려 보세요. 그것들을 그림이나 글로 표현해 '나만의 조각 퍼즐'을 만들어 봅시다.

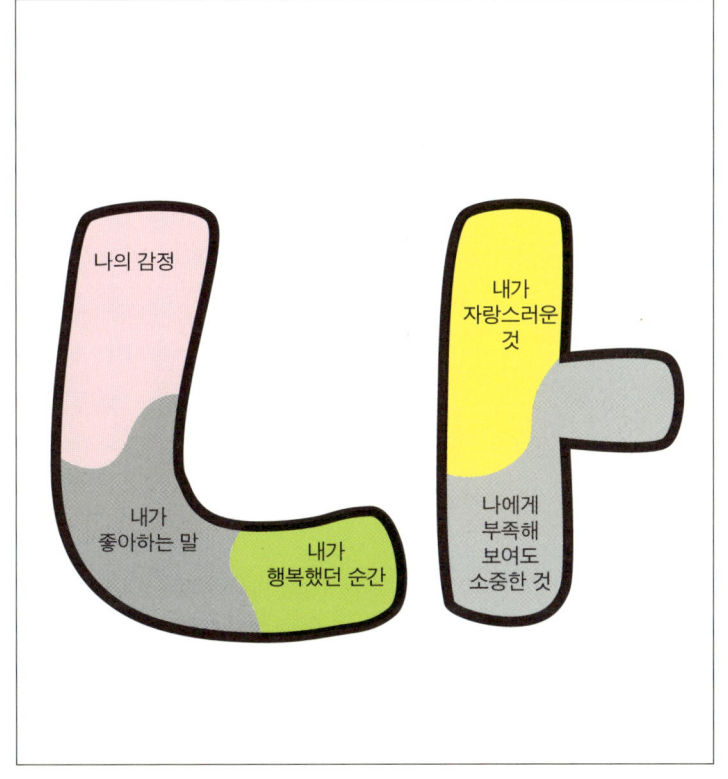

착한 아이
콤플렉스 극복하기

『착해야 하나요?』
로렌 차일드 글·그림, 책읽는곰

유진은 어른들 말을 잘 듣고 싫은 음식도 잘 먹으며 토끼장 청소도 도맡아 하는 착한 아이입니다. 반면 제시는 어른들의 말도 안 듣고 자기 뜻대로 행동하는 아이입니다. 어느 날, 유진은 제시를 보며 생각합니다. '착한 아이가 되어 봤자 좋을 게 뭐람?' 유진은 결국 나쁜 아이가 되기로 결심하지만, 마음은 점점 불편해집니다. 이 책은 착해야 한다는 기대 속에 놓인 아이들의 마음을 들여다보며, '착한 아이'가 되기 전에 '진짜 나'를 돌아보게 하는 용기를 주는 책입니다. 자기 자신의 마음을 살펴보는 수업 시간에 아이들과 함께 읽어 보길 권합니다.

#착한아이콤플렉스 #나다움 #칭찬 #자기표현

 핵심 질문

> 1. 유진은 왜 착한 아이가 되려고 할까요?
> 2. 우리는 나다우면서도 동시에 착할 수 있을까요?

📖 배경지식 질문

1. 착한 아이란 어떤 아이인가요?
2. 표지 속 남자 아이가 설거지를 하는 이유는 무엇일까요?
3. 표지 속 여자 아이가 놀리는 표정을 짓는 이유는 무엇일까요?

🎯 그림책 BINGO

① 유진은 모두가 인정하는 ☐☐ ☐☐입니다.	② 유진은 금요일마다 꼬박꼬박 ☐☐☐ 청소를 합니다.	③ 부모님은 유진에게 착한 아이 ☐☐를 달아 줍니다.
④ 언젠가부터 제시는 친구들의 ☐☐ ☐☐에 초대받지 못합니다.	⑤ 엄마는 제시에게 ☐☐☐하기도 지칩니다.	⑥ 억울해진 유진은 제시처럼 ☐☐ ☐☐가 되기로 결심합니다.
⑦ 제시는 유진을 대신해 누구의 생일 파티에 가게 되나요?	⑧ 파티에 다녀온 제시는 유진에게 "나 대신 토끼장을 청소해 줘서 ☐☐☐, 오빠"라고 말합니다.	⑨ 부모님은 유진이 ☐☐ ☐☐을 하면 고마워합니다.

답: ①착한 아이 ②토끼장 ③배지 ④생일 파티 ⑤잔소리 ⑥나쁜 아이 ⑦라라 ⑧고마워 ⑨착한 행동

👁 해석 및 평가 질문

1. 유진은 착한 아이입니다. 어른들의 말을 잘 듣고, 누가 시키지 않아도 스스로 착한 일을 합니다. 그런데 유진이 착한 아이라는 것은 과연 누구의 생각일까요?

1-1. 유진이 착한 행동을 하는 이유는 무엇일까요?

2. 부모님은 유진에게 '착한 아이 배지'를 달아 줍니다. 부모님은 이 배지를 주며 유진에게 어떤 기대를 하고 있을까요?

2-1. '착한 아이 배지'를 받은 유진의 마음은 어떠할까요?

3. 나쁜 아이가 된 제시를 두고 부모님은 이제 잔소리하기도 지쳤다고 합니다. 돌보미 누나도 막무가내인 제시를 결국 포기하기로 마음먹습니다. 그렇다면, 제시가 나쁜 아이가 됨으로써 좋은 점은 무엇이고 나쁜 점은 무엇일까요?

3-1. 제시는 정말로 나쁜 아이가 되고 싶은 걸까요? 혹시 제시는 다른 이유로 그런 행동을 하고 있는 것은 아닐까요?

4. 부모님은 제시가 브로콜리를 먹지 않는 이유를 착한 아이가 아니라서, 채소를 먹는 것이 중요한지 모른다고 이야기합니다. 이 말을 들었

을 때 제시의 마음은 어땠을까요?

4-1. 이러한 부모님의 태도를 어떻게 보았나요?

5. 유진은 제시처럼 행동하기로 마음먹고, 늦은 시간까지 잠들지 않은 채 TV를 보거나 간식을 먹습니다. 그러나 시간이 지나면서 속이 답답하고 불편해집니다. 유진이 이렇게 느끼는 이유는 무엇일까요?

5-1. 그런 유진을 보며 제시는 "착한 아이들은 말썽을 부리지 않아."라고 말합니다. 그런데 말썽을 부리는 제시는 왜 유진에게 이런 말을 했을까요?

6. 유진은 토끼가 마음껏 뛰놀 수 있도록 지저분한 토끼장을 청소해 줍니다. 이전에도 계속해서 토끼장을 청소해 왔지만, 이번에는 부모님이 시켜서 한 행동이 아닙니다. 예전과 비교했을 때, 유진의 생각은 어떻게 달라졌을까요?

7. 유진을 대신해 라라의 생일 파티에 다녀온 제시는 자기 대신 토끼장을 청소해 준 것에 대해 고마움을 표합니다. 제시는 유진에게 그전에는 토끼장을 청소할 때에 고맙다고 말하지 않다가 왜 지금 고맙다고 한 것일까요?

8. 유진은 "착한 아이라고 해서 늘 착할 수만은 없어. 그래도 착한 일을

하면 기분이 좋아지는 것 같아."라고 생각합니다. '착한 아이'에 대한 유진의 생각은 어떻게 바뀌었나요?

9. 이야기 후반에 부모님은 유진이 착한 행동을 할 때마다 고마움을 표현합니다. 부모님의 태도가 바뀐 이유는 무엇일까요?

적용 질문

1. "착하다."라는 말을 들은 적이 있나요? 그 말을 들었을 때 기분이 어땠나요?

2. "어쨌거나 착한 건 정말 중요하지요. 그렇지 않나요?"라는 책 속 질문에 뭐라고 답하겠나요?

3. 착한 행동을 한다면, 그러한 행동의 바탕에는 어떤 마음이 있나요?

4. 여러분이 유진의 부모님이라면 브로콜리를 먹지 않는 제시에게 뭐라고 이야기하겠나요?

5. 유진은 제시를 보며 "착한 아이가 되어 봤자 좋을 게 뭐람?"이라고 생각합니다. 여러분도 유진처럼 생각한 적이 있나요?

5-1. '착한 사람'이 받는 사람들의 오해와 기대에는 무엇이 있을까요?

6. 어떤 행동이 진짜 착한 행동이라고 생각하나요?

7. '착한 아이 유진'과 '나쁜 아이 제시' 중 어떤 아이처럼 살고 싶나요? 그 이유는 무엇인가요?

8. 작가는 주변 사람의 기대에 부응하기 위해 '착한 아이'라는 틀에 자신을 끼워 맞추기보다는 '나답게' 사는 것이 중요함을 이야기합니다. 여러분은 나의 어떤 모습이 가장 '나답다'라고 여겨지나요?

9. '착한 아이 증후군'은 다른 사람의 기대에 부응하기 위해 지나치게 착한 행동을 하는 상태를 의미합니다. 이로 인해 자신의 진정한 감정이나 욕구를 표현하지 못하고, 우울감이나 스트레스를 느끼게 되는 경우가 많습니다. 이 책 속 착한 아이 증후군으로 고민하는 친구들에게 도움이 될 만한 해결 방법은 무엇일까요?

9-1. 반대로 "착하면 손해"라는 말은 착한 행동이 오히려 부정적인 결과를 초래할 수 있다는 경험에서 비롯된 말입니다. 착한 행동의 중요성을 부정하지 않으면서도 타인과 사회로부터 자신을 지키려면 어떻게 해야 할까요?

 **선택 질문**

1. 누군가의 기대에 부응하기 위해 하는 착한 일은 나쁜 걸까요?
☐ 그렇다   ☐ 아니다

2. 부모님이 유진에게 달아준 '착한 아이 배지'처럼 착한 행동을 강화하는 용도로 배지를 달거나 스티커를 붙여 주는 것에 공감하나요?
☐ 공감한다   ☐ 공감하기 어렵다

3. 유진은 착한 아이입니다. 그래서 유진은 가장 싫어하는 브로콜리를 하나도 남김없이 다 먹습니다. 여러분은 착한 아이가 되기 위해 싫어하는 브로콜리를 먹을 수 있나요?
☐ 먹는다   ☐ 먹기 어렵다

4. 부모님은 유진이 착한 행동을 하면 고마워하게 되었습니다. 여러분은 아이가 착한 행동을 하는 것에 대해 부모님이 고마워해야 한다고 생각하나요?
☐ 그렇다   ☐ 아니다

5. 여러분은 '착하다'라는 말을 듣고 싶나요?
☐ 그렇다   ☐ 아니다

 그림책 활동 더하기

착한 아이 마인드맵 만들기

부모님이 생각하는 착한 아이와 아이들이 생각하는 착한 아이 사이에는 어떤 공통점과 차이점이 있을까요? 부모님과 자녀가 함께 대화하며 마인드맵을 완성해 봅시다.

부모님과 내가 생각하는 착한 아이 마인드맵

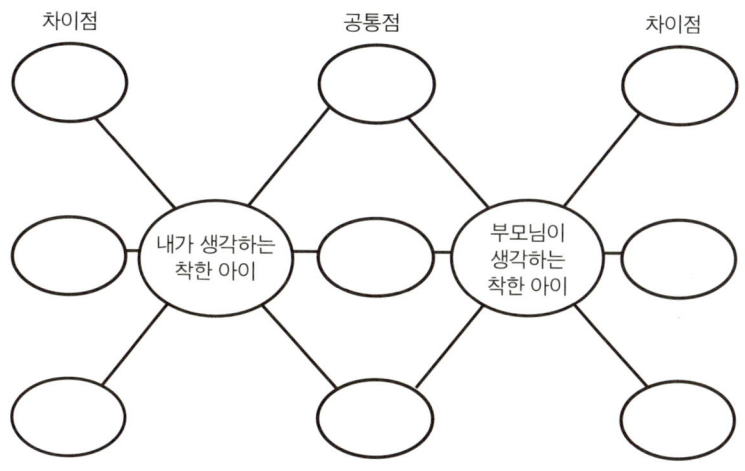

꿈꾸는 삶의 소중함

『키오스크』
아네테 멜레세 글·그림, 미래아이

올가는 오랜 시간 동안 좁은 키오스크 안에서 일하며 살아왔습니다. 가끔은 잡지를 펼쳐 석양이 아름다운 바다를 꿈꿉니다. 어느 날, 몰래 과자를 훔치려던 아이들을 붙잡으려다 올가의 세상이 순식간에 뒤집힙니다. 그 불행했던 사건은 오히려 행운이 되어 올가를 꿈꾸던 곳으로 데려다 줍니다. 이 책은 현실에 갇힌 한 인물이 꿈을 꾸고 용기를 가지며 변화의 한 걸음을 내딛는 과정을 그리며 '무엇을 꿈꾸고 어떻게 나아가느냐'가 중요하다는 메시지를 전합니다. '꿈', '진로', '변화'를 주제로 수업할 때 아이들과 깊이 있는 이야기를 나누기 좋은 책입니다.

#꿈 #여행 #행복 #용기

 핵심 질문

> 1. 올가에게 키오스크는 어떤 의미일까요?
> 2. 자신의 삶을 스스로 변화시킬 수 있는 힘은 어디에서 올까요?

📖 배경지식 질문

1. 키오스크를 이용해 본 경험이 있나요?
2. 키오스크 속의 여자는 무엇을 하고 있나요?
3. 키오스크 속 여자의 모습이 어떠해 보이나요?

◎ 그림책 BINGO

① 올가의 □□□□에서는 신문, 잡지, 복권을 팝니다.	② 올가는 키오스크에서 날마다 □□□□들을 친절하게 맞습니다.	③ 올가가 키오스크를 벗어나고 싶을 때면 □□ 잡지를 읽습니다.
④ 올가가 신문을 키오스크 안으로 들여놓는 사이 남자애 둘이 □□를 훔치려고 합니다.	⑤ 키오스크가 넘어지면서 올가의 □□이 뒤집혔습니다.	⑥ 올가는 키오스크를 든 채 잠깐 □□을 하기로 합니다.
⑦ 산책을 하던 올가는 강아지 목줄에 다리가 감겨서 □에 빠집니다.	⑧ 올가는 사흘 밤낮을 물 위로 떠다니다가 □□에 도착합니다.	⑨ 올가는 해변에서 □□□□□을 팔며 살고 있습니다.

답: ①키오스크 ②단골손님 ③여행 ④과자 ⑤세상 ⑥산책 ⑦강 ⑧해변 ⑨아이스크림

👁 해석 및 평가 질문

1. 올가는 자기 몸 하나 겨우 들어갈 만한 작은 키오스크에서 신문, 잡지, 복권을 팔며 하루를 보냅니다. 올가는 왜 키오스크에 살게 되었을까요?

2. "키오스크는 올가의 인생이나 다름없었지요."라는 문장에서 키오스크가 올가의 인생과 같다는 말은 어떤 의미일까요?

3. 올가의 키오스크를 찾는 단골 중 가장 인상적인 손님은 누구이며, 그 이유는 무엇인가요?

4. 올가는 단골손님들이 말하지 않아도 그들이 원하는 것을 미리 알고 있습니다. 올가는 어떻게 손님들의 필요를 알아차릴 수 있었을까요? 올가만이 가진 특별함은 무엇일까요?

5. 올가는 좁은 키오스크를 벗어나고 싶을 때마다 여행 잡지를 읽으며 석양이 아름다운 바다를 꿈꿉니다. 올가는 왜 바다에 가고 싶을까요?

5-1. 올가는 바다를 꿈꿨지만, 정작 키오스크를 떠나 바다로 가지는 않았습니다. 올가는 왜 바다로 떠나지 않았을까요?

6. 올가는 과자를 훔치던 남자아이들을 잡으려다 키오스크가 뒤집히

는 일을 겪고 나서야 스스로 키오스크를 움직일 수 있다는 사실을 깨닫게 됩니다. 올가는 왜 지금까지 이 사실을 알지 못했을까요?

6-1. 항상 키오스크에서만 지내던 올가가 키오스크를 직접 움직이게 되었을 때 어떤 마음이었을까요?

6-2. 이 사건으로 인해 올가에게는 어떤 변화가 일어났을까요?

7. 올가는 산책길에 희한한 개를 데리고 있는 신사를 만납니다. 그러자 개는 신이 나서 올가 주위를 빙빙 돌기 시작합니다. 개가 이렇게 들뜬 이유는 무엇일까요?

8. 강물에 빠진 올가는 흐르고 흘러 바다까지 갑니다. 강물에 몸을 맡긴 채 누워 있는 올가의 모습이 어떻게 보이나요? 올가는 지금 무슨 생각을 하고 있을까요?

9. 올가는 해변가에서 아이스크림을 팔며, 저녁이 되면 오랫동안 꿈꿔왔던 석양을 마음껏 바라볼 수 있게 되었습니다. 그렇다면, 올가의 삶은 이전과 어떻게 달라졌을까요?

9-1. 올가는 끝까지 키오스크를 벗어나지 않습니다. 올가는 왜 키오스크를 떠나지 않는 걸까요?

10. 올가는 마을에 있는 키오스크 안에서 신문, 잡지, 복권 등을 판매하다가, 해변에서 아이스크림을 팔게 됩니다. 그런데 마을에서 그녀의 키오스크를 찾던 단골손님들을 해변에서 다시 만나게 됩니다. 그렇다면, 그들의 모습에는 어떤 차이점이 있을까요?

11. 뒷면지에 등장하는 올가와 키오스크의 모습에서 어떤 점을 발견했나요? 그것이 의미하는 바는 무엇일까요?

적용 질문

1. 올가에게 키오스크는 단순한 일터가 아니라, 그녀의 인생이자 꿈을 꾸는 공간이었습니다. 지금 여러분의 삶에서 가장 많은 시간을 보내고 꿈을 꾸게 하는 '키오스크'는 무엇인가요?

2. 올가는 키오스크의 단골손님들이 말하지 않아도 그들이 원하는 것을 알고 있습니다. 여러분 주변에도 올가와 같은 사람이 있나요?

3. 올가는 저녁이 되어 일이 끝나면 기진맥진한 상태로 과자를 먹습니다. 여러분은 지쳐 있는 올가에게 어떤 간식을 추천해 주고 싶나요? 그 이유는 무엇인가요?

4. 올가는 키오스크를 벗어나고 싶을 때마다 여행 잡지를 읽으며 석양

이 황홀한 먼바다를 꿈꿉니다. 여러분은 현실에서 벗어나고 싶을 때 무엇을 하며, 어떤 꿈을 꾸나요?

5. 올가는 산책길에서 희한한 개를 데리고 있는 신사를 만납니다. 그러자 개는 신이 나서 올가 주위를 빙빙 돌기 시작합니다. 여러분이 올가라면, 희한한 개가 주위를 돌 때 어떻게 행동하겠나요?

6. 올가는 키오스크를 들어 올려 산책을 떠나며, 익숙했던 삶에서 벗어나 새로운 삶을 향해 나아갑니다. 여러분도 익숙한 환경을 떠나 새로운 시도를 한 적이 있나요?

6-1. 그 시도를 통해 여러분에게 생긴 변화가 있다면 무엇인가요?

7. 올가는 키오스크에서 오랜 시간을 보내며 그것이 자신의 인생과 같다고 생각했습니다. 오늘날 많은 사람들이 자신의 일터를 인생의 전부처럼 여기며 살아가고 있습니다. '일'과 '삶'의 조화를 이루려면 어떻게 해야 할까요?

선택 질문

1. 올가는 매우 좁은 키오스크에서 생활합니다. 그 안에는 판매하는 물건, 화장실, 그녀에게 필요한 물건들로 가득 차 있습니다. 이렇게 제한

된 공간에서 오랜 시간을 보내는 올가는 행복할까요?

☐ 그렇다   ☐ 아니다

2. 키오스크를 움직일 수 있다는 사실을 알게 된 올가는 산책을 떠납니다. 여러분이 올가라면 산책을 하겠나요?

☐ 산책한다   ☐ 산책하지 않는다

3. 올가는 강에 빠졌지만 흐르는 강물에 몸을 맡긴 채 바다까지 흘러갑니다. 여러분이 올가라면 강물의 흐름대로 몸을 맡기겠나요?

☐ 그렇다   ☐ 아니다

4. 올가가 키오스크를 움직이는 데 가장 큰 영향을 준 것은 무엇이라고 생각하나요?

☐ 올가   ☐ 과자를 훔친 남자아이들   ☐ 희한한 강아지

5. 올가는 결국 자신이 바라던 대로 석양을 바라보며 일을 하게 됩니다. 올가의 꿈이 이루어진 것은 단순한 우연일까요?

☐ 우연이다   ☐ 우연이 아니다

 그림책 활동 더하기

나만의 키오스크 만들기

키오스크는 올가의 인생이나 다름없었습니다. 만약 여러분에게 자신만의 키오스크가 있다면 어떤 모습일까요? 여러분의 키오스크를 상상해 보고 자신이 꿈꾸는 것들로 채워 봅시다.

02
감정과 마음

감정과 마음은 사람의 생각과 행동을 이끄는 데 중요한 내면의 언어입니다. 우리는 감정을 통해 자신이 무엇을 느끼는지 알고, 타인과 연결되며, 삶의 방향을 잡아 갑니다. 자기를 이해하고 표현하며 타인을 배려하는 능력은 건강한 관계의 바탕이 됩니다. 그림책은 이런 감정의 흐름을 쉽게 풀어내어 아이들이 감정을 파악하고 해소하는 방법을 자연스럽게 배우도록 도와줍니다. 예를 들어, 다양한 감정을 시각적으로 보여 주는 『감정 호텔』, 힘든 하루를 솔직한 감정으로 표현하는 『맙소사, 나의 나쁜 하루』, 질투와 욕망을 유쾌하게 담은 『세상에서 가장 맛있는 무화과』, 눈물과 위로의 힘을 그린 『눈물바다』 등은 감정의 존재를 인정하고 표현하는 법을 알려 줍니다. 이런 경험은 아이들이 자기감정에 솔직해지고, 타인의 마음에도 따뜻하게 다가갈 수 있도록 돕습니다.

관련 교과별 성취 기준

[2국01-02] 바르고 고운 말로 서로의 감정을 나누며 듣고 말한다.
[2국02-04] 인물의 마음이나 생각을 짐작하고 이를 자신과 비교하며 글을 읽는다.
[4국01-04] 상황과 상대의 입장을 이해하고 예의를 지키며 대화한다.
[4도02-03] 공감의 태도가 필요한 이유를 이해하고 도덕적 상상력을 바탕으로 대상과 상황에 따라 감정을 나누는 방법을 탐구하여 실천한다.
[6국02-02] 글에서 생략된 내용이나 함축된 표현을 문맥을 고려하여 추론한다.
[6국05-06] 작품을 읽고 자신의 삶과 연관 지어 성찰하는 태도를 지닌다.

감정 손님을
잘 맞이하려면?

『감정 호텔』
리디아 브란코비치 글·그림, 책읽는곰

날마다 다양한 감정이 찾아오는 '감정 호텔'이라는 독특한 설정을 통해 감정이 얼마나 자주 바뀌고 각기 다른 모습으로 나타나는지를 보여 주는 책입니다. 감정 호텔에는 슬픔, 분노, 기쁨, 외로움 등 감정 하나하나가 지낼 방이 따로 있고, 호텔 지배인은 그 감정이 편히 머물 수 있도록 세심히 신경 씁니다. 과연 우리는 내 안에 어떤 감정 손님이 머무르는지 잘 알고 있을까요? 이 책은 아이들이 자신의 감정을 알아차리고 적절하게 다루는 연습을 할 수 있도록 도울 것입니다.

#감정관리 #자기이해 #성장 #수용

 핵심 질문

> 1. 여러분의 감정 호텔에는 어떤 손님들이 머물고 있나요?
> 2. 우리는 어떤 감정 호텔 지배인이 되어야 할까요?

📖 배경지식 질문

1. '호텔' 하면 어떤 이미지나 장면이 떠오르나요?
2. 최근 여러분이 가장 많이 느꼈던 감정은 무엇인가요?
3. 표지에 등장하는 감정 호텔에 찾아온 손님들은 누구일까요?

🎯 그림책 BINGO

① 감정 호텔은 다양한 □□들이 머물다 가는 곳입니다.	② 감정 호텔의 □□□은 까다로운 손님에게도 방을 내줍니다.	③ 툭하면 방을 어질러 놓거나 욕실에 물이 흘러넘치게 하는 감정 손님은 누구인가요?
④ 분노에게는 어떤 방이 필요한가요?	⑤ 감정은 온갖 □□와 □□으로 찾아옵니다.	⑥ 감정들을 □□해서는 안 됩니다. 오고 싶을 때 오고 떠나고 싶을 때 떠나게 해야 합니다.
⑦ □□는 뭘 해 달라고 조르는 법이 없어 잊어버리기 쉬운 감정입니다.	⑧ □□이 찾아오면 호텔은 빛과 웃음이 가득한 마법 같은 곳으로 바뀝니다.	⑨ 감정 호텔 지배인은 감정들을 □□□□ 맞아 주고, 하고 싶은 말을 들어 주는 사람입니다.

답: ①감정 ②지배인 ③슬픔 ④큰 방 ⑤크기, 모습 ⑥재촉 ⑦감사 ⑧사랑 ⑨따뜻하게

👁 해석 및 평가 질문

1. 감정 손님들은 열기구, 비행기, 잠수함, 배, 날개 달린 말이 끄는 마차를 타거나 걷는 등 다양한 방법으로 감정 호텔에 찾아옵니다. 감정들이 이렇게 다양한 방식으로 오는 이유는 무엇일까요?

2. 감정에게 방을 내어 준다는 것은 어떤 의미일까요?

3. "슬픔이 찾아오면 조용히 기다려 줘야 해요. 슬픔은 목소리가 아주 작거든요."에서 슬픔의 목소리가 작은 이유는 무엇이라고 생각하나요?

4. 감정 호텔의 지배인은 분노에게 가장 큰 방을 내어 줍니다. 분노에게 넓은 방을 내어 준다는 것은 어떤 의미일까요?

5. 감정 호텔의 지배인은 감정이 오고 싶을 때 오고, 떠나고 싶을 때 떠날 수 있도록 돕는 것이 중요하다고 합니다. 왜 그럴까요?

6. 너무 많은 감정이 한꺼번에 몰려와 아우성치면 불안이 찾아온다고 합니다. 불안은 왜 이런 상황에 찾아오는 걸까요?

6-1. 불안은 다른 감정들과 달리 자신에게만 집중해 주기를 바랍니다. 불안이 이런 특징을 가지는 이유는 무엇일까요?

7. 지배인은 모든 것이 버겁다고 느껴질 때 감사라는 감정을 보러 갑니다. 감사가 우리 삶에 주는 긍정적인 영향은 무엇일까요?

8. 이 책을 읽으며 새롭게 알게 된 감정의 특성이 있다면 무엇인가요?

9. 감정 호텔의 지배인이 갖추어야 할 가장 중요한 태도는 무엇이라고 생각하나요? 그 이유는 무엇인가요?

적용 질문

1. 지금 여러분의 감정 호텔에는 어떤 손님들이 머무르고 있나요?

1-1. 그중에서 가장 큰 방을 차지하고 있는 감정은 무엇인가요? 그 이유는 무엇인가요?

1-2. 이 책에서는 슬픔과 분노를 가장 까다로운 손님으로 표현합니다. 여러분에게 가장 다루기 어려운 감정은 무엇인가요? 그 이유는 무엇인가요?

2. 이 책에서는 슬픔이 찾아오면 기다림이 필요하다고 합니다. 여러분은 슬픔이 찾아올 때 어떻게 하나요?

3. 어떤 감정은 크고, 어떤 감정은 작으며, 어떤 감정은 잘 보이지 않습

니다. 여러분에게 크거나 작게 느껴지는 감정은 무엇인가요?

4. 이 책에서 평화는 오래 머물기 바라는 감정입니다. 평화로운 감정을 유지하기 위해 어떤 노력을 하나요?

5. 감사는 무엇을 해달라고 조르거나 요구하지 않기 때문에 잊어버리기 쉬운 감정이라고 합니다. 여러분에게 잊지 않고 기억하고 싶은 감사의 순간은 언제인가요?

6. 어떤 감정도 영원히 머무를 수는 없습니다. 그럼에도 불구하고 오래 간직하고 싶은 감정이 있다면 무엇인가요?

7. 여러분은 감정 호텔의 지배인으로서 감정 손님들을 잘 돌보고 있다고 생각하나요? 그렇게 생각하는 이유를 말해 봅시다.

8. 만약 여러분이 새로운 책을 쓴다면, 감정을 다루는 방식을 감정 호텔과 지배인 외에 어떤 형태로 표현하고 싶나요?

선택 질문

1. 감정 호텔의 지배인은 다양한 방법으로 감정들을 보살핍니다. 가장 인상적인 방법은 무엇인가요?

☐ 조용히 기다려 주기   ☐ 넓은 방 내어 주기
☐ 이야기 들어 주기   ☐ 재촉하지 않기   ☐ 따뜻하게 맞아 주기

2. 아무리 까다로운 감정이라도 방을 내어 주어야 한다는 지배인의 행동에 공감하나요?
☐ 공감한다   ☐ 공감하지 않는다

3. 감정 호텔에 슬픔이 찾아오면 조용히 기다려 주어야 한다고 합니다. 이 방식에 동의하나요?
☐ 동의한다   ☐ 동의하지 않는다

4. 분노를 큰 방에서 마음껏 소리 지르게 하면 금방 털고 떠난다는 지배인의 말에 공감하나요?
☐ 공감한다   ☐ 공감하기 어렵다

5. 불안은 자신에게만 집중해 주기를 원한다고 합니다. 여러분의 불안도 그런가요?
☐ 그렇다   ☐ 아니다

6. "감정을 다루는 나쁜 방식은 있지만 나쁜 감정은 없다."라는 말에 동의하나요?
☐ 동의한다   ☐ 동의하지 않는다

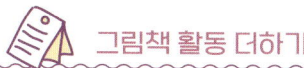 그림책 활동 더하기

감정 호텔 지배인의 수칙 만들기

여러분 모두가 자신의 감정 호텔의 지배인입니다. 호텔을 찾아오는 다양한 감정 손님을 어떻게 대해야 할까요? 여러분만의 방법을 생각하며 '감정 호텔 지배인의 수칙'을 완성해 봅시다.

〈감정 호텔 지배인의 수칙〉

감정 손님의 종류	감정 손님을 보살피는 법
예) 슬픔	소리 내어 울 수 있도록 방음이 잘 되는 방을 내어 준다.

개욕탕에서
씻어 내고 싶은
마음은?

『개욕탕』
김유 글, 소복이 그림, 천개의바람

마음이 지친 개들은 따뜻한 목욕물이 가득 담긴 '개욕탕'에 모여 몸을 담급니다. 개들은 하루 동안 겪었던 슬픔, 분노, 외로움과 같은 감정을 자연스럽게 털어놓고 목욕물에 몸을 담그며 마음까지 씻고 갑니다. 이 책은 학생들에게 자신의 감정을 표현하고 다른 사람의 마음에 공감하는 기회를 제공할 수 있습니다. 함께하며 누군가의 아픔에 귀 기울이는 과정을 통해 치유와 연대의 가치를 배울 수 있을 것입니다.

#마음 #치유 #연대 #공동체

 핵심 질문

1. '개욕탕'에서 마음까지 씻을 수 있는 까닭은 무엇일까요?
2. 마음을 치유하는 것은 왜 중요할까요?

배경지식 질문

1. '목욕탕' 하면 무엇이 떠오르나요?
2. 이 책의 제목인 '개욕탕'은 무엇을 하는 곳일까요?
3. 뒤돌아 앉은 개들은 어떤 표정을 짓고 있을까요?

그림책 BINGO

① 개들이 씻는 곳의 이름은 무엇인가요? ㄱㅇㅌ	② 개들은 □에 개욕탕을 찾아옵니다.	③ 개욕탕에 오면 무거운 가방을 내려놓고, 두꺼운 겉옷을 벗고 시끄러운 □□□을 꺼 놓고 뽀송뽀송한 수건을 들고 씻을 준비를 합니다.
④ 아이는 □□ □를 보고 "못생긴 개는 싫다고오~"라고 소리칩니다.	⑤ 털북숭이 개는 욕할 때마다 □를 들먹이는 것을 떠올리며 씩씩댔습니다.	⑥ 할머니 개는 "개나 □□이나 느끼는 건 다 똑같지."라고 말합니다.
⑦ 개들은 서로의 □을 바라보며 나란히 앉아 □을 밀어 주었습니다.	⑧ 벽에 붙은 샴푸 광고에 적힌 글은 "마음에도 □이 나요"입니다.	⑨ 주인 할머니는 손님들에게 잊지 않고 "□□까지 씻고 가게."라고 말합니다.

답: ①개욕탕 ②밤 ③핸드폰 ④얼룩 개 ⑤사람 ⑦등 ⑧빛 ⑨마음

👁 해석 및 평가 질문

1. 사람들이 잠든 밤, 잠 못 드는 개들이 개욕탕을 찾아옵니다. 이 개들은 왜 잠을 이루지 못했을까요?

2. 개욕탕은 단순한 목욕탕이 아닙니다. 개들에게 개욕탕은 어떤 의미를 가진 장소일까요?

3. 털북숭이 개는 아이들이 욕할 때마다 "개 같은"이나 "똥개"처럼 개를 들먹이는 것을 보며 속상해합니다. 아이들은 왜 욕에다 '개'를 붙일까요?

4. 할머니 개는 주인과의 추억을 떠올리며 "아프기도 하고, 슬프기도 하고, 기쁘기도 하고…"라고 말합니다. 기쁨과 슬픔이 함께 담긴 이 말에는 어떤 의미가 있을까요?

5. 엄마 개는 꼬마 개를 씻기느라 지쳐 있지만, 꼬마 개가 등을 밀어 주자 토닥토닥 등을 두드려 주는 것만 같다며 다시 웃습니다. 엄마 개의 표정 변화를 보며 어떤 생각이 드나요?

6. 개욕탕에 모인 개들은 서로의 등을 밀어 주며 씻습니다. 개들은 왜 서로 등을 밀어 주었을까요?

7. 꼬마 개는 샴푸 광고 속 글귀 "마음에도 빛이 나요"를 소리 내어 읽습니다. 꼬마 개는 왜 이 말을 따라 읽었을까요?

8. 목욕을 하기 전 개들은 지쳐 있고 짜증이 나 있었지만 목욕을 마친 후 표정과 말투가 달라졌습니다. 개들에게 어떤 변화가 일어난 걸까요?

9. 낡은 목욕탕의 간판에서 떨어진 '목' 자 대신 '개' 자를 붙인 것은 목욕탕집 개였습니다. 그가 밤새 이런 일을 벌인 까닭은 무엇일까요?

10. 목욕탕 주인 할머니는 매일 아침 문을 열며 손님들에게 "마음까지 씻고 가게."라고 말합니다. 목욕탕은 단순히 몸을 씻는 곳임에도 불구하고 할머니가 이런 말을 한 까닭은 무엇인가요?

적용 질문

1. 개욕탕에서 개들이 목욕을 할 때 제일 먼저 무거운 가방을 내려놓고, 두꺼운 외투를 벗고, 휴대폰을 끕니다. 여러분이 개욕탕을 이용한다면 잠시 내려놓고 싶은 것은 무엇인가요?

2. 개욕탕의 개들처럼 여러분에게도 씻어 내고 싶은 감정이나 기분이 있나요? 있다면 무엇인가요?

3. 개욕탕처럼 마음이 지친 사람들을 치유할 수 있는 새로운 공간을 만든다면 어떤 장소가 좋을까요? 그 이유는 무엇인가요?

4. 목욕을 마친 개들은 "난 정말 멋져!", "그래, 힘내자!", "우리 강아지 참 예쁘다!" 같은 말로 마음을 빛냅니다. 여러분은 스스로에게 어떤 말을 해주고 싶나요?

5. 목욕을 마친 개들은 함께 요구르트를 먹습니다. 여러분은 목욕탕에서 어떤 음식을 먹고 싶나요? 그 이유는 무엇인가요?

6. 만약 다음 날 개욕탕에 새로운 개들이 찾아온다면 어떤 이유로 오게 될까요? 개의 입장이 되어 상상해 보세요.

선택 질문

1. 얼룩 개는 아이에게 "못생긴 개는 싫다."라는 말을 듣습니다. 여러분은 개의 외모를 따지는 아이의 행동에 공감하나요?
☐ 공감한다 ☐ 공감하기 어렵다

2. 몸을 씻는 목욕탕에서 마음까지 깨끗해질 수 있을까요?
☐ 그렇다 ☐ 아니다

3. 개들은 따뜻한 물속에 들어가며 "오, 시원해!"라고 말합니다. 따뜻한 물속에서 '시원하다'라고 표현하는 것에 대해 공감하나요?
☐ 공감한다   ☐ 공감하기 어렵다

4. 개욕탕에 온 개들 중 누가 가장 힘들었을 것 같나요?
☐ 아이들이 개를 붙여 욕하는 소리를 들은 털북숭이 개
☐ 못생겼다는 소리를 들은 얼룩 개
☐ 늙어가는 게 서러운 할머니 개
☐ 개구쟁이 꼬마 개를 키우느라 지친 엄마 개

5. 개욕탕은 사람들이 곤히 잠든 밤에 열립니다. 만약 주인 할머니가 이 사실을 알게 된다면 개욕탕을 계속 허락할까요?
☐ 허락한다   ☐ 허락하지 않는다

6. 개욕탕에 온 개들은 서로의 등을 밀어 주며 씻습니다. 여러분이라면 다른 사람의 등을 밀어 주겠나요?
☐ 밀어 준다   ☐ 밀어 주지 않는다

그림책 활동 더하기

마음 샤워기

여러분이 씻어내고 싶은 감정은 무엇인가요? 거울 위에 솔직한 마음을 적고, 샤워기로 깨끗이 씻는 상상을 해 봅시다.

작은 존재들을 향한 위로

『괜찮을 거야』
시드니 스미스 글·그림, 책읽는곰

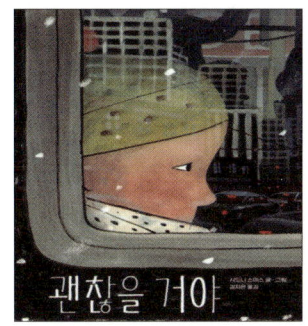

복잡한 도시 속, 아이는 두려움을 느끼면서 잃어버린 고양이를 혼자 찾아 나섭니다. 하지만 눈보라가 몰아치며 상황은 점점 더 어려워지고, 결국 눈 속을 헤매던 아이는 마침내 엄마를 만나 따뜻한 품에 안깁니다. 과연 아이는 고양이를 찾았을까요? 이 책은 불안한 여정 속에서도 아이, 고양이, 엄마가 서로를 위하는 마음을 섬세하게 그립니다. 감정 수업 시간에 이 책을 함께 읽고 아이들과 질문을 나눠 보세요. "괜찮을 거야."라는 한마디는 아이들에게 마음을 어루만져 주고 용기를 북돋는 힘을 줄 것입니다.

#위로 #격려 #도시 #소외

 핵심 질문

1. 도시 속의 작은 존재들은 어떻게 살아가고 있을까요?
2. 그들에게 "괜찮을 거야."라는 말이 가진 힘은 무엇인가요?

📖 배경지식 질문

1. 주로 언제 "괜찮을 거야."라고 생각하거나 말을 하나요?
2. "괜찮을 거야."라는 말을 들으면 어떤 생각이 드나요?
3. 표지 속 인물은 어디로 가고 있을까요?

🎯 그림책 BINGO

① 주인공은 잃어버린 □□□를 찾아서 도시를 헤매고 있었습니다.	② 이야기에 등장하는 도시의 소리에는 무엇이 있나요?(3가지)	③ 주인공은 고양이에게 왜 큰 건물 앞으로 지나지 말라고 했나요?
④ 주인공은 고양이에게 몸을 숨기기 좋은 장소로 어떤 곳을 이야기했나요?(3군데)	⑤ 주인공은 고양이에게 공원에서 누구를 만나라고 했나요?	⑥ "나는 알아, 이 도시에서 □□ 몸으로 산다는 게 어떤 건지."
⑦ 이야기 속에는 추운 겨울 끊임없이 하늘에서 □이 때로는 거세게, 때로는 잔잔히 내립니다.	⑧ 이야기의 마지막에 주인공을 기다리던 사람은 □□입니다.	⑨ 이 책의 마지막 장면에서 눈 위에 찍혀 있었던 것은 □□□입니다.

답: ①고양이 ②택시, 사이렌, 공사장, 구멍 뚫는 소리, 땅 파는 소리, 고함 소리 ③큰 개가 세 마리 있기 때문에 위험해서 ④뽕나무 덤불 아래, 나무 위, 통풍구 ⑤친한 친구 ⑥작은 ⑦눈 ⑧엄마 ⑨발자국

👁 해석 및 평가 질문

1. 버스에 탄 아이의 얼굴이 역광을 받은 그림자로 표현되고 흐린 차창 너머 도시 풍경이 네 개의 프레임으로 나뉘어 보입니다. 이 장면에서 주인공의 감정은 어떻게 느껴지나요?

2. 주인공의 "나는 알아, 이 도시에서 작은 몸으로 산다는 게 어떤 건지."라는 말은 어떤 의미일까요?

3. 고층 빌딩이 우뚝 솟아 있고, 거리는 붐비고 있습니다. 이런 공간 속에서 어린 주인공과 고양이는 어떤 공통점을 가질까요?

4. 주인공과 도시의 풍경이 여러 조각의 거울 속에 나뉘어 비칩니다. 이 순간, 주인공은 어떤 생각을 하고 있을까요?

5. "거리는 언제나 북적거려. 그 바람에 머릿속이 온통 복잡해질 수도 있지."라는 말에서 머릿속이 복잡해진 까닭은 무엇일까요?

6. 주인공은 복잡하고 거대한 도시를 헤매고 다닐 고양이에게도 "너는 괜찮을 거야."라고 말합니다. 주인공이 이렇게 말할 수 있었던 이유는 무엇일까요?

7. 고양이를 찾던 주인공은 검은 호두나무 위로 올라갑니다. 주인공이

나무 위로 올라간 까닭은 무엇일까요?

8. 주인공은 엄마와 함께 가지 않고 혼자서 고양이를 찾으러 도시로 나갑니다. 주인공이 그렇게 행동한 이유는 무엇일까요?

9. 책의 처음부터 끝까지 주인공의 표정이 뚜렷하게 드러나지 않습니다. 작가는 왜 주인공의 표정을 분명히 보여 주지 않았을까요?

10. 책의 면지와 여러 장면에서 '눈'이 반복적으로 등장합니다. 각각의 장면에서 '눈'은 어떤 의미를 가진다고 생각하나요?

11. 이 책의 제목이기도 한 '괜찮을 거야'는 여러 번 등장하지만, 말하는 이가 누구인지 다양하게 해석할 수 있습니다. 여러분은 이 말이 누가 누구에게 하는 말이라 생각하나요? 어떤 장면을 통해 그렇게 생각했나요?

적용 질문

1. '괜찮을 거야'라는 말을 언제, 누구에게 듣고 싶나요? 혹은 누구에게 건네고 싶나요?

2. 만약 고양이를 잃어버린다면, 어떤 방법으로 찾을 것인가요?

3. 주인공은 고양이가 무사하기를 바라며 여러 가지 당부와 함께 "괜찮을 거야."라고 말합니다. 만약 여러분이 주인공이라면, 집을 나간 고양이에게 어떤 말을 해 주고 싶나요?

4. 잃어버린 고양이를 찾아 헤매는 주인공처럼, 무언가를 간절히 찾거나 기다렸던 경험이 있나요?

5. 이 책은 복잡한 도시를 배경으로 하고 있습니다. 여러분은 도시라는 공간에 대해 어떤 생각을 가지고 있나요?

6. 고양이를 찾던 주인공이 집으로 돌아가는 장면에서 "집은 안전하고 조용해."라는 말이 나옵니다. 여러분에게 '집'은 어떤 공간인가요?

7. 집을 나갔다가 돌아온 주인공은 기다리던 엄마 품에 안깁니다. 여러분이 엄마라면 어떤 말을 해 주고 싶나요?

선택 질문

1. 여러분이 주인공이라면, 잃어버린 고양이를 찾으러 혼자서 복잡한 도시로 나가겠나요?

☐ 혼자 나간다   ☐ 혼자 나가지 않는다

2. 여러분이 주인공의 엄마라면, 아이가 혼자서 고양이를 찾겠다고 하면 보내겠나요?

☐ 혼자 보낸다 ☐ 혼자 보내지 않는다

3. 주인공은 고양이를 위해 여러 가지 당부의 말을 남깁니다. 만약 여러분이 고양이라면, 아래 당부 중 가장 유용한 것은 무엇인가요?

☐ 골목길이 더 빠르지만 어두운 곳으로는 다니지 말 것

☐ 커다란 개 세 마리가 있는 큰 건물 앞은 지나지 말 것

☐ 뽕나무 덤불 아래, 나무 위, 통풍구 등 몸을 숨기기 좋은 곳에서 잠시 쉴 것

☐ 아랫동네 친절한 생선 가게 주인에게서 생선을 구할 것

☐ 빈터의 가시덤불을 조심할 것

☐ 피아노 연주가 들리는 곳에서 좋아하는 음악을 들어볼 것

☐ 공원에서 주인공의 친구를 만날 것

4. 이 책의 마지막 장면에는 하얀 눈 위에 고양이 발자국이 남아 있습니다. 고양이는 집으로 돌아왔을까요?

☐ 돌아왔다   ☐ 돌아오지 않았다

 그림책 활동 더하기

'괜찮을 거야' 카드 만들기

'괜찮을 거야'는 누군가를 위로하거나 격려하는 말입니다. 여러분은 어떤 상황에서 이 말이 필요한가요? 빈칸을 채워 문장을 완성해 봅시다.

○ 예) 내일 시험을 못 봐도,	○ 괜찮을 거야.
○	○ 괜찮을 거야.
○	○ 괜찮을 거야.
○	○ 괜찮을 거야.
○	○ 괜찮을 거야.
○	○ 괜찮을 거야.

눈물이 주는 치유

『눈물바다』
서현 글·그림, 사계절

주인공의 하루는 속상한 일들로 가득합니다. 학교에서 시험을 망치고, 선생님께 억울하게 혼이 납니다. 우산도 없이 비를 맞으며 집에 도착하니 부모님은 싸우고 계십니다. 그렇게 힘든 하루를 마무리하는 밤, 아이는 잠자리에 들어서야 참았던 눈물을 흘리기 시작합니다. 결국, 눈물은 바다가 되어 흘러넘칩니다. '눈물바다'라는 상상 가득한 설정은 아이가 억눌린 감정을 표현하는 과정과 눈물이 가진 힘을 보여 줍니다. 그리고 감정은 참는 것이 아니라 흘려보내는 것임을 말해 줍니다. 이 책은 감정 표현 혹은 공감 관련 수업을 할 때 좋은 자료가 되어 줄 것입니다.

#눈물 #치유 #위로 #유머

 핵심 질문

1. 눈물이 가진 힘은 무엇일까요?
2. 일상 속 상상과 유머는 우리 삶을 어떻게 변화시킬까요?

📖 배경지식 질문

1. 최근 눈물을 흘렸던 적이 있나요? 그 이유는 무엇인가요?
2. 표지 속 주인공의 눈물 속에 보이는 것은 누구일까요?
3. 눈물이 바다가 된 이유는 무엇일까요?

◎ 그림책 BINGO

① □□을 보는데 아는 게 하나도 없어 우울합니다.	② 짝꿍이 먼저 약을 올렸지만 □□□께 주인공만 혼이 납니다.	③ 주인공이 우산 대신 머리에 쓰고 간 것은 무엇인가요?
④ 주인공 눈에는 싸움 중인 부모님이 무엇으로 보이나요?	⑤ 주인공은 □□□을 남겨 엄마에게 혼이 납니다.	⑥ 주인공이 눈물을 흘리자 □도 함께 슬퍼합니다.
⑦ 주인공이 흘린 엄청난 눈물은 결국 □□가 됩니다.	⑧ 주인공은 눈물바다에 빠졌던 모든 것들을 건져내어 □□□에 넙니다.	⑨ 눈물바다에서 실컷 놀고 난 후 주인공은 마음이 □□해집니다.

답: ①시험 ②선생님 ③상자 ④공룡 ⑤저녁밥 ⑥달 ⑦바다 ⑧빨랫줄 ⑨시원

👁 해석 및 평가 질문

1. 시험을 보는데 아는 게 하나도 없어 속상해하는 주인공 옆으로 친구들의 모습이 보입니다. 땀을 뻘뻘 흘리며 문제를 푸는 모범생, 자기만의 상상에 빠진 친구, 시험지를 구겨 버리거나 먹고 있는 친구, 엎드려 자는 친구 등 제각각 다른 모습입니다. 여러분은 주인공을 둘러싼 친구들과 교실 풍경이 어떻게 보이나요?

2. 점심시간, 주인공은 점심밥이 맛이 없다며 투덜거립니다. 늘 먹던 급식이 오늘따라 유난히 맛없게 느껴진 이유는 무엇일까요?

3. 호박 얼굴을 한 친구는 시험 시간에도 줄곧 주인공을 보고 있습니다. 수업 시간에는 주인공을 놀려 흥분하게 만들죠. 이 친구는 왜 이런 행동을 하는 걸까요?

4. 갑자기 비가 내리자 우산이 없는 주인공 혼자 상자를 머리에 쓰고 집에 갑니다. 그런 주인공 머리 위로 먹구름이 따라옵니다. 주인공의 마음은 어떨까요?

5. 담임선생님은 배추, 영양사 선생님은 감자, 엄마 아빠는 성난 공룡입니다. 주인공 눈에 어른들이 왜 이렇게 보인 걸까요?

6. 주인공은 잠자리에 들어서야 눈물을 흘리기 시작합니다. 이제야 눈

물이 터져 버린 이유는 무엇일까요?

7. 주인공이 흘린 눈물이 바다가 되자 주인공의 놀란 모습은 서서히 웃는 표정으로 바뀝니다. 심지어 주인공은 허우적거리는 사람들 사이로 침대를 보트 삼아 노를 젓고 신나게 급류를 탑니다. 주인공의 이런 행동은 무엇을 의미하는 걸까요?

8. 눈물바다 속에는 튜브를 타고 중계방송을 하는 아나운서, 헤엄치는 인어공주와 때를 미는 선녀 등 우리에게 익숙한 동화 속 캐릭터가 등장합니다. 이런 캐릭터들의 등장을 어떻게 보았나요?

9. 주인공은 눈물바다에 빠진 사람들을 구하고 빨랫줄에 널어 말려 줍니다. 그리고 미안하지만 시원하다며 환하게 웃음 짓습니다. 주인공의 눈물 뒤의 웃음은 어떤 의미일까요?

10. 주인공의 하루를 다시 한번 살펴보았을 때, 주인공이 진짜 바란 것은 무엇이라 생각하나요?

적용 질문

1. 시험을 치르는 교실 속 아이들의 풍경에서 여러분과 가장 비슷한 모습을 한 인물은 누구인가요?

2. 점심밥이 맛없어 속상해진 주인공에게 점심 메뉴를 제안한다면, 어떤 메뉴를 추천하고 싶나요? 주인공의 현재 마음을 고려하여 메뉴를 말해 봅시다.

3. 짝꿍이 먼저 약을 올렸지만 정작 주인공만 혼이 납니다. 여러분이라면 이러한 상황에서 선생님 또는 짝꿍에게 뭐라고 말하겠나요?

4. 비가 내리자 주인공은 혼자 종이 상자를 얼굴에 쓰고 집으로 갑니다. 여러분이라면 갑자기 비가 내릴 때 어떻게 대처하겠나요?

5. 소리 지르며 다투는 엄마 아빠의 모습이 주인공에겐 마치 공룡처럼 보입니다. 여러분이라면 무엇으로 비유하고 싶나요?

6. 힘든 하루를 보낸 주인공은 불 꺼진 방 침대에 누워 이불을 뒤집어 쓴 채 눈물을 흘립니다. 이를 지켜보던 달님도 주인공과 함께 울어 줍니다. 여러분 주변에 달님과 같은 존재가 있다면 누구인가요?

7. 픽사의 애니메이션 〈인사이드 아웃〉은 감정에 관한 이야기를 다루고 있습니다. 영화에서는 주인공 라일리의 감정을 기쁨, 슬픔, 분노, 두려움, 까칠(혐오) 다섯 가지로 표현하고 있습니다. 여러분은 슬픔, 분노, 두려움, 혐오를 어떤 방식으로 해소하고 있나요?

 **선택 질문**

1. 수업 중 주인공이 억울하게 혼이 나는 장면에서 여러분은 누구의 잘못이 가장 크다고 생각하나요?

☐ 먼저 약 올린 짝꿍

☐ 책을 찢어 '바보'라고 쓴 주인공

☐ 주인공만 혼내는 선생님

2. 저녁밥을 남긴 주인공은 엄마에게 크게 혼이 납니다. 여러분이 엄마라면, 주인공을 혼내겠나요?

☐ 혼낸다   ☐ 혼내지 않는다

3. 눈물바다에서 한바탕 신나게 논 주인공은 자신을 속상하게 했던 주변 인물을 다시 건져 올리고 말려 줍니다. 여러분이 주인공이라면, 이들을 건져 내겠나요?

☐ 건진다   ☐ 건지지 않는다

4. 주인공은 결국 '눈물'이라는 방식을 통해 자신의 감정을 해소합니다. 여러분은 이러한 방식에 공감하나요?

☐ 공감한다   ☐ 공감하기 어렵다

 그림책 활동 더하기

나만의 감정 바다 만들기

여러분이 ○○바다를 만든다면 어떤 바다를 만들고 싶나요? 오늘 하루 느꼈던 감정을 되돌아보며 여러분만의 감정 바다를 그리고 그 속에 넣고 싶은 것들을 그려 봅시다.

나쁜 하루에도 좋은 순간은 있다

『맙소사, 나의 나쁜 하루』
첼시 린 월리스 글, 염혜원 그림, 주니어RHK

주인공의 오늘은 온종일 엉망진창인 나쁜 하루입니다. 넘어져서 까진 무릎, 친구와의 다툼, 엉망이 된 그림 등 하루 종일 뜻대로 되는 일이 하나도 없습니다. 하지만 주인공은 하루를 마무리하며, 나쁜 하루에도 좋은 순간이 있다는 것을 깨닫게 됩니다. 이 책은 평범한 일상 속에서 예상치 못한 사건들로 겪게 되는 나쁜 하루를 섬세하게 그려냅니다. 주인공이 자신의 감정을 솔직하게 표현하는 모습을 따라가다 보면, 누구나 겪을 수 있는 감정의 기복에 공감하게 되고, 그 과정을 통해 스스로 행복을 찾아가는 길을 발견하게 됩니다.

#감정 #일상 #행복 #기분전환

 핵심 질문

> 1. 나쁜 하루에도 좋은 순간을 찾기 위한 노력은 왜 필요할까요?
> 2. 자신의 감정을 알아차리고 표현하는 것은 왜 중요할까요?

📖 배경지식 질문

1. 오늘 기분은 어떤가요?
2. 여러분에게 '나쁜 하루'는 어떤 날인가요?
3. 표지 속 여자아이는 무엇을 하고 있나요? 어떤 감정이 느껴지나요?

◎ 그림책 BINGO

① 시리얼이 눅눅해진 이유는 무엇인가요?	② 주인공은 어떤 옷을 입을지 기대하며 즐거워했습니다. (O/X)	③ 주인공 곁을 늘 따라다니는 동물은 무엇인가요?
④ 주인공의 어제는 어떤 하루였나요?	⑤ 유치원에 늦지 않으려 뛰어가던 주인공은 넘어져 ㅁㄹ을 다칩니다.	⑥ 실베스터 파인은 간식을 받으려는 주인공을 밀어내고 ㅅㅊㄱ를 했습니다.
⑦ 주인공이 닉이랑 놀 때 갑자기 시작된 것은 무엇인가요?	⑧ 주인공이 미술 시간에 작품을 망친 이유는 무엇인가요?	⑨ 나쁜 하루에도 ㅁㅁㅁㅁ은 있어.

답: ①우유가 너무 많았음 ②X ③귀뚜라미 ④신나고 신나는 하루 ⑤무릎 ⑥새치기 ⑦딸꾹질 ⑧색칠할 때 물감이 번짐 ⑨좋은 순간

👁 해석 및 평가 질문

1. 주인공의 하루는 짜증, 불만, 실망, 절망, 분노, 슬픔 등의 나쁜 감정으로 가득 차 있습니다. 하지만 자신의 감정을 숨기거나 감추기보다 솔직하고 위트 가득한 동작으로 표현합니다. 이런 주인공의 모습을 어떻게 보았나요?

2. 귀뚜라미는 주인공이 눈뜨는 순간부터 잠들 때까지 따라다니며 함께 하루를 보냅니다. 주인공의 하루를 지켜본 귀뚜라미는 어떤 생각을 했을까요?

3. 작가는 점심 도시락 속 당근과 샌드위치의 표정을 그려 넣거나 슈퍼마켓에 진열된 상품 속 동물들이 눈을 굴리는 듯한 장면을 그려 넣었습니다. 사물의 다양한 표정은 작품을 감상하는 데 어떤 영향을 줄까요?

4. 주인공은 온종일 엉망진창이었지만 완전히 망친 것은 아니라며 나쁜 하루에도 좋은 순간이 있다고 말합니다. 주인공의 나쁜 하루 안에서도 좋은 순간을 찾아본다면 어떤 순간일까요?

5. 주인공이 하루를 마치고 상상한 좋은 날은 어떤 날일까요?

6. 주인공의 하루 생활 중에서 인상 깊었던 장면은 무엇인가요? 왜 그런가요?

7. 이 책은 주인공의 '나쁜 하루'를 이야기하지만 그림의 색깔과 분위기는 밝습니다. 이렇게 표현한 이유는 무엇일까요?

적용 질문

1. 이 책의 제목은 『맙소사, 나의 나쁜 하루』입니다. 여러분의 오늘은 어떤 하루였나요? 책의 제목처럼 표현한 뒤 그 이유를 말해 봅시다.

   (예: 빵빵! 나의 든든한 하루, 이유- 하루 종일 맛있는 것을 많이 먹었더니 배는 빵빵하게 부르지만 마음은 든든해져서)

2. 주인공의 불만 가득한 하루는 아침에 눈을 뜬 순간부터 시작됩니다. 주인공은 뻑뻑한 눈, 삐걱대는 팔다리, 텁텁한 입 등을 핑계로 "그냥 누워 있으면 안 돼?"라고 묻습니다. 여러분은 주로 언제 이런 기분이 드나요?

3. 주인공은 아침마다 반복되는 옷 입기, 밤마다 하는 양치를 갑갑하고 지겨워합니다. 여러분이 매일 하는 일 중 귀찮거나 지겨운 일은 무엇인가요?

4. 주인공은 "어제는 신나는 하루였는데! 어제야, 다시 와서 나랑 놀지 않을래?"라고 말하며 지나간 어제를 그리워합니다. 여러분에게도 되돌리고 싶은 순간이 있다면 어떤 순간인가요?

5. 주인공은 자신의 앞자리로 새치기한 실베스터 파인 때문에 화가 납니다. 여러분이라면 이런 경우 어떻게 하겠나요?

6. 엄마가 장을 보는 동안 기다림이 지루해진 주인공은 마트 바닥에 드러누워 버립니다. 여러분이 엄마라면 이런 주인공의 행동에 어떻게 반응하겠나요?

7. 『기분이 태도가 되지 말자』에서 김수현 작가는 "인생을 결정하는 건 바로 하루의 기분이다."라고 말하며 부정적인 감정으로부터 나를 보호하고 긍정적인 감정을 끌어올리는 여러 가지 비결을 제시합니다. 여러분에게도 나쁜 하루를 이겨내는 특별한 말 또는 방법이 있다면 무엇인가요?

8. '원영적 사고'란 그룹 IVE(아이브)의 멤버인 장원영으로부터 시작된 인터넷 밈이자 유행어로 좋지 않은 상황을 초긍정적인 마음가짐으로 새롭게 바라보는 것을 의미합니다. 이 책의 주인공 역시 "나쁜 하루에도 좋은 순간은 있어. 하루가 끝나 간다는 것, 그거면 충분해."라는 원영적 사고를 보여 줍니다. 여러분에게 원영적 사고를 대입시키고 싶은 순간이 있다면 어떤 순간인가요? 그 순간을 원영적 사고로 바꿔 말해 봅시다.

 **선택 질문**

1. 여러분이 주인공이라면, 오늘을 나쁜 하루로 만든 가장 결정적 사건으로 무엇을 고르겠나요?
   ☐ 흙탕물에서 넘어져 무릎이 까진 일   ☐ 친구에게 새치기를 당한 일
   ☐ 딸꾹질이 그치지 않아 친구와의 놀이를 망친 일
   ☐ 푸딩을 깜빡해 맛없는 점심은 먹은 일   ☐ 물감이 번져 그림을 망친 일

2. 주인공은 나쁜 하루를 이겨내기 위해 '신났던 어제'를 떠올리거나 '나쁜 오늘이 끝나는 순간', '즐거운 내일'을 상상합니다. 여러분이라면, 어느 순간을 떠올리겠나요?
   ☐ 신났던 어제
   ☐ 나쁜 오늘이 끝나는 순간
   ☐ 즐거운 내일

3. 주인공은 하루를 마무리하며 "나쁜 하루에도 좋은 순간은 있어."라고 말합니다. 여러분은 주인공의 말에 공감하나요?
   ☐ 공감한다   ☐ 공감하기 어렵다

4. 주인공은 내일은 즐거운 날이 올 거라 상상하며 잠자리에 듭니다. 여러분은 내일이나 미래에 마주하게 될 즐거운 일을 자주 상상하는 편인가요?
   ☐ 그렇다   ☐ 아니다

 그림책 활동 더하기

'나쁜 기분 아웃!' 띠 빙고판

우리는 하루 동안 다양한 기분을 느낍니다. 좋은 기분을 만든 일은 기억하고 나쁜 기분을 만든 일들은 훌훌 털어 내는 것이 좋습니다. 띠 빙고판을 이용하여 나빴던 나의 기분을 잘라 냅시다.

■ 띠 빙고 사용 방법

1. 5칸의 띠 안에 기분을 망친 일들을 종이에 하나씩 씁니다.
2. 순서를 정한 뒤, 한 명씩 기분을 망친 일을 말합니다.
3. 친구가 불러 주는 것과 같은 내용이 종이의 양쪽 끝 중 한쪽에 있을 경우에 'X' 표시를 합니다.
4. 가장 빨리 내용을 없애는 사람이 이깁니다.

〈나쁜 기분 아웃!〉

예) 혼난 일	시험을 망침			

미움에서
벗어나려면?

『미움』
조원희 글·그림, 만만한책방

친구에게 "너 같은 거 꼴도 보기 싫어!"라는 말을 들었습니다. 속상한 마음에 친구를 온종일 미워했더니 오히려 내가 '미움'이라는 감정의 감옥에 갇혀 버렸습니다. 주인공은 누군가를 미워하는 게 쉬운 일이 아니라는 것을 알게 됩니다. 이 책은 누구나 품을 수 있는 부정적인 감정인 '미움'을 솔직하고 깊이 있게 들여다보게 합니다. 미움이 생기는 순간과 그 감정을 마주하는 과정을 통해, 감정을 억누르기보다 이해하고 표현하는 법을 생각하게 합니다. 감정 교육과 마음 성장에 따뜻한 울림을 주는 작품입니다.

#미움 #감정 #해소 #관계

 핵심 질문

1. 내 속에서 미움이 계속 자란다면 어떤 일이 일어날까요?
2. 미워할수록 고통스러운 마음은 어떻게 벗어날 수 있을까요?

📖 배경지식 질문

1. 누군가를 미워해 본 적이 있나요?
2. 표지에서 생선 가시가 목에 걸려 있는 까닭은 무엇일까요?
3. 표지의 "꼴도 보기 싫어!"라는 말은 누가 누구에게 하는 말일까요?

🎯 그림책 BINGO

① 첫 장면에서 남자아이는 주인공에게 어떤 말을 했나요?	② 주인공은 남자아이가 한 말을 듣고 나도 같이 ㅁㅇㅎㄱ로 했습니다.	③ 주인공이 남자아이를 계속 미워하자 드디어 마음이 ㅁㅇ으로 가득 찹니다.
④ "너 같은 건 꼴도 보기 싫어!"라는 말은 주로 어떤 색으로 적혀 있나요?	⑤ 주인공은 팔에 ㅂㅅㄹ이 나자 자꾸 긁어서 점점 번졌습니다.	⑥ 주인공의 팔에 ⑤가 번졌을 때 엄마는 뭐라고 말씀하셨나요?
⑦ 미움으로 마음이 가득 찼지만, 주인공은 하나도 ㅅㅇ하지가 않았습니다.	⑧ 남자아이의 발목에 족쇄처럼 묶여 있는 것은 무엇인가요?	⑨ 이 책은 미움이란 ㄱㅈ에 관한 책입니다.

답: ①꼴도 보기 싫어! ②미워하기 ③미움 ④빨간색 ⑤부스럼 ⑥신경 쓰여도 만지지 마. 그래야 낫는다. ⑦시원 ⑧주인공 ⑨감정

👁 해석 및 평가 질문

1. 친구는 주인공에게 "너 같은 거 꼴도 보기 싫어!"라는 말을 하고 혼자 가 버립니다. 여러분은 주인공의 친구가 왜 이런 말을 했다고 생각하나요?

2. 미움은 계속 자라고 커져 주인공을 가둡니다. 작가는 왜 주인공이 감옥에 갇힌 것처럼 표현했을까요?

3. 주인공이 친구에 대한 마음이 미움으로 가득 찼지만, 이상하게 하나도 시원하지 않다고 말한 까닭은 무엇인가요?

4. 팔에 난 부스럼을 자꾸 긁어 점점 번졌을 때, 주인공이 "신경 쓰여도 만지지 마. 그래야 낫는다."라고 한 엄마의 말을 떠올린 까닭은 무엇일까요?

5. 주인공은 "너는 지금 나를 미워하고 있을까?"라고 생각하며 친구를 떠올립니다. 주인공은 왜 친구의 마음을 궁금해할까요?

6. 주인공이 친구에게 "나는……. 너를 미워하지 않기로 했어."라고 말하게 된 결정적인 계기가 무엇이라 생각하나요?

6-1. 여러분은 주인공이 사라지고 난 뒤에도 여전히 미움이란 족쇄를

차고 홀로 서 있는 친구의 모습을 어떻게 보았나요?

7. 이 책은 빨강과 파랑의 대비, 빨강에서 파랑으로의 색 변화가 두드러지는 작품입니다. 작가는 빨강과 파랑을 어떤 의미로 활용하고 있을까요?

8. 첫 장면과 마지막 장면에서 느껴지는 친구의 감정은 어떻게 다른가요?

적용 질문

1. 만약 여러분이 "너 같은 거 꼴도 보기 싫어!"라는 말을 듣게 된다면 어떻게 하겠나요?

2. 여러분은 누군가가 한 말이 하루 종일 머릿속에 맴돌아 힘들었던 적이 있나요?

3. 주인공은 미움을 부스럼에 비유하여 "가만히 있으면 사라질까?"라고 생각합니다. 여러분도 이런 생각을 한 적이 있나요?

4. 미움이란 감정을 다스리는 나만의 방법이 있나요? 있다면 무엇인가요?

5. 주인공의 마음에서 자라난 미움이 몸과 팔, 다리를 묶어 버리기도 하고, 미움으로 마음이 가득 찬 주인공은 감옥에 갇힌 모습으로 표현되기도 합니다. 여러분은 미움으로 가득 찬 마음을 어떤 모습으로 표현하겠나요?

6. 여러분이 미워하거나 상처를 준 대상에게 "나는 너를 미워하지 않을 거야."라는 말을 듣는다면 어떤 생각이 들까요?

7. 기쁨이나 행복과 같은 긍정적인 감정은 지속 시간이 짧지만 미움의 감정은 시간이 지날수록 사라지지 않고 점점 더 커지고 자랍니다. 미움의 감정은 왜 사라지지 않고 자라게 될까요?

선택 질문

1. 남자아이가 얼굴이 빨개진 채로 주인공에게 "너 같은 거 꼴도 보기 싫어!"라고 외칩니다. 이에 주인공도 남자아이를 미워하기로 결심합니다. 여러분은 주인공의 마음에 공감하나요?
☐ 공감한다 ☐ 공감하기 어렵다

2. 여러분이라면 "너 같은 거 꼴도 보기 싫어!"라는 말을 들었을 때, 상대방에게 그 이유를 물어보겠나요?
☐ 물어본다 ☐ 물어보지 않는다

3. 친구를 향한 미움 때문에 힘들어하던 주인공은 부스럼이 났을 때 엄마가 "신경 쓰여도 만지지 마. 그래야 낫는다."라고 했던 말을 떠올립니다. 미워하는 마음도 부스럼처럼 가만히 기다리면 사라질까요?

☐ 사라진다   ☐ 사라지지 않는다

4. 여러분은 미움을 느끼는 것이 나쁘다고 생각하나요?

☐ 그렇다   ☐ 아니다

5. 여러분은 누군가 나를 미워한다고 나 역시 그 사람을 미워해도 된다고 생각하나요?

☐ 그렇다   ☐ 아니다

6. 여러분은 누군가가 미워서 고통받는 마음과 누군가에게 미움받아 고통받는 마음 중 어느 쪽이 더 힘들다고 생각하나요?

☐ 미워하는 마음   ☐ 미움받는 마음

7. 친구는 이야기가 끝날 때까지도 주인공을 미워하고 있을까요?

☐ 그렇다   ☐ 아니다

 그림책 활동 더하기

감정 쓰레기통 그리기

여러분은 언제 미움을 느끼나요? 여러분이 미움을 느꼈던 순간을 종이에 쓴 뒤 구겨서 미움 쓰레기통에 던져 봅시다.

끝없는 욕망의 끝은?

『세상에서 가장 맛있는 무화과』
크리스 반 알스버그 글·그림, 미래아이

치과 의사 비보 씨는 매우 깐깐한 사람입니다. 어느 날, 한 할머니가 치료비 대신 무화과 두 개를 건네며 "이 무화과는 아주 특별하다우. 선생이 꾼 꿈이 진짜로 일어나게 될 거요."라고 말합니다. 믿지 않던 그는 무화과 맛에 감탄하고, 남은 한 개를 어떻게 쓸지 고민하게 되지요. 원하는 꿈을 꾸기 위해 훈련까지 시작한 그는 과연 그 꿈을 이룰 수 있을까요? 이 이야기는 욕망을 통제하려는 인간의 태도, 상상과 현실의 경계, 욕망 끝에 도달하는 반전을 유쾌하게 풀어냅니다. 이 책은 아이들과 함께 욕망이란 무엇인지 생각해 보고, 아무리 철저히 준비해도 원하는 대로 흘러가지 않는 삶에 대해 자연스럽게 이야기 나눌 수 있게 해 줍니다.

#욕망 #꿈 #상상 #반전

 핵심 질문

> 1. 비보 씨의 철저한 준비에도 결말이 달라진 이유는 무엇인가요?
> 2. 욕망을 경계해야 한다면 그 이유는 무엇일까요?

📖 배경지식 질문

1. 무화과를 먹어 본 적이 있나요?
2. 이 책의 제목인 '세상에서 가장 맛있는 무화과'란 어떤 무화과일까요?
3. 표지 속 남자는 어떤 인물일까요? 그렇게 생각한 이유는 무엇인가요?

◎ 그림책 BINGO

① 치과 의사 비보 씨는 ㄲㄷㄹㅇ 사람입니다.	② 할머니가 준 무화과가 특별한 이유는 무엇인가요?	③ 비보 씨는 평소 마르셀의 사정 따위는 조금도 ㅁㅁ ㅁㅁ 않습니다.
④ 비보 씨가 잠자리에 들기 전 빼놓지 않고 하는 일은 무엇인가요?	⑤ 첫 번째 무화과를 먹은 비보 씨는 ㅁㅁ 바람으로 돌아다니게 됩니다.	⑥ 비보 씨의 꿈은 세상에서 가장 큰 ㅁㅁ가 되는 것입니다.
⑦ 두 번째 무화과를 먹은 것은 누구인가요?	⑧ 마르셀이 비보 씨를 피해 숨은 곳은 어디인가요?	⑨ 다음 날 잠에서 깬 비보 씨는 무엇이 되었나요?

답: ①까다로운 ②꿈이 현실로 일어남 ③신경 쓰지 ④밤참을 먹음 ⑤속옷 ⑥부자 ⑦마르셀 ⑧침대 밑 ⑨마르셀

👁 해석 및 평가 질문

1. 비보 씨는 반려견 마르셀이 집 안을 어지럽히면 무섭게 야단을 치고 짖지도 못하게 합니다. 마르셀을 끌고 억지로 산책을 가거나 산책길에서는 목줄을 세게 잡아당기기도 합니다. 비보 씨가 마르셀을 대하는 태도를 보며 어떤 생각이 들었나요?

2. 비보 씨는 할머니가 치료비 대신 무화과를 내밀자 화를 내며 무화과를 내던지고 문밖으로 내쫓습니다. 심지어 약도 주지 않습니다. 그랬던 비보 씨가 내던진 무화과를 가지고 와 밤참으로 먹은 이유는 무엇일까요?

3. 아침에 속옷 바람으로 거리를 돌아다니고 있던 비보 씨가 놀란 채 집으로 뛰어갑니다. 그런 비보 씨의 모습 뒤로 고무처럼 축 늘어진 에펠 탑이 보입니다. 꿈이 인간의 무의식적인 감정이나 생각, 건강 상태 등을 반영한 결과라면, 비보 씨의 꿈을 통해 본 그의 진짜 마음은 어떤 걸까요?

4. 마르셀이 무화과를 먹고 난 다음 날, 잠에서 깬 비보 씨는 자기가 침대 밑에서 잤다는 것을 깨닫습니다. 그때 갑자기 눈앞에 자기의 얼굴이 나타나, "자, 이제 산책 나갈 시간이다. 이리 온, 마르셀."이라는 말을 했을 때 강아지가 된 비보 씨는 어떤 생각을 했을까요?

5. 하나 남은 무화과를 마르셀이 먹으면서, 비보 씨가 아닌 마르셀의 꿈이 현실이 됩니다. 그 결과 비보 씨와 마르셀의 몸이 바뀌게 됩니다. 평소 비보 씨 곁에서 볼품없는 개 취급을 받았던 마르셀은 정말 비보 씨가 되고 싶었을까요?

5-1. 비보 씨와 마르셀의 몸이 서로 바뀌는 결말을 통해 작가가 하고 싶은 이야기는 무엇일까요?

5-2. 만약 비보 씨가 무화과를 먹고 원하는 대로 부자가 되었다면, 그는 자신의 삶에 만족했을까요? 비보 씨의 삶은 어떻게 달라졌을까요?

6. 이 책의 그림은 작은 점들을 뿌리듯이 그리는 점묘법으로 그려졌으며 선의 경계가 모호하고 뿌옇게 보입니다. 왜 이런 기법을 사용했을까요?

적용 질문

1. 할머니에게 치료비 대신 받은 무화과를 먹으면 꿈이 현실이 됩니다. 사실 무화과를 먹지 않더라도 우리가 꾼 꿈이 현실로 나타나는 경우가 있습니다. 여러분은 꿈에서 본 것이 현실로 나타난 이야기를 듣거나 경험한 적이 있나요?

2. 비보 씨는 부자가 되는 꿈을 꾸기 위해 매일 거울을 보며 "비보는 세상에서 가장 부자다!"라고 외칩니다. 여러분은 어떤 꿈을 꾸기 위해 노력하겠나요?

3. 마르셀은 하나 남은 무화과를 먹습니다. 이제 마르셀의 꿈이 이루어질 차례입니다. 여러분이 마르셀이라면 어떤 꿈을 꾸겠나요?

4. 비보 씨가 된 마르셀은 앞으로 어떤 삶을 살게 될까요? 여러분이 마르셀이 되어 상상한 내용을 말해 봅시다.

5. 비보 씨는 돈을 최고의 가치로 여기며 무화과를 통해 부자가 되길 원합니다. 이처럼 '부=성공'이라는 생각, 즉 물질만능주의는 때로 개인의 정신 건강을 해치고, 사회적 문제로 이어지기도 합니다. 여러분은 물질만능주의 사고의 장단점이 무엇이라 생각하나요?

선택 질문

1. 비보 씨는 돈이 없다며 치료비 대신 무화과를 내미는 할머니에게 화를 내며 약도 주지 않고 쫓아냅니다. 여러분이 비보 씨라면, 치료비 대신 무화과를 내는 환자를 쫓아내겠나요?
☐ 쫓아낸다   ☐ 쫓아내지 않는다

2. 비보 씨가 받은 무화과는 먹으면 꿈을 현실로 만들어 줍니다. 여러분이 이 특별한 무화과를 받게 된다면 먹겠나요?

☐ 먹는다   ☐ 먹지 않는다

3. 비보 씨는 남은 무화과를 잘 사용하기 위해 매일 거울을 보며 "비보는 세상에서 가장 부자다."라는 자기 암시를 반복합니다. 여러분은 이런 식의 자기 암시가 생각이나 행동을 변화시킬 수 있다고 생각하나요?

☐ 변화시킨다   ☐ 변화시키기 어렵다

4. 마르셀이 비보 씨의 하나 남은 무화과를 먹어 버려서 다음 날 비보 씨와 마르셀의 몸이 바뀝니다. 여러분은 이 결말이 해피엔딩이라 생각하나요?

☐ 그렇다   ☐ 아니다

5. 꿈은 우리의 감정과 정신 건강 상태를 반영하기도 합니다. 이러한 꿈들은 우리의 정신 건강을 진단하는 단서가 될 수 있을까요?

☐ 그렇다   ☐ 아니다

 그림책 활동 더하기

내 삶의 가치 피라미드

비보 씨에게 가장 중요한 삶의 가치는 '부자가 되는 것'이었습니다. 여러분은 어떤 가치를 가장 소중하게 생각하나요? 내 삶을 이루는 소중한 가치들을 생각해 보고, '내 삶의 가치 피라미드'를 완성해 봅시다.(예: 돈, 건강, 사랑, 우정, 가족, 꿈, 명예, 배려, 자유, 존중 등)

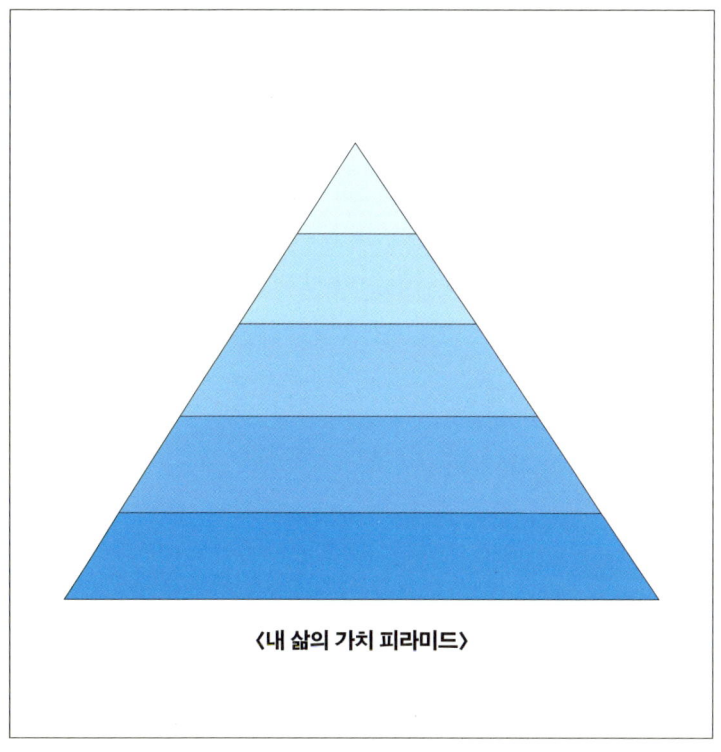

〈내 삶의 가치 피라미드〉

완벽함의 기준

『앙통의 완벽한 수박밭』
코린 로브라 비탈리 글, 마리옹 뒤발 그림,
그림책공작소

앙통은 넓고 푸른 수박밭에서 수박을 정성스레 키웁니다. 어느 날 가지런히 정리된 밭에서 수박 한 통이 사라지자 앙통은 빈 자리에 집착하며 괴로운 시간을 보냅니다. 그러다 기묘한 밤에 일어난 뜻밖의 사건은 그를 변화시킵니다. 작품은 완벽을 좇는 집착의 위험성을 보여 주며, 완벽하지 않아도 행복할 수 있는지 독자에게 묻습니다.

#완벽 #집착 #행복 #여유

 핵심 질문

1. 완벽한 수박밭은 어떤 모습이어야 할까요?
2. 완벽함을 추구하는 것과 행복은 어떤 관계가 있나요?

📖 배경지식 질문

1. '완벽하다'라는 말을 들은 적 있나요? 그때 어떤 마음이었나요?
2. 앙통의 완벽한 수박밭은 어떤 모습일까요?
3. 표지의 인물이 수박을 바라보며 미소를 짓고 있는 이유가 무엇일까요?

🎯 그림책 BINGO

① 누군가 앙통의 수박 한 통을 훔쳐가기 전까지 앙통은 자신의 수박밭에 대해 □□하다고 느꼈습니다.	② 누군가 훔쳐간 수박의 빈 자리를 볼 때마다 앙통은 수박밭의 □□이 사라진 것 같다고 느꼈습니다.	③ 앙통은 수박 한 통을 도둑맞은 자신의 심정을 누구나 이해할 수 있을 거라고 생각하나요? (O/X)
④ 움푹 패인 수박의 자리가 점점 커지는 것처럼 보이는 장면에서 앙통의 마음은 수박의 □□로 그려졌습니다.	⑤ 앙통의 꿈속에서 훔친 수박을 게걸스럽게 먹고 있는 사람은 □□입니다.	⑥ 깊은 밤, 앙통은 □ □□을 지킵니다.
⑦ 폭탄이라도 맞은 듯 앙통의 수박밭을 송두리째 망가뜨린 것은 □□□□□입니다.	⑧ 기묘한 밤 앙통의 수박밭이 난장판이 되고 난 후 도둑맞은 수박의 □ □□는 더 이상 눈에 띄지 않았습니다.	⑨ 엉망이 된 수박밭을 보면서 앙통이 허전하거나 슬프다고 느끼지 않은 것은 수박밭이 어느 때보다 □ □했기 때문입니다.

답: ①완벽 ②절반 ③X ④눈물 ⑤앙통(자신) ⑥수박밭 ⑦길고양이들 ⑧빈 자리 ⑨ 완벽

👁 해석 및 평가 질문

1. 앙통은 왜 도둑맞은 수박이 다른 수박보다 훨씬 더 탐스럽고 먹음 직스러우며 아삭했을 것이라 생각했을까요?

2. 수박을 도둑맞은 후 앙통은 그 빈 자리가 점점 커지는 것처럼 느끼고, 그 수박이 다른 수박보다 더 완벽했을 거라는 생각에 사로잡힙니다. 이러한 행동으로 볼 때, 앙통은 어떤 성격을 가진 인물일까요?

3. 앙통은 난장판이 된 수박밭을 바라보며, 지금의 수박밭이 그 어느때보다 완벽하다고 말합니다. 앙통이 완벽함에 대한 생각을 바꾸게 된 결정적인 계기는 무엇인가요?

4. 앙통은 도둑맞은 수박의 빈 자리를 보며, 마치 수박밭의 절반이 사라진 것 같은 느낌을 받습니다. 단 한 통의 수박이 사라졌을 뿐인데, 왜 그렇게까지 느꼈을까요?

5. 작가는 왜 이 책의 배경을 수박밭으로 설정했을까요? 수박밭이나 수박이 가지는 의미는 무엇이라고 생각하나요?

6. 앙통은 도둑맞은 수박이 목화밭으로 굴러가는 꿈, 찬장의 수박이 생쥐들에게 갉아먹히는 꿈, 자신이 훔친 수박을 게걸스럽게 먹는 꿈을 꿉니다. 그는 왜 이런 꿈을 꾸었을까요?

7. 밤새 수박밭을 지키던 앙통이 모든 것을 잊고 푹 자고 싶어 하며 쪼개진 수박 위에 누워 있는 장면을 어떻게 보았나요?

8. 앙통이 수박밭을 지키며 잠든 동안, 길고양이들이 나타나 수박밭을 엉망으로 만듭니다. 밤을 완벽하게 보내는 법을 아는 고양이들과 앙통의 모습은 어떻게 다른가요?

적용 질문

1. 앙통처럼 '완벽'에 집착하며 힘들었던 경험이 있나요?

2. 앙통은 의자를 수박밭 한가운데에 놓고 밤새 수박밭을 지키기로 결심합니다. 앙통에게 어떤 말을 해 주고 싶나요?

3. 앙통의 수박밭처럼, 사랑과 정성을 쏟는 것이 있나요? 있다면 무엇인가요?

4. 도둑맞은 수박으로 인해 '완벽'에 대한 앙통의 생각이 바뀝니다. 여러분도 추구하던 가치관이 바뀐 적이 있나요? 그 계기는 무엇이었나요?

5. 만약 완벽하게 가꾼 수박밭에서 애써 키운 수박 한 통을 도둑맞았다면 어떻게 하겠나요?

6. 여러분이 생각하는 '완벽'이란 무엇인가요?

6-1. 완벽하고 싶은 분야나 역할이 있다면 무엇인가요?

7. 여러분은 앙통처럼 무언가를 잃어버리고 깊은 상실감을 느껴 본 적이 있나요? 그 감정을 어떻게 극복했나요?

8. 여러분이라면 수박밭을 엉망으로 만든 길고양이들을 어떻게 하겠나요?

9. 완벽을 추구하다 보면 실수나 실패를 견디기 어려워하고, 잘해야 한다는 강박으로 인해 번아웃이나 우울감을 경험하기도 합니다. 완벽주의의 부정적인 영향을 줄이고 건강한 자아를 유지하기 위해, 개인과 사회는 어떤 노력을 해야 할까요?

선택 질문

1. 도둑맞은 수박 한 통 외에도 앙통의 수박밭에는 여전히 싱싱한 수박이 많이 있지만, 그는 오로지 도둑맞은 수박의 빈 자리만 바라봅니다. 여러분은 이런 앙통의 행동에 공감하나요?
☐ 공감한다 ☐ 공감하기 어렵다

2. 앙통은 밤새 수박밭을 지키기로 결심합니다. 여러분이라면 잠을 자지 않고 끝까지 수박밭을 지키겠나요?

☐ 지킨다   ☐ 지키지 않는다

3. 앙통은 '기묘한 밤'을 겪은 후, '완벽한 수박밭'에 대한 생각을 바꾸게 됩니다. 여러분은 이러한 앙통의 변화 과정에 공감하나요?

☐ 공감한다   ☐ 공감하기 어렵다

4. 첫 장면의 가지런히 정돈된 수박밭과 마지막 장면의 길고양이들로 인해 난장판이 된 수박밭 중 어떤 수박밭이 더 '완벽하다'고 생각하나요?

☐ 가지런히 정돈된 수박밭   ☐ 난장판이 된 수박밭

5. 여러분은 '완벽한 것' 혹은 '완벽한 삶'이 존재한다고 생각하나요?

☐ 그렇다   ☐ 아니다

6. 앙통이 도둑맞은 수박에 대해 느끼는 감정을 가장 잘 나타낸 장면은 어느 장면이라고 생각하나요?

☐ 수박밭 한가운데 서 있는 장면
☐ 커다란 수박 사이에 작은 앙통이 서 있는 장면
☐ 수박 있던 자리가 움푹 패이고 수박 같은 눈에서 붉은 눈물이 흐르는 장면
☐ 도둑맞은 수박의 완벽한 모습을 상상하는 장면
☐ 잃어버린 수박에 대한 꿈을 꾸는 장면

☐ 밤에 수박밭을 지키는 장면

☐ 수박밭을 지키던 앙통이 머리를 움켜쥔 채 잠든 장면

7. "누구나 말로는 앙통을 위로할 수 있지만 사랑과 정성을 쏟은 무언가를 도둑맞아 본 적이 없다면, 잃어버린 것이 머릿속을 떠나지 않아 밤낮없이 슬퍼해 본 적이 없다면 누구도 앙통의 기분을 이해할 수 없을 것이다."라는 말에 동의하나요?

☐ 동의한다   ☐ 동의하기 어렵다

8. 여러분이 누군가에게 '완벽하다'는 말을 듣는다면, 그것을 칭찬으로 생각하겠나요?

☐ 칭찬으로 생각한다

☐ 칭찬으로 생각하지 않는다

나의 완벽한 수박밭

여러분이 생각하는 완벽한 수박밭을 그림으로 표현해 봅시다. 앙통에게 해 주고 싶은 말을 말풍선 속에 적어 봅시다.

사랑과 이별을 통한 성장

『어떤 토끼』
고정순 글·그림, 반달

어딘가 먼 우주의 행성에서 우주선을 수리하던 '어떤 토끼'는 어느 날 한 '멋진 토끼'를 만나 사랑에 빠집니다. 사랑에 빠진 '어떤 토끼'에게는 온 세상이 '멋진 토끼'로 가득 차 보였지만, '어떤 토끼'는 사랑이 커질수록 자신의 작고 초라한 모습도 함께 커지는 것을 느낍니다. 그리고 그가 '어떤 토끼'를 사랑하지 않는다는 것을 알게 되었을 때 영원할 것 같은 슬픔을 느낍니다. 고정순 작가의 섬세한 문체와 따뜻한 그림은 사랑의 기쁨과 상실, 기대와 좌절까지 복합적인 감정을 생생히 담아냅니다. 이 이야기는 관계 속에서 자신의 모습을 돌아보게 하고, 사랑이 던지는 의미와 진정한 성장을 함께 성찰하도록 이끕니다.

#사랑 #관계 #자아정체성 #성장

 핵심 질문

1. 사랑이 '어떤 토끼'를 어떻게 변화시켰나요?
2. 사랑의 경험은 어떤 의미가 있을까요?

📖 배경지식 질문

1. 제목의 '어떤 토끼'는 어떤 토끼일까요?
2. 토끼는 왜 고개를 돌리고 있을까요?
3. 찻잔 속의 작은 존재와 토끼는 어떤 관계일까요?

🎯 그림책 BINGO

① 어떤 토끼는 우주 어딘가의 □□에 살고 있습니다.	② 어떤 토끼는 낡은 우주선들이 보내는 작고 약한 □□를 들을 수 있습니다.	③ 어떤 토끼는 아무나 할 수 없는 일을 아무렇지 않게 해내고 있지만 그 사실을 어떤 토끼만 모르고 있습니다. (O/X)
④ 어떤 토끼는 할머니가 남긴 낡은 □□□를 고쳐 달라고 했던 토끼에게 푹 빠져듭니다.	⑤ 사랑에 빠진 어떤 토끼는 고장 난 우주선보다 예쁜 □과 □□에 관심이 쏠립니다.	⑥ 어떤 토끼가 사랑에 빠지고 난 후, 세상은 온통 □□ □□뿐입니다.
⑦ 어떤 토끼가 멋진 토끼를 좋아하는 마음이 커질수록 작고 □□□ 자신의 모습도 따라 커집니다.	⑧ 멋진 토끼는 어떤 토끼의 고백을 거절했고 어떤 토끼는 깊은 □□에 빠집니다.	⑨ 멋진 토끼에게 고백한 이후 아무 소리도 들을 수 없었던 어떤 토끼는 아주 오래 전에 버려진 우주선이 보낸 □□ 신호를 다시 들을 수 있어서 기쁩니다.

답: ①행성 ②신호 ③O ④라디오 ⑤옷, 모자 ⑥멋진 토끼 ⑦초라한 ⑧슬픔 ⑨구조

👁 해석 및 평가 질문

1. 어떤 토끼는 고장 난 우주선을 고치는 일을 합니다. 낡은 우주선들이 보내는 작고 약한 구조 신호를 들을 수 있기 때문입니다. 어떤 토끼가 이런 작은 신호를 들을 수 있는 이유는 무엇일까요?

1-1. 고장 난 우주선을 고치는 것은 아무나 할 수 없는 일이지만, 어떤 토끼만 그 사실을 모릅니다. 왜 그럴까요?

2. 어떤 토끼는 할머니가 남긴 낡은 라디오를 고치러 온 토끼가 멋져 보입니다. 어떤 점이 그렇게 보였을까요?

3. 사랑에 빠진 어떤 토끼의 세상은 온통 멋진 토끼로 가득합니다. 하지만 좋아하는 마음이 커질수록, 작고 초라한 자신의 모습도 함께 커집니다. 사랑에 빠진 후 어떤 토끼가 자신을 더 작고 초라하게 느낀 이유는 무엇일까요?

4. 멋진 토끼가 "미안해."라는 말로 거절했을 때, 어떤 토끼의 세상은 고요해지고 아무 소리도 들리지 않습니다. 이때 어떤 토끼의 마음은 어땠을까요?

5. 고장 난 우주선 위로 먼지만 쌓여 가던 어느 날, 어떤 토끼는 미세하지만 익숙한 구조 신호를 다시 듣게 됩니다. 그 순간, 깊은 기쁨을 느낍

니다. 어떤 토끼가 기뻐한 이유는 무엇일까요?

6. 어떤 토끼는 사랑을 이루지 못했지만, 이전과 다름없이 우주선을 고치며 살아갑니다. 사랑하기 전후, 어떤 토끼는 어떻게 달라졌나요?

7. 작가는 왜 토끼의 이름을 구체적으로 제시하지 않고 '어떤 토끼'라고 했을까요?

적용 질문

1. 작가는 자신을 '그림책을 만드는 어떤 토끼'라고 소개합니다. 여러분이 자신을 'ㅇㅇ하는 어떤 토끼'라고 표현한다면 어떻게 소개하고 싶나요?

2. 어떤 토끼는 우주선의 구조 신호를 듣고 고치는 일을 하지만, 자신이 아무나 할 수 없는 일을 하고 있다는 사실을 모릅니다. 여러분도 자신이 해내는 일 중 그 가치를 제대로 모르고 있는 것이 있는지 생각해 볼까요? 어떤 일인가요?

3. 어떤 토끼는 멋진 토끼를 만나 사랑에 빠진 후, 사소한 농담이나 시시한 장난의 즐거움을 처음으로 알게 됩니다. 여러분은 사랑을 할 때 어떻게 달라지나요?

4. 어떤 토끼가 사랑한 멋진 토끼는 언제나 다정했고, 주변에는 그를 좋아하는 친구도 많았습니다. 여러분의 '멋진 토끼'는 어떤 모습인가요?

5. "세상은 온통 멋진 토끼뿐이었어요."라는 말처럼, 세상이 온통 ○○으로 가득 차 보인 적이 있나요? 그렇다면 그것은 무엇인가요?

6. 어떤 토끼는 멋진 토끼를 향한 마음이 커질수록 자신의 모습이 작고 초라하게 느껴졌습니다. 어떤 토끼처럼 누군가를 좋아할수록 스스로가 작고 초라하게 느껴진 적이 있나요?

6-1. 상대를 사랑하는 만큼 자신을 잃어버리지 않고 존중하는 방법은 무엇일까요?

7. "미안해."라는 멋진 토끼의 마지막 말은 어떤 토끼에게 영원할 것 같은 슬픔을 안겨 줍니다. 이처럼 시간이 지나도 쉽게 잊히지 않는 깊은 슬픔을 경험한 적이 있나요?

8. 이 책의 마지막 문장은 "어떤 토끼는 우주 어딘가에 있는 행성에 살고 있어요. 만약 마주친다면 우리 인사 나눠요."입니다. 어떤 토끼를 만난다면, 어떤 인사를 건네고 싶나요?

 **선택 질문**

1. 여러분이 어떤 토끼라면 멋진 토끼에게 좋아하는 마음을 고백하겠나요?

   ☐ 고백한다　☐ 고백하지 않는다

2. 멋진 토끼는 어떤 토끼가 좋아한다고 고백했을 때, "미안해."라고 답합니다. 여러분은 상대의 마음을 받아 주지 않는 것이 미안한 일이라고 생각하나요?

   ☐ 미안한 일이다　☐ 미안한 일이 아니다

3. 자신의 마음을 받아 주지 않은 멋진 토끼로 인해, 어떤 토끼는 큰 슬픔에 빠집니다. 여러분이 어떤 토끼라면 멋진 토끼를 사랑하기 전으로 돌아가고 싶나요?

   ☐ 돌아가고 싶다　☐ 돌아가고 싶지 않다

4. 어떤 토끼는 사랑에 빠진 동안 우주선의 구조 신호를 놓치게 됩니다. 만약 멋진 토끼와 사랑이 이루어졌다면, 어떤 토끼는 계속해서 구조 신호를 놓쳤을까요?

   ☐ 놓쳤을 것이다　☐ 놓치지 않았을 것이다

 그림책 활동 더하기

사랑시화 액자 만들기

여러분에게 사랑이란 무엇인가요? 사랑을 비유하는 표현을 넣어 짧은 시를 완성하고, 어울리는 그림을 그려 보세요.

예: 사랑은 재채기 이다. 숨기려 해도 숨길 수 없다.

행운과 불운 사이

『행운을 찾아서』
세르히오 라이를라 글, 아나 G. 라르티테기 그림,
살림어린이

행운과 불운은 어디에서 오는 것일까요? 성향이 정반대인 두 주인공, 행운 씨와 불운 씨는 각기 다른 이유로 같은 여행지를 향해 떠납니다. 이 책은 한 번 읽었을 때와 두 번 읽었을 때의 느낌이 다릅니다. 두 번째 읽을 때는 처음에는 보이지 않던 이야기의 조각들이 퍼즐처럼 맞춰지고, 그림책 곳곳에 작가가 숨겨 놓은 1000여 가지 숨은 그림을 찾는 재미가 더해집니다. 이 책은 행운과 불운의 차이는 상황 자체가 아니라 그것을 받아들이는 우리의 태도에 있다는 점, 그리고 지나간 행운보다 지금의 행복에 감사하는 마음이 더 중요하다는 메시지를 전합니다.

#삶의태도 #행운 #불운 #행복

 핵심 질문

1. 행운 씨와 불운 씨가 행운을 대하는 태도는 어떻게 다른가요?
2. 우리 삶의 진정한 행운은 무엇일까요?

📖 배경지식 질문

1. 앞뒤 표지 속 인물들은 어디로 가고 있는 것일까요?
2. 앞뒤 표지 속 두 인물의 성격은 각각 어떠할까요?
3. 가장 기억에 남는 행운의 순간은 언제였나요?

🎯 그림책 BINGO

① 행운 씨와 불운 씨가 여행을 간 곳은 어디인가요?	② 행운 씨가 여행을 떠나기 전에 이웃에게 맡긴 것은 무엇인가요?	③ 행운 씨와 불운 씨는 공항에서 똑같이 ㅂㄱ을 샀습니다.
④ 행운 씨가 ㅁㅁ를 놓친 아주머니를 마을까지 데려다주자, 그녀는 행운 씨를 저녁 식사에 초대하였습니다.	⑤ 행운 씨의 꿈에 돌고래와 ㅇㅇ, 그리고 ㄱㅇ 벽으로 된 집이 나왔습니다.	⑥ 행운 씨는 마리나와 해변가의 놀이공원에 가서 무엇을 탔나요?
⑦ 불운 씨는 여행 가방 두 개를 꺼내 하나에는 ㄱㅇ옷을 넣고 다른 하나에는 ㅁㄹ옷을 넣었습니다.	⑧ 불운 씨는 야자나무가 나오고, 하얀 ㅁㅈ를 쓰고서 ㅎㄴ을 나는 꿈을 꾸었습니다.	⑨ 폭우가 쏟아지고 비는 마치 양동이로 퍼붓듯이 내리던 밤, 불운 씨가 언덕에서 발견한 곳은 어디인가요?

답: ①세레레 섬 ②고양이 ③복권 ④버스 ⑤인어, 검은 ⑥관람차 ⑦겨울, 여름 ⑧모자, 하늘 ⑨대피소

👁 해석 및 평가 질문

1. 행운 씨는 갑작스럽게 여행을 결정하지만 차분하게 준비를 마치고 고양이를 이웃에게 맡깁니다. 이러한 모습을 볼 때 그는 어떤 사람이라고 생각하나요?

2. 불운 씨는 여행 준비를 과하게 했지만, 정작 중요한 일들은 놓쳤습니다. 그의 모습에서 어떤 성격이나 특징이 드러나나요?

3. 행운 씨의 복권 번호는 '90809', 불운 씨의 복권 번호는 '60806'으로 뒤집으면 같은 숫자가 됩니다. 이 숫자들의 관계는 무엇을 상징할까요?

4. 놀이 공원에서 마리나와 관람차를 타던 행운 씨는 물건과 복권이 날아가도 "나는 정말 억세게 운 좋은 사람인가 봐."라고 말합니다. 그는 정말 운이 좋은 사람일까요?

5. 불운 씨는 호텔에서 방이 없다는 말과 배가 다음 날 떠난다는 말을 듣자 실망합니다. 그 순간 복권 한 장이 날아옵니다. 이 복권은 불운 씨에게 어떤 의미일까요?

6. 복권에 당첨된 불운 씨는 여행에서 돌아옵니다. 그의 삶은 당첨 이전과 비교하여 어떤 점이 달라졌을까요?

7. 불운 씨가 겪은 일들 중에서 '행운'이라고 부를 수 있는 사건은 무엇일까요?

8. 행운 씨는 여행을 마치고 돌아와 자신의 아파트가 불에 타 버린 것을 알게 됩니다. 이 사건을 '불운'이라고 할 수 있을까요?

8-1. 만약 행운 씨가 복권에 당첨되었다면, 그의 삶은 어떻게 달라졌을까요?

적용 질문

1. 행운 씨처럼 내일 당장 여행을 떠날 수 있다면, 여러분은 어디로 가고 싶나요? 이유는 무엇인가요?

2. 행운 씨는 여행 중 만난 아주머니에게 베푼 친절 덕분에 마리나를 만나게 되고 사랑에 빠지게 됩니다. 여러분도 자신이 베푼 친절이 뜻밖의 기쁨으로 돌아온 경험이 있나요?

3. 불운 씨는 빌린 차에 가방 하나를 두고 내린 것을 모르고 버스에 탑니다. 버스 안에서 가방이 사라진 것을 알게 되자 도둑맞은 것이라 여기고 "도둑놈들!"이라고 고래고래 소리를 지르며 욕을 합니다. 이런 불운 씨에게 어떤 조언을 해 주고 싶나요?

4. 여러분이 불운 씨처럼 폭우를 만나고 숙소를 찾지 못한 상황에 처한다면 어떻게 대처할 것 같나요?

5. 행운 씨와 불운 씨의 모습을 살펴보며, 그들이 불운을 대하는 방식을 생각해 봅시다. 여러분은 불운이 닥쳤을 때 어떻게 대처하나요?

6. 불운 씨는 복권에 당첨되었지만, 점점 행복해 보이지 않습니다. 큰 행운이 행복으로 이어지기 위해서는 어떤 삶의 태도가 필요할까요?

7. 스스로 운이 좋다고 믿는 사람들은 더 많은 행운을 경험할 가능성이 높다는 연구 결과가 있습니다. 나에게 오는 행운을 가로막는 가장 큰 장벽이 무엇이라고 생각하나요? 그 장벽을 어떻게 극복할 수 있을까요?

선택 질문

1. 책 속 "가끔 반대로 바람이 불곤 합니다. 그럴 때면 지나치게 억지를 부려서는 안 되지요."라는 말에 동의하나요?
☐ 동의한다   ☐ 동의하지 않는다

2. 작은 가방에 필요한 몇 가지만 챙겨가는 행운 씨와 준비를 철저하게 하는 불운 씨의 모습이 다릅니다. 여러분의 여행 준비 스타일은 누

구와 더 닮았나요?

☐ 행운 씨 ☐ 불운 씨

3. 불운 씨는 버스에서 깜빡 잠들어 내려야 할 정류장을 한참 지나칩니다. 목적지가 아닌 곳에 내리거나 묵을 만한 숙소를 찾지 못하여 추위에 떨며 작은 대피소에서 잠을 청하지만 여행을 이어 나갑니다. 여러분이 불운 씨와 같은 상황에 처했다면 여행을 계속하겠나요?

☐ 계속한다 ☐ 계속하지 않는다

4. 행운 씨와 불운 씨 중 누가 '행운'을 찾았다고 생각하나요?

☐ 행운 씨 ☐ 불운 씨

5. 이 책은 행운 씨와 불행 씨를 통해 나에게 찾아온 '운'을 행운으로 바꾸느냐 불운으로 바꾸느냐는 결국 마음가짐에 달려 있다는 것을 이야기하고 있습니다. 여러분은 행운이나 불운이 마음가짐에 따라 달라질 수 있다고 생각하나요?

☐ 그렇다 ☐ 아니다

6. 여러분은 행운을 믿나요?

☐ 믿는다 ☐ 믿지 않는다

마법의 긍정 주문 만들기

여러분의 꿈을 이루기 위해 스스로에게 힘을 북돋아 줄 긍정의 주문을 만들어 봅시다. 긍정의 주문은 마음이 흔들릴 때 다시 힘을 낼 수 있도록 용기를 주는 말입니다. 예시를 참고하여 여러분만의 특별하고 멋진 주문을 지어 보세요.

예: 루리 루리 이루리라! 지구을 살리는 환경운동가의 꿈을 이루리라!
리라 리라 되리라! 불운도 행운으로 만드는 긍정의 힘! 행운이 되리라!

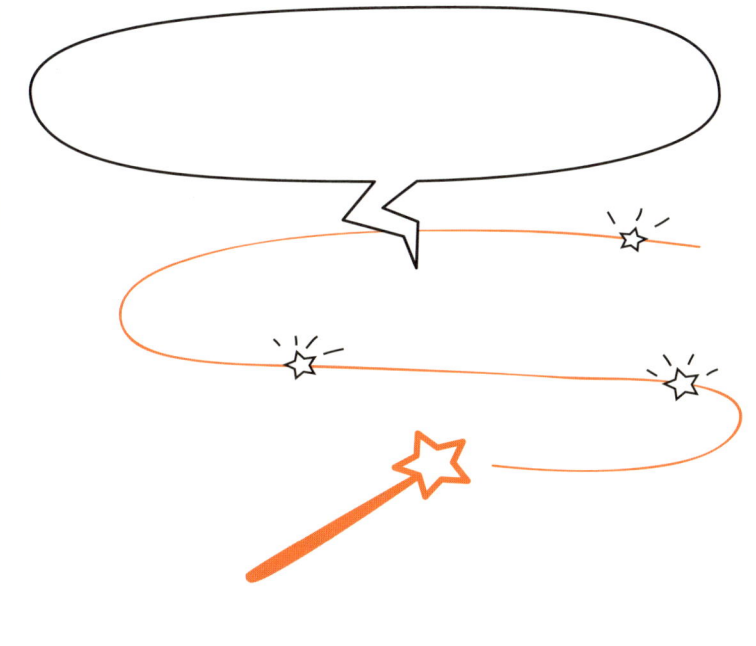

03
관계와 갈등

아이들은 가정과 학교에서 다양한 관계를 맺으며 사회성을 키워 갑니다. 하지만 사회적 경험이 부족한 아이들은 갈등을 두렵게 느끼고 작은 다툼에도 쉽게 상처받습니다. 이때 그림책은 갈등을 이해하고 해결하는 힘을 길러 줍니다. 『곰씨의 의자』는 진심을 전하는 소통의 중요성을, 『똑, 딱』은 다름 속에서도 친구가 될 수 있음을 알려 줍니다. 『여우』, 『에드와르도 세상에서 가장 못된 아이』, 『잊었던 용기』 등은 감정 조절과 관계 회복을, 『우리가 케이크를 먹는 방법』은 가족 내 나눔과 배려의 가치를 전합니다. 그림책 속 다양한 이야기를 통해 아이들은 서로를 더 잘 이해하고 존중하는 법을 배우며 건강한 관계를 맺는 데 필요한 마음의 힘을 키울 수 있습니다.

관련 교과별 성취 기준
[2바04-02] 다양한 생각이나 의견에 대해 개방적인 태도를 형성한다.
[2슬01-03] 가족이나 주변 사람에게 관심을 갖고 함께 살아가는 모습을 탐구한다.
[4국04-05] 언어가 의사소통과 관계 형성의 수단임을 이해하고 국어를 소중히 여기는 태도를 지닌다.
[4도02-02] 친구 사이의 배려에 대한 올바른 이해를 바탕으로 일상생활에서 배려에 기반한 도덕적 관계를 맺을 수 있는 방안을 탐색한다.
[6실01-03] 건강한 가정생활을 위해 가족원 모두에게 다양한 요구가 있음을 이해하여 서로에 대한 배려와 돌봄을 실천한다.
[6도02-02] 다양한 갈등을 평화적으로 해결하는 것의 중요성과 방법을 알고, 평화적으로 갈등을 해결하려는 의지를 기른다.

경계를 지키는 관계란?

『곰씨의 의자』
노인경 글·그림, 문학동네

소중한 나만의 시간을 좋아하는 이들에 의해 방해받는다면 어떻게 해야 할까요? 혼자만의 일상을 즐기던 곰씨는 어느 날 호기심 가득한 탐험가 토끼를 만나 새로운 기쁨을 경험합니다. 하지만 시간이 흐를수록 토끼 가족의 과도한 관심에 불편함을 느끼지요. 이 책은 진솔한 의사소통과 솔직한 감정 표현이 왜 중요한지 생각하게 합니다. 서로의 차이를 인정하고 조화를 이루는 과정을 통해 건강한 유대와 상호 이해의 모습을 그리는 작품입니다. 간결한 글과 섬세한 그림을 통해 그 여운을 풍성하게 느끼길 바랍니다.

#관계 #감정표현 #의사소통 #조화

 ### 핵심 질문

> 1. 관계의 어려움을 풀기 위해 곰씨에게 필요한 것은 무엇일까요?
> 2. 곰씨와 토끼처럼 서로를 이해하기 위해서 우리는 어떤 노력을 해야 할까요?

📖 배경지식 질문

1. 혼자만의 시간에 주로 무엇을 하나요?
2. 곰씨의 의자는 어떤 의자일까요?
3. 책을 읽는 곰씨 주변에서 토끼들은 무엇을 하나요? 곰씨는 어떤 생각을 할까요?

🎯 그림책 BINGO

① 차를 마시며 음악을 듣다 보면 곰씨는 마음이 □□로워집니다.	② 곰씨는 □□□ 토끼가 들려주는 유쾌한 모험담에 흠뻑 빠져들었습니다.	③ 곰씨는 탐험가 토끼와 무용가 토끼의 □□을 진심으로 축하합니다.
④ 매일 곰씨의 의자를 찾아오는 토끼 가족은 즐거워 보이지만 □□는 그렇지 않습니다.	⑤ 곰씨는 토끼 가족 때문에 불편한 마음을 속 시원히 말하지 못하고, 토끼 가족이 □□에 앉지 못하게 할 방법을 궁리합니다.	⑥ 곰씨는 자기 자신이 세상에 다시없는 □□한 곰이라고 생각합니다.
⑦ 비를 맞은 곰씨가 쓰러지고 난 후 토끼들은 곰씨를 간호하고, 눈물을 흘리는 곰씨를 □□해 줍니다.	⑧ 커다란 □□를 내어 속마음을 말한 곰씨는 의자에서 잠들고, 토끼들은 곰씨가 잘 잘 수 있도록 배려합니다.	⑨ 마지막 장면에서 곰씨와 토끼들은 의자를 비워 둔 채 □□을 거닙니다.

답: ①평화 ②탐험가 ③결혼 ④곰씨 ⑤의자 ⑥친절 ⑦위로 ⑧용기 ⑨숲속

👁 해석 및 평가 질문

1. 곰씨는 왜 탐험가 토끼에게 자신의 의자에서 쉬어 가라고 했을까요?

2. 토끼가 들려준 모험담에 곰씨가 푹 빠진 이유는 무엇일까요?

3. 토끼 가족이 늘어나면서 곰씨는 의자에서 마음의 평화를 찾기 힘들어집니다. 즐거워하는 토끼들과 달리 곰씨의 표정은 어두워지는데요, 곰씨는 어떤 감정을 느끼고 있을까요?

3-1. 처음으로 탐험가 토끼를 맞이했을 때와 토끼 가족으로 의자가 가득 찼을 때, 곰씨의 마음은 어떻게 다를까요?

4. 곰씨가 누워서 책을 읽으면 토끼들은 곰씨의 책을 들어주겠다고 하고, 의자에 페인트칠을 하면 더 멋지게 꾸며주겠다고 하며, 새 의자에 앉으면 한 번만 앉게 해 달라면서 곰씨 위에 올라탑니다. 토끼들은 왜 이렇게 행동하는 걸까요?

4-1. 곰씨는 토끼들이 앉지 못하게 의자 위에 볼일까지 봅니다. 여러분은 곰씨의 행동을 어떻게 생각하나요?

5. 곰씨는 모든 시도가 실패로 끝나자 "내가 얼마나 노력했는데. 난 세

상에 다시없는 친절한 곰이라고."라며 절규합니다. 곰씨가 자신을 '세상에 다시없는 친절한 곰'이라고 생각하는 까닭은 무엇일까요?

6. 비를 맞고 쓰러진 곰씨를 보고, 토끼들은 걱정하며 정성껏 그를 돌봅니다. 토끼들에게 곰씨는 어떤 존재일까요?

7. 정신을 차린 곰씨는 토끼들 앞에서 울음을 터뜨립니다. 그의 눈물은 멈추지 않고 계속 흘러나오는데요. 곰씨의 눈물에는 어떤 마음이 담겨 있을까요?

8. 결국 곰씨는 그동안 말하지 못했던 자신의 속마음을 토끼들에게 솔직하게 털어놓습니다. 곰씨의 이야기를 들은 토끼 가족은 어떤 생각을 했을까요?

9. 곰씨는 오랫동안 자신의 의자에서 많은 시간을 보냅니다. 곰씨에게 의자는 어떤 공간일까요?

9-1. 토끼들은 매일 곰씨의 의자를 찾아옵니다. 토끼들에게 의자는 어떤 공간일까요?

10. 곰씨는 지금까지 벗어나지 않았던 의자의 바깥으로 나와 토끼들과 숲을 거닙니다. 곰씨가 왜 의자를 벗어났다고 생각하나요?

적용 질문

1. 곰씨는 의자에서 음악을 듣고 책을 읽으며 자신만의 시간을 보냅니다. 여러분에게도 '곰씨의 의자' 같은 공간이 있나요? 그 공간은 여러분에게 어떤 의미인가요?

2. 곰씨처럼 내 물건이나 공간을 누군가와 나눠야 했던 경험이 있나요? 그때 어떤 기분이 들었나요?

3. 여러분이 곰씨라면 토끼들에게 어떤 방식으로 자신의 마음을 표현하겠나요?

4. 여러분이 토끼라면 가끔은 혼자 있고 싶다고 말하는 곰씨에게 어떻게 반응하겠나요?

5. 곰씨처럼 소중히 여기는 사람과의 관계에서 해결해야 할 중요한 문제가 있나요?

6. 곰씨는 처음에 자신의 감정을 억누르고 참았지만, 결국 울음을 터뜨리며 속마음을 털어놓습니다. 이는 많은 사람들이 감정을 억제함으로써 겪는 우울감의 문제를 반영합니다. 자신의 감정을 건강하게 표현하면서 동시에 타인의 감정을 존중하려면 어떻게 해야 할까요?

📖 선택 질문

1. 곰씨는 자기만의 평화로운 시간을 갖지 못하는 것에 대해 무언가를 말해야 한다고 느끼지만 결국 하고 싶은 말을 쉽게 꺼내지 못합니다. 이런 곰씨의 태도에 공감하나요?
   ☐ 공감한다   ☐ 공감하기 어렵다

2. 곰씨는 "내가 얼마나 노력했는데. 난 세상에 다시없는 친절한 곰이라고."라고 말합니다. 여러분은 곰씨가 친절한 곰이라고 생각하나요?
   ☐ 친절한 곰이라고 생각한다   ☐ 그렇지 않다고 생각한다

3. 토끼들은 곰씨가 불편해하는 것을 몰랐을까요? 알았지만 크게 신경 쓰지 않았을까요?
   ☐ 몰랐다   ☐ 신경 쓰지 않았다

4. 여러분은 자신이 곰씨와 토끼 중 어떤 인물과 더 가깝다고 생각하나요?
   ☐ 곰씨   ☐ 토끼

5. 여러분은 누군가와 함께하는 즐거움과 혼자만의 평화로운 일상이 우리 삶에서 공존할 수 있다고 생각하나요?
   ☐ 그렇다   ☐ 아니다

 그림책 활동 더하기

곰씨와 토끼들의 톡톡 대화방

곰씨와 토끼들이 숲을 거닐고 난 후 메신저로 대화를 나눴다면 어떤 이야기를 나눴을지 상상하여 써 봅시다.

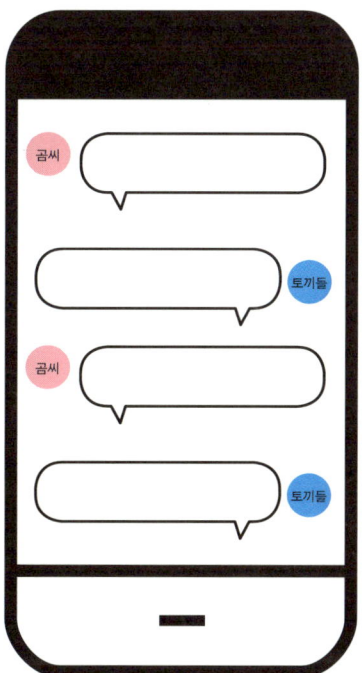

겨울을 녹이는
눈부신 우정

『눈아이』
안녕달 글·그림, 창비

눈이 소복이 내리는 겨울 한가운데서 아이는 눈덩이에게 팔다리와 눈, 입, 귀를 만들어 주고 다정히 인사합니다. 그렇게 눈덩이는 '눈아이'가 되었고, 둘은 겨울 내내 함께 놉니다. 그러다 겨울이 사라질 즈음, 숨바꼭질을 하던 눈아이는 꽁꽁 숨어 버리고 나오지 않습니다. 이 책은 하얀 겨울 속 아이와 눈사람의 특별한 만남을 통해 피어나는 따뜻한 우정을 그립니다. 짧지만 깊은 교감을 나눈 두 존재의 이야기는 계절의 끝자락에서 사라짐과 그리움, 다시 만남을 통해 우정의 따스함을 잔잔하게 전해 줍니다.

#우정 #만남 #겨울 #눈사람

 핵심 질문

1. 주인공과 눈아이는 서로에게 어떤 의미일까요?
2. 친구와의 만남과 이별은 어떻게 받아들여야 할까요?

📖 배경지식 질문

1. 표지에서 아이와 눈사람은 무엇을 하고 있을까요?
2. '눈'을 생각하면 어떤 것이 떠오르나요?
3. 눈 오는 날의 즐거운 추억이 있다면 어떤 일인가요?

🎯 그림책 BINGO

① 눈아이는 움직일 때 어떤 소리를 내나요?	② 주인공이 눈아이에게 처음으로 만들어 준 것은 ㅍ과 ㄷㄹ이다.	③ 주인공은 배고픈 눈아이에게 무엇을 만들어 주었나요?
④ 주인공은 눈아이의 손이 녹아내리자 □□ 한쪽을 끼워 주었다.	⑤ 주인공과 눈아이는 언덕에서 가방을 이용해 어떤 놀이를 했나요?	⑥ 눈아이는 왜 운다고 했나요?
⑦ 점점 작아지고 더러워진 눈아이와 손잡고 있던 주인공은 친구들을 만나자 잡은 □을 놓았습니다.	⑧ 눈의 계절 끝에 다다랐을 때 주인공과 눈아이는 어떤 놀이를 했나요?	⑨ 동네 아이와 아빠가 다음 해 내린 눈 속에서 찾은 것은 무엇인가요?

답: ①뽀득뽀득 ②팔, 다리 ③눈빵 ④장갑 ⑤눈썰매 ⑥따뜻해서 ⑦손 ⑧숨바꼭질 ⑨빨간 장갑 하나

👁 해석 및 평가 질문

1. 주인공은 학교 가는 길에 눈사람이 '뽀득뽀득' 소리를 내며 움직이는 것을 보았습니다. 주인공에게만 눈아이의 움직임이 발견된 이유는 무엇인가요?

2. 주인공은 처음으로 눈아이에게 눈과 입을 그려 줍니다. 주인공의 이와 같은 행동에는 어떤 의미가 있을까요?

3. 눈아이는 눈과 입이 생긴 후 왜 계속 "우아 우아 우아……."라고 했을까요?

4. 눈아이는 주인공을 만난 후 크기가 점점 커지다가 다시 작아집니다. 여러분은 눈아이의 크기가 달라지는 모습에 어떤 의미가 있다고 생각하나요?

5. 눈아이의 손이 녹아내리자 자신의 장갑 한쪽을 끼워 준 후 손을 잡는 주인공의 행동을 보고 어떤 생각이 드나요?

6. "왜 울어?"라는 질문에 "따뜻해서."라고 답하는 눈아이를 보며 주인공은 '참 이상한 말이었다.'라고 생각합니다. 이렇게 주인공이 '이상한 말'이었다고 생각한 이유는 무엇일까요?

7. 따뜻한 햇볕 아래서 주인공과 함께 놀던 눈아이는 점점 작아지고 더러워집니다. 그 순간 친구들을 만난 주인공은 눈아이와 잡았던 손을 쓱 하고 놓습니다. 여러분은 친구들을 만난 주인공이 눈아이의 손을 놓은 이유가 무엇이라 생각하나요?

8. "내가 더러운 물이 되어도 우리는 친구야?"라고 눈아이가 물을 때 아이는 "응……."이라 답합니다. 말줄임표 대신 들어갈 수 있는 주인공의 말에는 어떤 것이 있을까요?

8-1. 눈 아이가 생각하는 '친구'는 어떤 의미일까요?

9. 눈의 계절 끝에 다다랐을 때 아이가 계속 덧붙여 주어도 눈아이는 제 모습을 유지하지 못하고 녹아내립니다. 이 장면을 어떻게 보았나요?

10. 눈의 계절 끝에 눈아이가 주인공에게 숨바꼭질을 하자고 한 까닭은 무엇이라고 생각하나요?

10-1. 작가는 주인공과 눈아이가 이별하는 모습을 왜 숨바꼭질로 표현했을까요?

11. 눈아이가 사라진 후 다시 만날 때까지 주인공은 어떤 마음으로 기다렸을까요?

12. 다음 해 겨울, 눈아이와 주인공은 장갑을 각각 한쪽씩 끼고 다시 만납니다. 장갑의 의미는 무엇이라고 생각하나요?

13. 주인공에게 눈아이는, 눈아이에게 주인공은 각각 어떤 존재라고 생각하나요?

적용 질문

1. 주인공이 눈아이에게 입을 그려 주자 눈아이는 "안녕"이라는 주인공의 인사에 "우아 우아 우아……."라는 말만 여러 번 반복합니다. 여러분이 눈아이라면 제일 처음 어떤 말을 하겠나요?

2. 주인공과 눈아이는 '눈빵'을 만들어 먹습니다. 여러분이 주인공이라면 눈아이와 어떤 음식을 만들어 먹고 싶나요?

3. 주인공이 눈아이의 상처에 입김을 불어 주자 눈아이는 눈물을 흘립니다. 주인공이 "왜 울어?"라고 질문하자 "따뜻해서."라고 답합니다. 여러분도 눈아이처럼 누군가의 따뜻한 말과 행동에 감동을 받은 경험이 있나요?

4. 주인공은 친구들 앞에서 더러워진 눈아이의 손을 놓습니다. 이처럼 누군가와 잡고 있던 손을 다른 사람들 앞에서 놓은 경험이 있나요?

5. 여러분이 주인공이라면 다음 해에 다시 만난 눈아이에게 어떤 말을 하고 싶은가요?

5-1. 다시 만난 눈아이와 제일 먼저 하고 싶은 것은 무엇인가요?

6. 눈아이처럼 만남이 기다려지는 친구가 있나요? 있다면 어떤 이유인가요?

7. 눈의 계절 끝에 다다르고 있을 때, 눈아이는 "우리 숨바꼭질 할까? 내가 숨을게."라고 말합니다. 여러분이 눈아이라면 헤어짐의 순간이 왔을 때 어떻게 하겠나요?

8. 주인공은 겨울에 눈아이를 만납니다. 만약 여러분이 다른 계절에 'ㅇㅇ아이'를 친구로 만난다면 어떤 계절에 어떤 아이를 만나고 싶나요? (예: 민들레아이, 단풍나무아이 등)

📖 선택 질문

1. 따스한 햇볕 아래에서 눈아이는 점점 작아지고 더러워집니다. 여러분이라면 이러한 눈아이와 함께 놀겠나요?
☐ 논다   ☐ 놀기 어렵다

2. 곁에 있는 친구가 지저분하고 더러울 때 다른 친구들을 만난다면 그 친구를 소개하겠나요?

☐ 소개한다   ☐ 소개하지 않는다

3. 숨바꼭질하다 사라진 눈아이를 다음 해 겨울에 다시 만난다면, 웃으며 "찾았다."라고 말할 수 있나요?

☐ 말할 수 있다   ☐ 말하기 어렵다

4. 여러분이 주인공이라면 다시 만난 눈아이와 숨바꼭질 놀이를 또 하겠나요?

☐ 한다   ☐ 안 한다

5. 다음 해 겨울에 다시 찾은 눈사람은 주인공이 찾던 그 눈아이일까요?

☐ 그렇다   ☐ 아니다

 그림책 활동 더하기

사라진 눈아이를 찾습니다

여러분의 눈아이는 어떤 모습인가요?

(눈아이 모습을 그리고 〈눈아이를 찾습니다〉를 채워 포스터를 만들어 보세요.)

〈눈아이 모습〉	〈눈아이를 찾습니다〉
	1. 이름: 2. 나이: 3. 사라진 날 & 장소: 　(예: 햇빛이 따뜻했던 3월의 봄, 학교 운동장) 4. 특이사항: 　(예: 빨간 모자와 장갑을 끼고 있음, 더위를 싫어함 등) 5. 눈아이에게 전하는 말:

따로 또 같이
함께하기

『똑, 딱』
에스텔 비용-스파뇰 글·그림, 여유당

똑이와 딱이는 늘 함께 붙어 다니는 단짝 친구입니다. 하지만 어느 날 딱이가 사라지고, 똑이는 홀로서기를 시작합니다. 친구가 없어진 똑이는 여전히 '진짜 똑이'일 수 있을까요? 이 책은 친밀한 관계 속 자아 정체성, 함께 있음과 혼자 있음의 경계, 그리고 다름을 받아들이는 태도에 대해 질문하며 이야기 나누기 좋은 그림책입니다. 질문 수업에 이 책을 활용한다면 아이들이 건강한 관계에 대한 의미를 스스로 찾아가는 데 도움을 줄 수 있을 것입니다.

#관계 #경계 #친구 #다름

 핵심 질문

1. 늘 함께하지 않아도 변치 않는 친구가 될 수 있을까요?
2. 관계 안에서도 여전히 나는 나일 수 있을까요?

📖 배경지식 질문

1. 늘 함께 있고 싶은 사람이 있나요? 그 사람과 주로 무엇을 하나요?
2. 표지의 두 인물은 어떤 관계로 보이나요?
3. 이 책의 제목인 '똑, 딱'의 의미는 무엇일까요?

🎯 그림책 BINGO

① 똑이와 딱이는 세상에서 둘도 없는 ㅊㄱ 사이입니다.	② 같은 날 태어난 똑이와 딱이는 서로 ㅂㅇ처럼 변치 않는 사이라고 생각합니다.	③ 어느 날 아침 똑이가 깜짝 놀란 까닭은 무엇인가요?
④ 개미들은 똑이에게 "만약에 네가 딱이와 떨어져 있다면 너는 □□가 아니야!"라고 말합니다.	⑤ 똑이가 발견한 딱이는 들판에서 다른 □들과 재미있게 놀고 있었습니다.	⑥ 자신 없이도 □□한 딱이의 모습에 똑이는 '어떻게 이럴 수 있지?'라며 슬퍼합니다.
⑦ 누워서 꼼짝하지 않던 똑이 앞에 무엇이 자라났나요?	⑧ 똑이와 딱이가 다시 만난 후, 똑이는 혼자 ㅅㅁ을 관찰했고 딱이는 ㅂㅎ 연습을 반복합니다.	⑨ 매일 밤, 똑이와 딱이는 나뭇가지 위에서 만나 서로의 □□□를 들려줍니다.

답: ①친구 ②바위 ③딱이가 사라져서 ④똑이 ⑤새 ⑥행복 ⑦(환상적인)꽃 한 송이 ⑧식물, 비행 ⑨이야기

👁 해석 및 평가 질문

1. 똑이와 딱이는 세상에서 둘도 없는 친구로 늘 함께합니다. 둘은 어떻게 친해졌을까요?

2. 어느 날 아침, 눈을 떠보니 딱이가 사라졌습니다. 똑이는 왜 갑자기 사라져 버렸을까요?

3. 딱이를 봤냐는 똑이의 질문에 개미는 "아니 그런데 만약에 네가 딱이와 떨어져 있다면 너는 똑이가 아니야!"라고 말합니다. 개미는 왜 이런 말을 했을까요?

3-1. 똑이는 개미의 말을 들은 뒤 "딱이가 없어도 나는 똑이라고!"라고 외칩니다. 똑이는 어떤 마음으로 이 말을 했을까요?

4. 똑이는 딱이를 계속 찾아다닙니다. 딱이가 없으면 마음이 훌쩍훌쩍하고, 시간도 느리게 흐른다며 몹시 슬퍼하기도 합니다. 여러분은 이런 똑이의 행동을 어떻게 보았나요?

5. 딱이는 들판에서 다른 새들과 즐겁게 놀고 있었습니다. 심지어 장난을 치며 크게 웃기도 했지요. 그 모습을 본 똑이는 얼른 나뭇가지 뒤로 몸을 숨깁니다. 똑이는 왜 딱이를 보고도 다가가지 않았을까요?

6. 누워서 꼼짝하지 않던 똑이 앞에 꽃 한 송이가 자라납니다. 똑이에게 이 꽃은 어떤 의미였을까요?

7. 똑이와 딱이는 함께였지만 서로 다른 모습도 가지고 있었습니다. 두 친구는 어떤 점이 비슷하고 어떤 점이 다를까요?

7-1. 매일 밤, 똑이와 딱이는 다시 만나 서로의 이야기를 나눕니다. 처음과 비교했을 때, 두 친구의 관계는 어떻게 달라졌나요?

8. 똑이와 딱이는 늘 함께 있을 때도, 서로 떨어져 있다가 나뭇가지 위에서 만나게 되었을 때도 똑같이 "바위처럼 변치 않는 친구"라고 말합니다. 이 말에는 어떤 의미가 담겨 있을까요?

9. 작가는 왜 이 책의 제목을 '똑딱'이 아닌 '똑, 딱'으로 정했을까요?

적용 질문

1. 똑이와 딱이처럼 누군가와 언제나 함께 있고 싶다고 느꼈던 순간이 있나요?

1-1. 누군가에게 너무 의지하거나 기대서 스스로 힘들었던 적이 있나요?

2. 딱이처럼 누군가가 나 없이도 잘 지내는 모습을 본 적이 있나요? 그때 어떤 생각이 들었고, 마음은 어땠나요?

3. 개미는 "만약에 네가 딱이와 떨어져 있다면 너는 똑이가 아니야!"라고 말합니다. 여러분이 똑이라면 뭐라고 답하겠나요?

3-1. 그러자 똑이는 "딱이가 없어도 나는 똑이야!"라고 말합니다. 여러분도 누군가에게 "나는 나야!"라고 말하고 싶었던 순간이 있나요?

4. 딱이가 자기 없이도 행복해하는 모습을 본 똑이는 슬퍼서 꼼짝하지 않고 누워만 있었습니다. 여러분이 똑이라면, 어떻게 했을까요?

5. 여러분도 똑이와 딱이처럼 혼자만의 시간이 필요하다고 느낄 때가 있나요? 그 이유는 무엇인가요?

5-1. 혼자만의 시간이 생긴다면 무엇을 하며 보내고 싶나요?

6. 우리는 서로 관계를 맺으며 살아가는 사회적 존재입니다. 그런데 가까운 가족이나 친구 사이일수록 지나친 간섭이나 통제로 인해 갈등이 생기기도 하지요. 서로를 존중하며 행복한 관계를 유지하기 위해서 적당한 거리를 두어야 한다면 어떻게 지내는 것이 좋을까요?

 **선택 질문**

1. 딱이가 다른 친구들과 놀고 있는 모습을 본 똑이는 나뭇가지 뒤로 숨어 버립니다. 여러분이 똑이라면, 이렇게 숨겠나요?
☐ 그렇다   ☐ 아니다

2. 여러분은 '관계 속의 나'와 '독립적인 나' 중 어떤 것이 '진짜 나'와 더 가깝다고 생각하나요?
☐ 관계 속의 나   ☐ 독립적인 나

3. 사랑하는 사람과의 관계에서 적당한 거리를 유지하는 것이 가능하다고 생각하나요?
☐ 가능하다   ☐ 가능하지 않다

4. 여러분은 비슷한 점이 많은 친구, 서로 다른 점이 많은 친구 중 어떤 친구와 더 오래 좋은 관계를 유지할 수 있다고 생각하나요?
☐ 비슷한 점이 많은 친구   ☐ 다른 점이 많은 친구

5. 여러분이 친구 사이에서 가장 중요하다고 생각하는 것은 무엇인가요?
☐ 함께 하는 시간   ☐ 서로를 존중하는 마음
☐ 즐거운 소통   ☐ 기타

 그림책 활동 더하기

우리 사이에 적당한 거리는?

똑이와 딱이는 항상 함께 있었지만 어느 순간부터는 서로 다른 시간을 보내고, 밤이 되면 다시 만나 서로의 이야기를 나누는 사이가 되었어요. 여러분은 어떤가요? 여러분의 주변에 누가 있고, 그 사람들과의 적당한 거리는 어느 정도일까요? 자신만의 '관계 거리 지도'를 그려 봅시다.

활동 방법
① 종이 한가운데 원을 그리고 '나'를 씁니다.
② 주변에 나와 관계가 있는 사람들을 원이나 그림으로 표현하되, 거리를 조절해서 그립니다.(가까이 있고 싶은 사람은 가까이, 거리가 필요한 사람은 멀리)
③ 각 사람과 나 사이에 선을 그려 마음을 표현합니다.(두꺼운 선: 든든하고 가까운 사이/점선: 어색하거나 조심스러운 사이 등)
④ 표현 이유를 써도 좋아요.

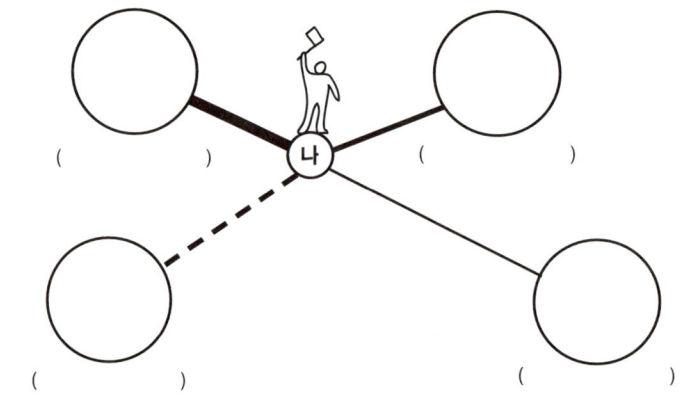

과정의 즐거움

『샘과 데이브가 땅을 팠어요』
맥 바넷 글, 존 클라센 그림, 시공주니어

샘과 데이브는 보물을 찾겠다며 땅을 파기 시작합니다. 충실한 개는 보물이 숨겨진 방향을 가리킬 때마다 두 사람은 다른 방향을 선택해 흙만 파헤치다가 결국 빈손으로 돌아옵니다. 이 그림책이 전하는 진짜 보물은 놀이 그 자체의 즐거움입니다. 이 책은 흙먼지 속에서 움튼 우정과 협력, 실패를 딛고 다시 일어서는 용기를 간결한 그림과 절제된 글로 섬세하게 그려 냅니다. 과정을 통해 맛보는 성취감과 서로를 도우며 완성하는 협력의 가치를 이 책을 통해 경험할 수 있습니다.

#놀이 #즐거움 #과정 #협력

 핵심 질문

> 1. 샘과 데이브가 "어마어마하게 멋졌어."라고 말할 수 있었던 이유는 무엇일까요?
> 2. '경험'과 '과정'은 우리의 성장에 어떤 영향을 주나요?

📖 배경지식 질문

1. 땅을 파거나 흙을 가지고 논 경험이 있나요?
2. 샘과 데이브는 왜 땅을 팠을까요?
3. 샘과 데이브는 구덩이 안에서 어떤 대화를 하고 있을까요?

🎯 그림책 BINGO

① 데이브는 어마어마하게 멋진 것을 찾을 때까지 땅을 파야 한다며 그것이 □□이라고 말합니다.	② 샘과 데이브가 땅속 깊숙한 곳까지 팠을 때 어마어마하게 멋진 것을 찾아냈나요? (O/X)	③ 땅을 파는 동안 데이브는 계속해서 새로운 □□을 하고 샘은 그 말을 따라 줍니다.
④ 샘과 데이브가 땅 파는 방향을 바꿀 때마다 옆에 있는 □□을 비껴갑니다.	⑤ 여러 방향으로 열심히 땅을 팠던 샘과 데이브는 너무 지쳐서 땅속에서 까무룩 □이 듭니다.	⑥ 샘과 데이브가 땅 파기에 지쳤을 때 개는 가까이 있는 □□□를 찾기 위해 땅을 팝니다.
⑦ □가 땅을 팔 때 구멍이 뚫리면서 개와 샘, 데이브가 모두 아래로 떨어졌습니다.	⑧ 샘과 데이브가 부드러운 흙 위에 떨어졌을 때, 둘은 동시에 뭐라고 말했나요?	⑨ 샘과 데이브가 돌아가는 집은 나올 때와 (같은/다른) 상태입니다.

답: ①사명 ②X ③제안 ④보석 ⑤잠 ⑥뼈다귀 ⑦개 ⑧정말 어마어마하게 멋졌어 ⑨다른

👁 해석 및 평가 질문

1. 샘과 데이브는 땅을 파기로 결심합니다. "언제까지 파야 해?"라는 샘의 질문에 데이브는 "어마어마하게 멋진 것을 찾아낼 때까지 파야 해. 그게 우리의 사명이야."라고 답합니다. 이 일은 왜 그들의 '사명'이 되었을까요?

2. 샘과 데이브는 땅속 깊숙한 곳까지 파 내려갔지만, 기대한 '어마어마하게 멋진 것'을 찾지 못합니다. 하지만 데이브는 "계속 파 보자."라고 말하며 계속 땅을 팝니다. 데이브는 어떤 인물일까요?

3. "우리 서로 다른 방향으로 파 보자. 혹시 알아? 행운을 만날지?"라는 데이브의 말에서 '행운'은 무엇을 의미할까요?

4. 다른 방향으로 땅을 파자고 데이브가 제안할 때마다 샘은 선뜻 동의합니다. 샘은 왜 데이브의 의견에 잘 따를까요?

5. 샘과 데이브가 어마어마하게 멋진 것을 찾기 위해 땅을 팔수록 땅속에 있는 보석이 점점 커집니다. 그 이유는 무엇일까요?

6. 샘, 데이브와 함께 있는 개는 땅을 파는 방향이 바뀔 때마다, 보석이 있는 곳을 계속 바라보고 있습니다. 이 작품에서 개는 어떤 존재일까요?

7. 샘과 데이브는 열심히 땅을 팠지만 결국 아무것도 찾지 못합니다. 그런데 개는 뼈다귀를 얻습니다. 왜 개만 뼈다귀를 얻었을까요?

8. 샘과 데이브는 아무것도 얻지 못했음에도 불구하고, 동시에 "정말 어마어마하게 멋졌어."라고 말합니다. 그들은 왜 이렇게 말했을까요?

9. 샘과 데이브는 집에서 나와 땅을 파기 시작하고, 긴 여정을 마친 뒤 다시 집으로 돌아갑니다. 그러나 처음 떠날 때의 집과 돌아왔을 때의 집에는 몇 가지 차이가 있습니다. 집이 달라진 이유는 무엇일까요?

10. 샘과 데이브의 모습은 아이들의 땅파기 놀이를 떠올리게 합니다. 이 책에서 '땅을 파는 행위'를 놀이가 아닌 다른 관점에서 본다면, 그것은 어떤 의미를 가질 수 있을까요?

11. 샘과 데이브가 보석을 찾지 못한 결말의 의미는 무엇일까요?

적용 질문

1. 샘과 데이브처럼 어떤 것에 몰입해 본 경험이 있나요?

2. 샘과 데이브는 땅을 파는 것을 사명으로 여기며 끊임없이 노력하지만, 아무것도 발견하지 못합니다. 샘은 지쳐서 더 이상 못 하겠다며 주

저앉습니다. 여러분이 데이브라면 이 상황에서 어떻게 하겠나요?

3. 샘은 대체로 데이브의 생각을 따르며, 그가 새로운 방향을 제안할 때마다 함께 움직입니다. 여러분에게도 이렇게 믿고 따르는 친구가 있나요?

4. 목표를 이루지 못했지만, 과정이 멋졌다고 생각하는 경험이 있나요?

5. 샘과 데이브는 땅을 파며 어마어마하게 멋진 경험을 합니다. 만약 여러분이 샘과 데이브라면, 이후에 또 어떤 일들을 하고 싶나요?

선택 질문

1. 샘과 데이브는 땅을 파다 지쳐 주저앉습니다. 여러분이라면 이 상황에서 어떻게 하겠나요?
☐ 끝까지 포기하지 않고 계속 판다 ☐ 잠시 쉬고 다시 도전한다
☐ 새로운 방법을 찾아본다 ☐ 이제까지의 노력에 만족하고 멈춘다

2. 데이브가 적극적으로 새로운 방법을 제안하고 추진하는 리더형이라면, 샘은 그의 의견에 동의하며 따라가는 협력형입니다. 여러분은 두 인물 중 어느 인물의 성격에 더 가까운가요?
☐ 샘 ☐ 데이브

3. 샘과 데이브와 함께 있는 개는 땅을 파는 방향이 바뀔 때마다, 보석 방향을 응시합니다. 개가 바라보는 것이 보석일까요?

☐ 그렇다   ☐ 아니다

4. 마지막 장면의 공간은 첫 장면의 공간과 달라 보입니다. 두 공간이 다른 공간이라 생각하나요?

☐ 그렇다   ☐ 아니다

5. 여러분은 샘과 데이브가 진짜 '어마어마하게 멋진 것'을 찾았다고 생각하나요?

☐ 찾았다   ☐ 찾지 못했다

6. 샘과 데이브는 왜 땅을 팠을까요?

☐ 보물을 찾기 위해서
☐ 새로운 경험을 하고 싶었기 때문에
☐ 그 외 (   )

7. 샘과 데이브가 땅을 파지 않았더라면 어마어마한 것을 발견할 수 있었을까요?

☐ 그렇다   ☐ 아니다

 그림책 활동 더하기

어마어마하게 멋진 것 그리기

샘과 데이브는 어마어마하게 멋진 것을 찾기 위해 끊임없이 땅을 팠습니다. 만약 여러분이 땅을 판다면, 흙 속에 어떤 어마어마한 것이 숨어 있을지 그림으로 그려 봅시다.

긍정이 가져온 마법

『에드와르도 세상에서 가장 못된 아이』
존 버닝햄 글·그림, 비룡소

에드와르도는 언제나 "세상에서 제일가는 말썽쟁이"라는 말을 듣습니다. 사실 그는 조금 시끄럽고 산만하긴 해도, 주변에서 흔히 볼 수 있는 평범한 아이입니다. 하지만 어른들의 부정적인 시선 속에서 에드와르도는 점점 더 '문제아'가 되어 갑니다. 그러던 어느 날, 한 사람이 에드와르도를 칭찬해 주고, 그 순간부터 놀라운 변화가 시작됩니다. 이 책은 말 한마디와 태도 하나가 아이를 어떻게 변화시킬 수 있는지, 칭찬과 기대가 지닌 힘이 얼마나 크며, 아이를 바라보는 어른의 시선이 얼마나 중요한지를 따뜻하게 전합니다.

#긍정 #기대 #칭찬 #변화

 핵심 질문

> 1. 에드와르도는 왜 세상에서 가장 못된 아이가 되었을까요?
> 2. 긍정적 기대가 가지는 힘은 무엇일까요?

📚 배경지식 질문

1. 여러분이 생각하는 못된 아이는 어떤 아이인가요?
2. 여러분이 '세상에서 가장 못된 아이'라는 말을 듣는다면 어떤 기분일까요?
3. 표지 속 에드와르도는 무엇을 하고 있나요?

🎯 그림책 BINGO

① 에드와르도는 흔히 볼 수 있는 ㅂㅌ 꼬마입니다.	② 에드와르도가 물건을 걷어차자 어른들은 ㅂㄹ없는 녀석이라고 말합니다.	③ "세상에서 가장 시끄러운 녀석"이라는 말을 들은 후 에드와르도는 어떻게 했나요?
④ 에드와르도의 방이 엉망이 된 이유는 무엇인가요?	⑤ 어른들은 "에드와르도, 너는 정말 세상에서 제일가는 □□□□로구나!"라고 말하며 그를 비난합니다.	⑥ 에드와르도가 발로 찬 화분이 흙 위에 떨어지자 어떤 말을 듣나요?
⑦ 에드와르도가 동생 알렉을 미는 순간 무엇이 떨어져 알렉을 살리게 되나요?	⑧ 에드와르도가 시끄럽게 떠드는 바람에 동물원 우리로 돌아간 동물은 무엇인가요?	⑨ 결국 에드와르도는 세상에서 가장 ㅅㄹ스러운 아이로 불리게 됩니다.

답: ①보통 ②버릇 ③더 시끄럽게 떠듦 ④방 정리 솜씨가 서툴러서 ⑤말썽쟁이 ⑥정원을 가꾸기 시작했구나 ⑦전등 ⑧사자 ⑨사랑

👁 해석 및 평가 질문

1. "에드와르도는 흔히 볼 수 있는 보통 꼬마야."에서 여러분이 생각하는 '보통 꼬마'는 어떤 모습인가요?

2. 에드와르도는 가끔씩 물건을 발로 걷어찹니다. 그런 에드와르도에게 이웃 아저씨는 "이런 버릇없는 녀석. 만날 어디서 발길질이야?"라며 소리를 지릅니다. '가끔씩' 하는 행동이 왜 '매번' 하는 일로 여겨진 걸까요?

3. 에드와르도가 다른 아이들처럼 떠들자 이웃 아주머니는 "세상에서 가장 시끄러운 녀석 같으니라고."라며 그를 나무랍니다. 아주머니는 왜 에드와르도만 혼낸 걸까요?

4. 때때로 어린 동생들을 못살게 굴고 가끔씩 동물들을 괴롭히던 에드와르도는 혼날수록 점점 더 심술궂고 사나운 아이가 되어 갑니다. 결국 이웃 어른들에게 "세상에서 제일가는 말썽쟁이로구나."라는 말까지 듣게 됩니다. 에드와르도의 마음은 어떨까요?

4-1. 세상에서 제일가는 말썽쟁이란 말을 듣는 에드와르도는 왜 이런 행동을 멈추지 않는 걸까요?

5. 에드와르도가 찬 화분이 흙 위에 떨어집니다. 그 모습을 본 이웃 어

른은 "정원을 가꾸기 시작했구나. 다른 식물들도 좀 더 심어 보렴."이라며 격려하듯 말합니다. 에드와르도를 대하는 그의 태도는 다른 어른들과 어떤 차이점이 있나요?

6. 지나가던 개에게 물을 부은 에드와르도는 "개를 씻겨 줘서 고맙다. 너는 동물한테 정말 상냥하구나."라는 말을 듣습니다. 에드와르도는 자신의 나쁜 의도를 다르게 해석하고 칭찬하는 이웃 어른을 어떻게 생각할까요?

7. 에드와르도가 왜 그런 행동을 했는지 물어보는 어른은 아무도 없습니다. 이유가 무엇이든 결과가 나쁘면 혼을 내고 결과가 좋거나 자신이 원했던 상황과 맞아떨어지면 칭찬을 합니다. 이런 식의 반응이나 평가가 가진 가장 큰 문제점은 무엇일까요?

8. 에드와르도는 여전히 사납고, 시끄럽고, 지저분하고, 버릇없이 굴지만 이제 이웃들은 그를 세상에서 가장 사랑스러운 아이라고 말합니다. 세상에서 제일가는 말썽쟁이였던 에드와르도가 가장 사랑스러운 아이로 불리게 된 까닭은 무엇일까요?

8-1. 흔히 볼 수 있는 '보통 꼬마' 에드와르도가 '세상 제일의 말썽쟁이'가 되었다가 '사랑스러운 아이'로 불리기까지 달라진 것과 달라지지 않은 것은 무엇일까요?

적용 질문

1. 어른들은 에드와르도를 "세상에서 제일가는 말썽쟁이"라고 했다가 다시 "세상에서 가장 사랑스러운 아이"라고 말합니다. 여러분이 어른들에게 들은 말 중 가장 듣기 싫었던 말과 좋았던 말은 각각 무엇인가요?

2. 에드와르도는 물건을 발로 차거나 어린아이들을 못살게 굴고 동물들을 괴롭히기도 합니다. 여러분이 일으킨 최고의 말썽은 무엇인가요?

3. 여러분이 어른이라면, 에드와르도에게 어떤 말을 해주고 싶나요?

4. 주변 사람의 말이나 평가가 여러분을 변화시킨 적이 있나요? 또는 여러분이 다른 사람을 변화시킨 적이 있나요?

4-1. 만약 여러분이 주변 사람에게 단 한마디의 평가를 받을 수 있다면 어떤 말을 듣고 싶나요?

5. 여러분이 작가라면 이 책의 제목을 어떻게 짓겠나요? 에드와르도를 평가해야 한다면, 어떤 아이라 말할 수 있을까요?

6. '낙인 효과'는 한 번 나쁜 사람으로 인식되면 부정적 인식이 사라지지 않고 그 사람에 대한 모든 평가에 영향을 미치게 된다는 말입니다. 이 관점에서 보았을 때 에드와르도의 행동을 어떻게 볼 수 있을까요?

6-1. '낙인 효과'와 반대되는 의미를 가진 '피그말리온 효과'가 있습니다. 이는 주변 사람들의 긍정적 기대가 그 사람의 행동을 긍정적 방향으로 이끄는 것을 말합니다. '피그말리온 효과'의 관점에서 이 책을 어떻게 평가할 수 있을까요?

7. 아이가 말썽을 피우거나 고집을 부릴 때 왜 그런 행동을 하는지 물어보고 소통하고자 노력하는 것을 흔히 '마음 읽어 주기'라고 합니다. 하지만 아이가 속상해할 때마다 이유를 설명하고 마음을 읽어 주려는 시도가 오히려 독이 되기도 합니다. 진정한 의미의 마음 읽어 주기는 무엇이라고 생각하나요?

7-1. 여러분이 에드와르도의 부모가 된다면, 그의 마음을 어떻게 읽어 주겠나요? 함께 나눌 대화를 상상하여 적어 봅시다.

선택 질문

1. 정리하는 솜씨가 서투른 에드와르도는 방을 뒤죽박죽 엉망으로 만듭니다. 청소 중이던 어른은 마구 어질러진 그의 방을 보고 "엉망인 녀석"이라며 혼을 냅니다. 여러분은 방을 어지럽히는 에드와르도와 그런 그를 비난하는 어른 중 어느 쪽의 입장에 더 공감하나요?

☐ 에드와르도   ☐ 어른

2. 산책하던 개에게 물을 뒤집어씌운 일에도 지저분한 개를 씻겨 줘서 고맙다는 말을 듣고, 어린 동생을 세게 밀자마자 동생이 서 있던 자리에 떨어진 전등 때문에 칭찬을 받게 됩니다. 같은 행동이라도 그것을 바라보는 사람에 따라 좋은 행동이 되는 것에 공감하나요?

☐ 공감한다   ☐ 공감하기 어렵다

3. 에드와르도의 행동은 우연히 좋은 결과를 가져다주고, 어른들은 이런 행동을 칭찬합니다. 여러분은 결과가 좋다면 그 행동이 칭찬받을 수 있다고 생각하나요?

☐ 그렇다   ☐ 아니다

4. "세상에서 제일가는 말썽쟁이"에서 "세상에서 가장 사랑스러운 아이"가 된 에드와르도는 여전히 어수선하고, 지저분하고 버릇없는 아이입니다. 에드와르도의 처음과 마지막 모습을 비교했을 때 에드와르도가 조금은 변했을까요?

☐ 그렇다   ☐ 아니다

 그림책 활동 더하기

에드와르도에게 따뜻한 권유의 말 건네기

에드와르도의 행동을 비난하고 지적하는 대신 그가 스스로 좋은 방향으로 변화할 수 있도록 권유하고 응원하는 말을 만들어 봅시다.

비난과 지적의 말	권유와 응원의 말
이런 버릇없는 녀석, 만날 어디서 발길질이야? 세상에서 가장 버릇없는 녀석 같으니라고.	조심스럽게 움직이면 모두가 더 편안하게 지낼 수 있을 거야.
넌 정말 시끄러운 아이로구나. 세상에서 가장 시끄러운 녀석 같으니라고.	
이런 심술쟁이가 또 있나. 세상에서 가장 심술궂은 녀석 같으니라고.	마음을 열고 다정하게 대해 보면, 더 많은 친구들이 너와 함께하고 싶어질 거야.
네 방은 날마다 엉망이 되어 가는구나. 세상에서 가장 뒤죽박죽 엉망인 녀석 같으니라고.	
이런 지저분한 녀석. 세상에서 가장 더러운 녀석 같으니라고.	

질투와 배신

『여우』
마거릿 와일드 글, 론 브룩스 그림, 파랑새

화재로 새카맣게 타버린 숲에서 서로 의지하던 개와 까치가 있습니다. 어느 날 여우 한 마리가 둘 사이에 나타납니다. 늘 혼자 지내던 여우는 개와 까치 사이를 질투하고 그들의 관계를 흔들어 배신과 후회가 남게 됩니다. 이 책을 통해 질투가 관계를 어떻게 망치는지, 상처를 주고받은 관계는 다시 시작할 수 있을지, 관계를 지키기 위해 필요한 책임은 무엇인지 함께 생각해 볼 수 있습니다.

#우정 #질투 #외로움 #배신 #희망

 핵심 질문

> 1. 여우는 왜 개와 까치 사이를 갈라놓으려 했을까요?
> 2. 서로를 도와주고 신뢰하는 관계는 영원할 수 있을까요?

📖 배경지식 질문

1. 여우를 생각하면 어떤 낱말이 떠오르나요?
2. 표지 속 여우가 응시하고 있는 것은 무엇일까요?
3. 표지 속 여우와 까치는 어떤 관계일까요?

◎ 그림책 BINGO

① 개는 불타버린 숲에서 날개를 다친 □□를 구합니다.	② 까치는 자신을 등에 태우고 달리는 개에게 말합니다. "내가 너의 □이 되어 줄게. 너는 나의 □□가 되어 줘."	③ 까치는 여우의 붉은 털이 활활 타오르는 □□처럼 보여 온 몸을 바들바들 떱니다.
④ 동굴 속은 여우의 냄새로 가득 찹니다. 그것은 분노와 □□와 외로움의 냄새였습니다.	⑤ 여우는 까치에게 자신은 개보다도, □□보다도 더 빨리 달릴 수 있다고 말합니다.	⑥ 여우가 자신을 등에 태우고 전속력으로 달리자 까치는 뭐라고 소리쳤나요?
⑦ 여우는 까치를 태우고 붉은 □□까지 달려갑니다.	⑧ 까치를 자신의 등에서 떨어뜨린 여우는 "이제 너와 개는 □□□이 뭔지 알게 될 거야."라고 말합니다.	⑨ 여우에게 버려진 까치는 누구를 떠올렸나요?

답: ①까치 ②눈, 날개 ③불길 ④질투 ⑤바람 ⑥내가 날고 있어 ⑦사막 ⑧외로움 ⑨개

👁 해석 및 평가 질문

1. 개는 거센 불길에 날개를 다친 까치를 보살펴 주려고 하지만 까치는 개의 도움을 받고 싶지 않아 합니다. 그 이유는 무엇일까요?

2. "다시는 날지 못할 거야."라는 까치에게 개는 "난 한쪽 눈이 보이지 않아. 그래도 산다는 건 멋진 일이야!"라고 말합니다. 개가 삶의 희망을 놓지 않았던 이유는 무엇일까요?

2-1. 그런 개에게 까치는 "한쪽 눈이 보이지 않는 건 문제가 되지 않아. 만약 네가 달릴 수 없다면 어떨 것 같아?"라고 묻습니다. 여러분은 까치가 '날지 못하는 것'과 개가 '달리지 못하는 것'이 다른 의미라고 생각하나요?

3. 개는 슬픔에 빠진 까치를 등에 태우고 숲속 여기저기를 달립니다. 개는 왜 자신의 도움을 거절했던 까치를 끝까지 보살피려 할까요?

4. 개와 까치가 함께 지내던 동굴에 여우가 나타나자 동굴 속은 그의 냄새로 가득 찹니다. 여우의 냄새로 가득 찼다는 것은 무엇을 의미할까요?

5. 까치는 개에게 "여우는 어디에도 속할 수 없는 애야. 누구도 사랑하지 않아. 조심해."라고 말합니다. 까치는 왜 이런 말을 하는 걸까요?

6. "나는 절대로 개를 떠나지 않을 거야. 나는 개의 눈이고, 개는 나의 날개야."라고 말하던 까치는 점점 흔들리기 시작합니다. 결국 개를 남겨 둔 채 여우와 함께 떠나 버립니다. 까치의 마음은 왜 변한 걸까요?

7. 여우는 까치를 등에 태우고 숲에서 멀리 떨어진 붉은 사막까지 달려갑니다. 그리고 그곳에 까치를 버려둔 채 혼자 떠나 버립니다. 여우는 왜 까치를 버린 걸까요?

7-1. 여우가 유혹한 대상은 왜 개가 아닌 까치였을까요?

8. 여우는 까치에게 "이제 너와 개는 외로움이 뭔지 알게 될 거야."라고 말합니다. 여우는 왜 이런 말을 했을까요?

9. 이 책은 까치가 개가 있는 곳을 향해 다시 먼 여행을 시작하는 것으로 끝이 납니다. 까치는 왜 다시 돌아가려는 걸까요?

10. 이 책은 강렬한 붉은색으로 독자의 시선을 사로잡습니다. 세로로 놓인 글 또한 다른 책에서 볼 수 없는 독특한 나열 방식입니다. 붉은 색채와 문자 나열 방식이 이 책에서 어떤 역할을 한다고 생각하나요?

11. 이 책에는 개, 까치, 여우가 나오는데 제목은 '여우'입니다. 여러분은 제목이 여우인 것을 어떻게 생각하나요?

적용 질문

1. '하늘을 나는 것'은 까치가 존재하는 이유이자 삶의 희망입니다. 여러분에게는 어떤 것이 그러한가요?

2. "한쪽 눈이 보이지 않는 건 문제가 되지 않아. 만약 네가 달릴 수 없다면 어떨 것 같아?"라는 까치의 말에 뭐라고 답하겠나요?

3. 까치와 개는 서로의 눈과 날개가 되어 줍니다. 서로를 믿고 의지하는 그들처럼 여러분에게도 이런 존재가 있나요? 나의 까치 또는 나의 개는 누구인가요?

4. 여러분도 까치처럼 거절하기 어려운 제안이나 달콤한 유혹을 받은 적이 있나요? 그 순간 어떻게 했나요?

5. 개와 까치를 질투한 여우처럼 여러분도 다른 사람들의 관계를 질투해 본 경험이 있나요?

6. 절대로 개를 떠나지 않겠다던 까치는 결국 여우를 따라나섭니다. 여러분도 단단하다고 믿었던 관계가 깨진 경험이 있나요?

7. 여우는 까치를 버리며 외로움이 무엇인지 알게 될 것이라 말합니다. 여러분에게 외로움이란 무엇인가요?

 **선택 질문**

1. 개와 까치를 보며 분노와 질투, 외로움을 느끼는 여우의 마음에 공감할 수 있나요?

☐ 공감한다 ☐ 공감하기 어렵다

2. 여우는 개가 없는 틈을 노려 까치에게 하늘을 나는 기분을 느끼게 해주겠다고 말하고 까치는 그런 여우를 따라나섭니다. 여러분이 까치라면 여우를 따라가겠나요?

☐ 따라간다 ☐ 따라가지 않는다

3. "여우는 까치를 혼자 남겨 두고 가 버렸어. 사방은 쥐 죽은 듯 고요했어. 한순간 아주 먼 곳에서 날카로운 울음소리가 들려왔어. 승리의 소리인지 절망의 소리인지는 알 수 없었지."에서 이 소리의 의미를 어떻게 읽었나요?

☐ 승리의 소리 ☐ 절망의 소리

4. 이 책은 까치가 개가 있는 곳을 향해 다시 먼 여행을 시작하는 것으로 끝이 납니다. 여러분이 개라면 이런 까치를 다시 받아들이겠나요?

☐ 받아들인다 ☐ 받아들이지 않는다

5. 여러분이 여우라면 이 책의 결말을 행복한 결말이라 볼 수 있을까요?

☐ 그렇다 ☐ 아니다

6. 여우는 개와 까치 사이를 질투한 나머지 떼어 놓는 데 성공합니다. 그리고 까치를 사막 한가운데 버리고 떠납니다. 개는 까치의 경고에도 불구하고 여우를 받아들이고 결국 홀로 남겨집니다. 까치는 자신에게 먼저 손 내밀었던 개를 버리고 여우와 떠납니다. 하지만 여우에게 버림받습니다. 이렇게 끝나버린 관계의 책임을 따진다면 누구의 잘못이 가장 크다고 생각하나요?

☐ 개   ☐ 까치   ☐ 여우

 그림책 활동 더하기

인물 뇌 구조 그리기

개, 까치, 여우 중 가장 인상 깊은 인물 한 명을 골라 각 인물이 가진 중심 생각 또는 감정 낱말을 넣어 뇌 구조를 완성해 봅시다.

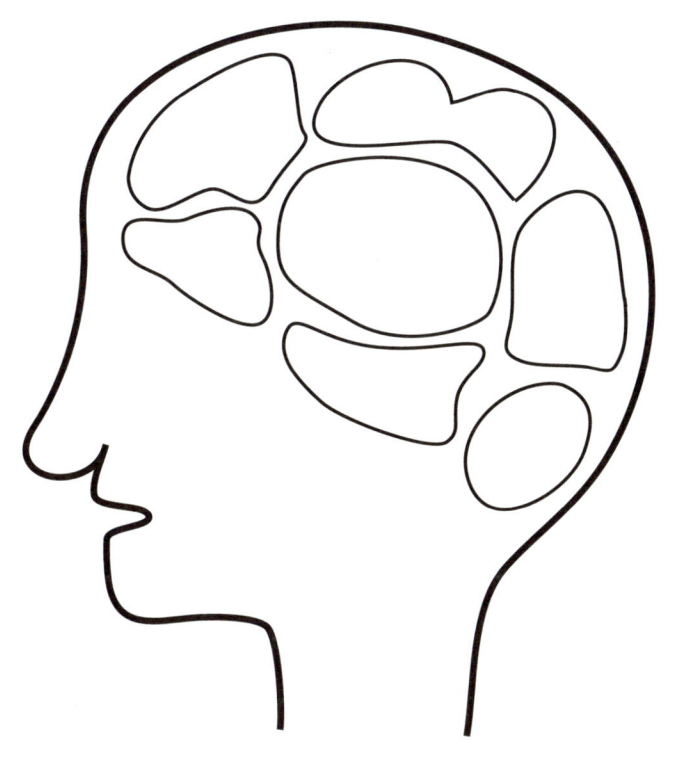

입장 차이가
불러온 갈등

『왼손에게』
한지원 글·그림, 사계절

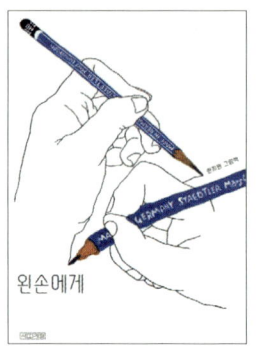

이야기 속 주인공인 오른손은 자신이 왼손보다 더 많은 일을 한다고 여겨 서운함을 느끼고, 이에 왼손은 언제나 오른손이 먼저 나서서 다 해 버렸다고 말합니다. 결국 두 손은 서로를 탓하며 다투게 됩니다. 갈등은 우연한 사건을 통해 풀리며 왼손과 오른손은 서로의 존재가 얼마나 소중한지를 깨닫게 됩니다. 이 책은 여러 가지 갈등으로 지친 아이들에게 잠시 멈춰 서서 관계를 돌아보게 합니다. 관계와 갈등, 가족을 주제로 한 수업에서 이 이야기를 함께 나눈다면, 아이들은 갈등을 풀어 가는 지혜와 주변 사람들의 소중함을 자연스럽게 느끼게 될 것입니다.

#갈등 #공존 #정체성 #협력

 핵심 질문

1. 왼손과 오른손이 함께해야 하는 이유는 무엇일까요?
2. 서로 다른 입장으로 생긴 오해를 해결할 방법은 무엇일까요?

📖 배경지식 질문

1. 여러분은 왼손과 오른손 중 주로 어떤 손을 쓰나요?
2. 표지 속 양손에 들린 연필의 모습이 다른 이유는 무엇일까요?
3. 제목 '왼손에게'는 누가 누구에게 하는 말일까요?

🎯 그림책 BINGO

① 오른손은 왼손 때문에 □□한 마음이 듭니다.	② 다음 중 오른손 혼자서만 하는 일이 아닌 것은 무엇인가요? □ 양치질 □ 숟가락질 □ 가위질 □ 핸드크림 바르기	③ □□이고 □□한 것은 언제나 왼손 차지입니다.
④ 오른손은 왼손에게 □□□□를 엉망으로 바른 일로 화를 냅니다.	⑤ 오른손은 왼손에게 "맨날 내가 다 하고 너는 □□만 하잖아."라고 말합니다.	⑥ 왼손은 다친 오른손을 대신해 꾀부리지 않고 □□을 다해 일합니다.
⑦ 어느 날 왼손에게 다가온 불청객은 누구인가요?	⑧ 빨갛게 부어오른 왼손 부위를 오른손이 꾹꾹 □□으로 눌러줍니다.	⑨ 함께 모기를 잡은 후 왼손은 오른손에게 뭐라고 말하나요?

답: ①억울 ②핸드크림 바르기 ③반짝, 근사 ④매니큐어 ⑤놀기 ⑥최선 ⑦모기 ⑧손톱 ⑨고마워

👁 해석 및 평가 질문

1. 오른손은 힘든 일은 모두 자신이 해왔음에도 반짝이고 근사한 시계, 팔찌 등은 언제나 왼손 차지라며 억울해합니다. 하지만 이런 것들은 오른손의 도움 없이는 왼손에 찰 수 없는 것들입니다. 오른손은 그동안 왜 왼손을 위한 일을 해왔을까요?

1-1. 오른손은 왜 늘 해오던 일에 불만이 생겼을까요?

2. 오른손이 매니큐어를 다 바르고 난 뒤 차례가 바뀌자 왼손은 바들바들 떨며 오른손에게 다가갑니다. 그 순간 왼손은 어떤 마음이었을까요?

2-1. 오른손은 엉망으로 칠해진 매니큐어를 보며 "너 일부러 이러는 거지?"라고 말합니다. 결과만 보고 과정을 무시하는 듯한 말을 하는 오른손이 어떻게 보이나요?

3. 왼손과 오른손이 가진 진짜 불만이 각각 무엇이라 생각하나요?

4. 왼손과 오른손은 서로를 탓하다 결국 크게 다툽니다. 그들이 싸우는 장면 뒤로 구겨진 종이가 보입니다. 이 종이는 무엇을 의미할까요?

5. 사람들은 다친 오른손을 보며 "하필이면 오른손을 다쳤네."라고 말

합니다. '하필이면'이라는 말에서 어떤 생각을 읽을 수 있나요?

5-1. 왼손은 사람들의 말을 왜 바보같이 듣고만 있었을까요?

5-2. 사람들의 말을 들은 오른손의 마음은 어땠을까요?

6. 다친 오른손을 대신해 왼손이 열심히 일했지만 "오른손처럼 할 수는 없었다."라고 종이에 적습니다. 왼손은 오른손을 어떻게 생각하게 된 걸까요?

7. 오른손은 모기에게 물린 왼손을 긁어 주고 손톱으로 눌러 주기까지 합니다. 오른손은 왜 그렇게 행동한 걸까요?

8. 왼손과 오른손은 함께 모기를 잡습니다. 여러분은 이 장면을 어떻게 보았나요?

8-1. 처음으로 같은 목표를 이루기 위해 함께한 왼손과 오른손, 그들의 마음속에는 어떤 변화가 생겼을까요?

9. 여러분은 왼손과 오른손이 서로에게 어떤 존재라고 생각하나요?

적용 질문

1. 오른손처럼 혼자서만 일한다고 느껴 억울했던 적이나, 열심히 했는데 인정받지 못해 속상했던 적이 있나요?

1-1. 오른손처럼 솔직하게 말할 수 있다면, 어떤 말을 하고 싶나요?

2. 여러분도 왼손처럼 결과가 좋지 못할 때 열심히 하지 않았기 때문이라는 말을 들은 적이 있나요? 그 순간 어떤 마음이었나요?

3. 왼손이 아무리 노력해도 오른손처럼 할 수 없었던 것처럼 여러분도 자신의 한계를 느꼈던 경험이 있나요? 그럴 때는 어떻게 극복하나요?

4. 왼손과 오른손은 함께 모기를 잡으며 처음으로 '짝' 소리를 냅니다. 두 손이 함께해야만 가능한 일에는 어떤 것들이 있을까요?

5. 여러분이 오른손이라면, 모기를 잡은 후 "고마워"라고 먼저 말을 건넨 왼손에게 무엇이라 대답하겠나요?

6. 친구나 형제, 동료와 역할을 두고 갈등하거나 오해한 적이 있나요?

7. 오른손은 왼손이 평소에 놀기만 한다고 생각합니다. 여러분이 왼손의 입장이 되어 왼손을 변호해 준다면 어떤 말을 해주고 싶나요?

 **선택 질문**

1. 여러분을 손으로 표현한다면, 어느 쪽에 더 가깝나요?
   ☐ 왼손   ☐ 오른손

2. 오른손은 왼손과 다른 것이 하나도 없음에도 불구하고 혼자서만 많은 일을 한다며 억울해합니다. 여러분은 오른손의 말에 공감하나요?
   ☐ 공감한다   ☐ 공감하기 어렵다

3. 왼손이 오른손에 매니큐어를 엉망으로 바르자 오른손은 왼손에게 손가락질하고 화를 냅니다. 이런 오른손에게 공감하나요?
   ☐ 공감한다   ☐ 공감하기 어렵다

4. 오른손의 "너 일부러 이러는 거지?"라는 말에 왼손은 "아니야. 나도 열심히 했어."라고 답합니다. 왼손은 정말 열심히 일한 걸까요?
   ☐ 그렇다   ☐ 아니다

5. "맨날 내가 다 하고 너는 놀기만 하잖아."라는 오른손의 말에 왼손은 "항상 네가 먼저 나서서 다 해 버렸잖아."라며 반박합니다. 여러분은 누구의 잘못이 더 크다고 생각하나요?
   ☐ 왼손   ☐ 오른손

그림책 활동 더하기

'오른손에게' 만화 만들기

왼손과 오른손은 서로 입장이 달라 갈등을 겪습니다. 오른손은 왼손이 놀기만 한다고 생각하고, 왼손은 오른손이 늘 먼저 나서서 다 해 버렸다고 말합니다. 여러분이 왼손이 되어, '오른손에게'라는 제목의 네 컷 만화를 그려 봅시다.

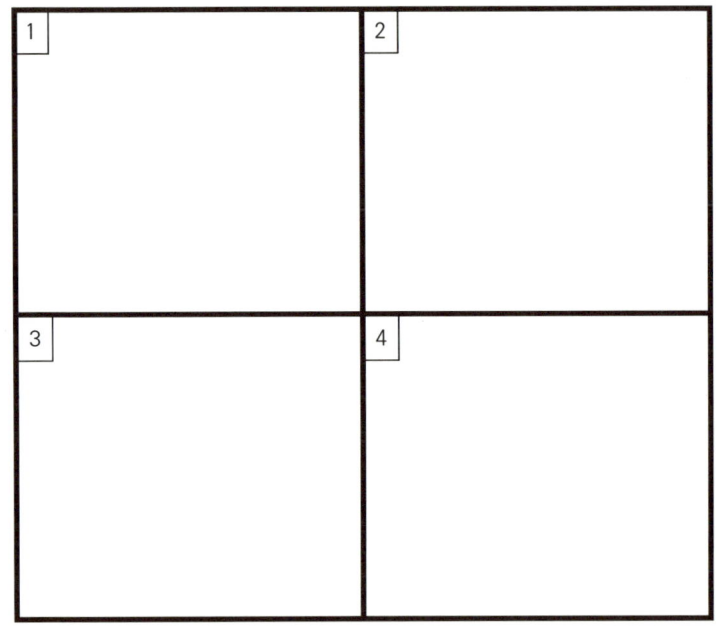

이상한 셈법의 비밀

『우리가 케이크를 먹는 방법』
김효은 글·그림, 문학동네

무엇이든 다섯 조각으로 나눠야만 온전함을 느끼는 아이의 이야기를 담고 있는 그림책입니다. 어떻게 하면 공평하게 혹은 내 몫이 더 커지게 나눌지 고민하는 아이의 모습은 나눔과 우애, 사랑과 가족의 의미를 되새기게 합니다. 아이의 나눔은 공동체 안에서 진정한 풍요가 무엇인지 묻고, 작은 나눔이 가족 간 사랑을 단단히 잇는 힘이라는 것을 보여 줍니다. 간결한 문장과 따뜻한 그림은 서로를 배려하며 함께 성장하는 과정의 가치를 아름답게 그려 냅니다.

#나눔 #우애 #사랑 #가족

 핵심 질문

1. 나눔이 일상이었던 시절, 가족에게 나눔은 어떤 의미였을까요?
2. 나눔의 가치가 중요한 까닭은 무엇일까요?

📖 배경지식 질문

1. 여러분은 누구와 음식을 나누어 먹거나 무엇을 나눈 경험이 있나요?
2. 사라진 케이크 한 조각은 누가 먹은 걸까요?
3. 케이크 주변에 둘러앉은 인물들은 서로 어떤 관계일까요?

🎯 그림책 BINGO

① 주인공의 형제자매는 모두 몇 명인가요?	② 치킨 다리를 제일 먼저 먹은 건 누구인가요?	③ 아우 먼저라며 양보한 음식은 무엇인가요?
④ 나누어 먹을 때 도구가 중요한 음식은 무엇인가요?	⑤ 식탁에서 밥을 먹을 때는 나무만 보지 말고 □을 봐야 합니다.	⑥ 다음 중 우리가 나누지 않았던 것은 무엇인가요? □ 자동차 □ 화장실 □ 노란 장화 □ 선풍기 바람 □ 삼촌 □ 병원 약
⑦ 씽씽카를 타던 둘째가 다쳤을 때 우리는 둘째를 걱정하며 씽씽카 타는 것을 멈추었습니다. (O/X)	⑧ 다른 누구와 나누지 않아도 되는 온전한 '□ □'이 생긴다면 그것을 지키고, 할 수 있는 대로 누리고, 어려운 고민과 결정에 대한 책임도 다 내 몫이 되어야 합니다.	⑨ 우리는 생일 케이크의 불을 □ □□ 끕니다.

답: ①5명 ②막내 ③브로콜리 ④아이스크림 ⑤숲 ⑥병원약 ⑦× ⑧내 것 ⑨다 같이

👁 해석 및 평가 질문

1. 책의 첫 장에는 "우리의 나눗셈에서 항상 빠져 있었던 나의, 우리의 부모님께"라는 헌사가 있습니다. '우리의 나눗셈'에서 부모님이 빠져 있었다는 것은 무슨 뜻일까요?

2. 다섯이 무언가를 나눈다는 것은 좀 피곤한 일이라고 말합니다. 나누는 것이 피곤한 이유는 무엇인가요?

3. 주인공은 "도구가 중요할 때도 있고, 소용없을 때도 있습니다. 그럴 때는 나무만 보지 말고 숲을 봐야 해요."라고 말합니다. 여기서 '나무'와 '숲'은 무슨 뜻일까요?

4. 다섯 남매의 사진 속에서 노란 장화가 아랫 동생에게 대물림되는 것을 볼 수 있습니다. 다섯 남매는 대물림에 관해 각자 어떤 생각을 할까요?

5. 다섯 남매는 도저히 나누기 어려워 보이는 것들까지 포함해서 다양한 것들을 나누기 위해 인내심을 발휘하기도 하고, 최고의 위치를 선점하거나 틈새를 공략하기도 합니다. 여러분은 이들의 행동을 어떻게 보았나요?

6. 킥보드를 타던 둘째가 넘어지자 네 남매는 둘째를 빼고 4명으로 나

누어 타는 시간을 다시 계산합니다. 네 남매는 왜 이렇게 했을까요?

7. 주인공은 병원에서 돌아오는 길에 케이크를 사며 "어려운 고민도, 결정에 대한 책임도 다 내 몫이에요."라고 말합니다. 혼자일 때와 형제가 있을 때, 고민이나 책임은 어떻게 다를까요?

8. 병원에 다녀온 주인공이 낮에 있었던 일을 신나게 이야기하는 동안 첫째는 그릇, 셋째는 우유, 넷째는 초를 챙기고 막내는 케이크를 자르겠다고 합니다. 남매들이 각자의 역할을 신속히 정할 수 있었던 이유는 무엇인가요?

9. 다섯 남매가 거실에 이불을 펴고 누운 마지막 장면에서 여러분은 무엇을 느꼈나요? 그런 느낌은 무엇 때문에 생긴 걸까요?

10. 책의 뒤표지에는 "나눌수록 커지는 이상한 셈법의 비밀"이라는 문장이 있습니다. '나눌수록 커지는 것'이란 무엇일까요?

적용 질문

1. 여러분의 '나눗셈'에서 자주 빠지는 사람이 있나요? 그 이유는 무엇인가요?

2. 주인공은 "원하는 것을 얻기 위해선 적극적으로 이야기해야 하고 무엇보다 빨라야 합니다."라고 말합니다. 여러분이 다섯 남매 중 한 명이라면, 치킨을 더 많이 먹기 위해 어떤 전략을 세우겠나요?

> 첫째: 장유유서라고 아니?
> 둘째: 난 지난번에도 양보했다고.
> 셋째: 나는 한창 키가 크는 중이야.
> 넷째: 나는 목이 좋은데…
> 막내: 치킨 치킨 치킨 치킨 치킨
> 아빠: 얘들아 치킨을 누가 사 왔지?

3. 식탁에 음식이 놓여 있을 때, 남매처럼 음식과 자신의 거리를 재어 본 적이 있나요?

4. 형제가 있는 친구를 부러워하거나, 반대로 외동인 친구를 부러워한 적이 있나요? 그 이유는 무엇인가요?

5. 형제나 가족과 나누고 싶은 것과 나누기 싫은 것은 각각 무엇인가요?

6. 다섯 남매 앞에 딸기 6개가 올려 있는 케이크가 있습니다. 여러분이라면 어떻게 나누겠나요?

7. 작가는 "오늘도 나누지 못하고 흘려보낸 것들이 너무 많습니다."라고 말합니다. 여러분은 나누지 못하고 흘려보낸 것이 있나요? 앞으로는 어떤 것을 나누고 싶나요?

선택 질문

1. 여러분이 주인공이라면 어떤 자리에 앉아서 식사하고 싶나요?
□ 오이만 넘으면 갈비찜! 그런데 막내 옆자리
□ 갈비와 거리 무난, 밥과 국도 무난한 자리
□ 콩은 적지만 바로 앞이 상추 파티인 자리
□ 계란말이가 바로 앞이지만 밥이 콩밭인 자리

2. 형제가 있는 삶과 외동인 삶 중 하나만 선택할 수 있다면 무엇을 고르겠나요?
□ 형제가 있는 삶　□ 외동인 삶

3. 다섯 남매는 모든 것을 5로 나누지만, 나누기 어려운 것도 있습니다. 여러분이 생각하기에 가장 나누기 어려운 것은 무엇인가요?
□ 엄청 멋진 노란 장화　□ 선풍기 바람　□ 하나뿐인 삼촌

4. 아이스크림을 먹을 때 어떤 도구를 선택하겠나요?
□ 주걱　□ 포크　□ 포크 숟가락　□ 스푼 2개　□ 국자

5. 주인공이 '만약에 우리가 다섯이 아니라 나 혼자였다면…' 하고 상상하는 장면에서 가장 공감되는 이야기는 무엇인가요?

☐ 나누기 힘든 모양의 케이크를 골라도 된다

☐ 누가 먼저 초를 끌까 봐 조마조마하지 않아도 된다

☐ 숟가락으로 파먹어도 된다

☐ 장식만 먼저 싹 걷어 먹어도 된다

☐ 요상한 모양으로 조각을 내서 매일 한 조각씩 먹어도 된다

☐ 친구를 초대해 한 조각씩 줄 수 있다

6. 다섯 남매가 킥보드 사용 시간을 24분씩 똑같이 나눴습니다. 여러분은 이 방식이 공정하다고 생각하나요?

☐ 공정하다   ☐ 공정하지 않다

7. 온전한 내 것을 가지는 삶과 나누어 가지는 삶 중, 어떤 삶이 더 행복할까요?

☐ 온전한 내 것을 가지는 삶   ☐ 나누어 가지는 삶

8. 뒤표지의 "나눌수록 커지는 이상한 셈법"이라는 말처럼, 여러분은 나누면 더 커지고 풍성해진다고 생각하나요?

☐ 그렇다   ☐ 아니다

 그림책 활동 더하기

케이크 나누기

만약 여러분이 케이크 한 판을 선물 받는다면, 누구와 어떻게 나누어 먹고 싶나요? 나누고 싶은 사람을 정하고, 그 이유를 함께 적어 보세요.

※ 케이크를 나누는 방식(조각 수, 배분 기준 등)을 생각해 보세요.

지친 가족을 위한 특별한 휴식

『우리 가족 납치 사건』
김고은 글·그림, 책읽는곰

지하철을 타려던 아빠, 바쁘게 출근하던 엄마, 어려운 수학 문제를 앞에 둔 아이가 있습니다. 이 가족은 어느 날 아빠의 가방, 엄마의 치마, 아이의 머리끈에 이끌려 갑작스레 아무도 없는 바닷가로 '납치'되어 강제로 휴식을 맞이합니다. 이 책은 바쁜 일상에 지친 가족에게 벌어진 기발하고 유쾌한 사건을 통해, 함께하는 여행과 쉼의 진정한 의미를 전합니다. 주인공 가족의 모습에서 오늘을 살아가는 우리의 일상을 떠올리며, 잊고 지냈던 가족의 따뜻함과 휴식의 소중함을 다시금 되새기게 됩니다.

#가족 #휴식 #여행 #바쁜일상

 핵심 질문

> 1. 주인공 가족의 납치가 즐거운 이유는 무엇일까요?
> 2. 바쁜 일상에서 가족과의 시간을 더 의미 있게 보내는 방법은 무엇일까요?

📖 배경지식 질문

1. '납치'라는 단어를 들으면 무엇이 떠오르나요?
2. 표지 속 세 사람이 납치된 이유는 무엇일까요? 어디로 가는 걸까요?
3. 납치된 세 사람의 표정이 서로 다른 이유는 무엇일까요?

🎯 그림책 BINGO

① 아빠는 출근할 때 어떤 교통수단을 이용하나요?	② 출근하는 아빠를 집어삼킨 것은 무엇인가요?	③ 가방 속에 있던 아빠가 도착한 곳은 어디인가요?
④ 엄마가 매일 아침 □시 정각에 주인공을 깨웁니다.	⑤ 회사 가려고 현관문에 나서는 엄마를 훌러덩 뒤집어씌운 것은 무엇인가요?	⑥ 엄마가 납치되어 간 곳은 어디인가요?
⑦ 9시 30분 주인공은 칠판 앞에서 세상에서 가장 어려운 ㅅㅎ 문제를 풀고 있었습니다.	⑧ 주인공의 머릿속에서 숫자들이 엄청난 속도로 빠져나가게 된 것은 무엇이 끊어졌기 때문인가요?	⑨ 가족들이 납치되어 실컷 놀았지만 ㅂㅇ 없었습니다.

답: ①지하철 ②가방 ③바닷가 ④8 ⑤엄마의 치마 ⑥바닷가 ⑦수학 ⑧머리끈 ⑨별일

👁 해석 및 평가 질문

1. 이 책에 등장하는 가족들의 이름은 아빠 '전일만', 엄마 '나성실', 딸 '전진해'입니다. 이들의 이름에서 알 수 있는 이 가족의 특징은 무엇일까요?

2. 아침 7시 30분, 일해역 3-1 승강장에서 지하철을 기다리던 아빠는 사람들에게 떠밀려 넘어집니다. 그 바람에 지하철도 놓치고 맙니다. 여러분은 아빠의 아침 일상을 보며 어떤 생각이 들었나요?

3. 영문도 모르게 꿀꺽 삼킨 가방에 의해 강제로 기차를 타고 어디론가 가게 되는 아빠는 회사에 가야 한다며 버둥거렸지만, 가방은 들은 척도 하지 않았어요. 여러분은 이 장면을 어떻게 보았나요?

3-1. 가방 때문에 바닷가에 도착한 아빠는 그곳에서 회사도 집도 다 잊고 신나게 놀기로 마음먹습니다. 회사에 가야 한다고 버둥거리던 아빠의 태도가 달라진 이유는 무엇일까요?

4. 아침 8시, 엄마는 주인공을 깨우고 아침을 먹인 뒤 학교에 보낸 후 재빨리 화장을 하고 설거지를 해치운 뒤 회사로 출근합니다. 여러분은 엄마의 아침 일상을 보며 어떤 생각이 들었나요?

4-1. 엄마의 치마는 엄마를 보쌈하듯 싸안고 높이 날아오릅니다. 엄마

는 이러다 지각하겠다며 발버둥을 칩니다. 납치되는 순간에도 엄마가 지각을 걱정하는 이유는 무엇일까요?

5. 9시 30분, 주인공 전진해는 세상에서 가장 큰 칠판 앞에 서서 세상에서 가장 어려운 수학 문제를 풀고 있습니다. 주인공에게 교실 칠판이 세상에서 제일 커 보인 이유는 무엇일까요?

6. 아빠와 엄마는 출근길에, 딸은 수학 문제를 풀다가 갑자기 납치되어 바닷가에서 만나게 됩니다. 주인공의 가족이 '납치'된 이유가 무엇이라고 생각하나요?

7. 이야기는 "그래도 별일 없었어요."라고 끝납니다. 이 말의 의미는 무엇일까요?

ⓖ 적용 질문

1. 이 책에 소개된 아빠 '전일만', 엄마 '나성실', 주인공 '전진해'의 하루처럼 여러분의 일상을 소개해 봅시다.

2. 주인공 전진해는 수학 문제를 푸는 동안 알쏭달쏭한 숫자와 기호 때문에 머리가 터질 것 같습니다. 주인공처럼 어려운 과제를 해결하느라 힘든 적이 있었나요?

2-1. 머릿속에서 빠져나갔으면 하는 것이 있다면 무엇인가요?

3. 아빠는 가방에 들어가고 엄마는 치마에 쌓였으며 주인공은 머리에 바람이 빠지며 바닷가로 가게 됩니다. 여러분이 같은 상황이라면, 어떤 물건이나 방식을 사용하여 바닷가로 가고 싶나요?

4. 만약 여러분과 가족이 책 속 가족처럼 납치되어 일상을 벗어난 곳으로 떠나게 된다면, 어떤 곳에 가고 싶나요? 그곳에서 가족과 무엇을 하고 싶나요?

5. 주인공 가족의 모습은 우리 가족의 모습과 크게 다르지 않습니다. 여러분이 작가가 되어 나와 우리 가족에게 한마디 한다면 어떤 말을 하겠나요?

6. 자녀의 학업 성취를 위해 사교육에 의존하는 가정이 많습니다. 부모는 사교육비를 부담하기 위해 많은 일을 하고, 아이들은 학업 일정으로 바쁩니다. 이렇게 가족이 함께 시간을 보낼 여유가 없어져서 정서적 교류가 단절되기도 합니다. 가족 공동체가 함께하는 삶을 늘리기 위해 우리 사회는 어떤 노력이 필요할까요?

선택 질문

1. 납치당한 아빠, 엄마, 전진해는 아무도 없는 바닷가에서 옷을 훌러덩 벗고 신나게 놉니다. 갑자기 납치되었는데도 불구하고 걱정 없이 노는 등장인물들의 행동에 공감하나요?

   ☐ 공감한다   ☐ 공감하기 어렵다

2. 이 책은 "그래도 별일 없었어요."라는 말로 끝이 납니다. 바닷가에 다녀온 후 정말 별일이 없었을까요?

   ☐ 그렇다   ☐ 아니다

3. 해야 할 일이 잔뜩 쌓여 있는데 갑자기 휴가가 주어진다면 휴가지로 떠나겠나요?

   ☐ 떠난다   ☐ 떠나기 어렵다

4. 바닷가에 다녀온 주인공 가족의 일상에 변화가 생길까요?

   ☐ 변한다   ☐ 변하지 않는다

 그림책 활동 더하기

'우리 가족 납치 사건' 일기 쓰기

'우리 가족 납치 사건'으로 휴가를 얻게 된 주인공의 가족은 바닷가에서 즐거운 시간을 보냅니다. 여러분이 주인공 전진해가 되어 사건이 있던 날 바닷가에서의 일을 그림일기로 써 봅시다.

년 월 일 요일	날씨:
제목: 우리 가족 납치 사건	

잊어버려도
괜찮은 날

『잊어버리는 날』
사라 룬드베리 글·그림, 어린이작가정신

토요일 아침, 엄마는 알마의 생일인 걸 잊었다며 노아의 손을 이끌고 선물을 사러 나갑니다. 생일 선물을 준비하는 동안 노아는 계속해서 실수를 하게 됩니다. 드디어 알마의 집, 엄마는 진짜 놓치고 있는 것이 무엇인지 깨닫게 됩니다. 이 작품은 일상의 자잘한 실수를 통해 멈춤과 휴식의 중요성을 일깨우고, 가족 간 관계 속에서 발견되는 작은 순간들이 삶의 가치를 오롯이 드러낸다는 메시지를 따뜻하게 전합니다.

#실수 #휴식 #관계 #삶의가치

 핵심 질문

> 1. 우리가 잊은 것 중 잊어도 괜찮은 것은 무엇이며, 기억해야 할 것은 무엇인가요?
> 2. 일상의 실수와 건망증을 어떻게 받아들여야 할까요?

📖 배경지식 질문

1. 무엇인가를 까맣게 잊어버린 적이 있나요?
2. 표지 속 두 사람이 손을 마주 잡은 이유는 무엇일까요?
3. 두 사람은 무엇을 잊어버린 걸까요?

🎯 그림책 BINGO

① 바쁠 때 엄마는 □□처럼 불안하게 움직입니다.	② 노아는 알마의 □ 파티에 가고 싶지 않았습니다.	③ 노아가 장난감 가게에 두고 온 것은 무엇인가요?
④ 노아는 알마의 선물로 무엇을 샀나요?	⑤ 노아는 알마의 선물을 어디에 두고 왔나요?	⑥ 알마의 생일 파티는 □□□입니다.
⑦ 생일을 축하하러 온 노아와 엄마는 알마네 가족과 함께 □를 마십니다.	⑧ 노아와 엄마는 □□□인 내일, 아무것도 하지 않기로 합니다.	⑨ 노아가 잃어버린 왕관은 마지막으로 □□들에게 갑니다.

답: ①로봇 ②생일 ③모자 ④왕관 ⑤버스 ⑥다음 주 ⑦차 ⑧일요일 ⑨생쥐

👁 해석 및 평가 질문

1. 노아는 알마의 생일 파티에 가고 싶지 않지만, 엄마에게 솔직하게 말하지 않습니다. 노아는 왜 그런 걸까요?

2. 알마의 생일 파티에 시큰둥한 노아에 비해 엄마는 알마가 무엇을 가지고 싶어 할지 궁금해하며 분주하게 움직입니다. 노아의 엄마는 왜 알마의 생일을 열심히 챙기려는 걸까요?

3. 노아가 버스에 선물을 두고 온 걸 알았을 때, 엄마는 몹시 화가 났지만 참고 "잊어버리자. 이제 생일 파티에 가는 거야!"라고 말합니다. 엄마가 화를 내지 않은 이유는 무엇일까요?

4. 노아는 계속 물건을 깜빡 잊어서 가게에서 재킷과 모자를 두고 오고, 버스에서는 알마의 선물을 놓고 내립니다. 노아가 이런 실수를 반복하는 이유는 무엇일까요?

4-1. 엄마 역시 실수를 해서 알마의 생일이 오늘이라고 착각합니다. 아침부터 서둘러 선물을 샀지만, 사실 생일 파티는 다음 주였습니다. 엄마가 자꾸 착각한 까닭은 무엇일까요?

5. 알마의 생일이 다음 주라는 사실을 알게 된 노아와 엄마는 어떤 기분이었을까요?

6. 잠깐 들어오라는 알마 아빠의 말에 네 사람은 식탁에 둘러앉아 함께 차를 마시게 됩니다. 노아와 엄마, 알마와 아빠는 각자 어떤 생각을 하고 있을까요?

7. 집으로 돌아온 노아와 엄마는 하루 일을 되돌아봅니다. 노아는 자신이 물건을 두고 온 일보다 엄마가 생일을 착각한 것이 더하다며 웃습니다. 그런 노아에게 엄마는, "맞아. 이제 그것도 잊어버리자."라고 말합니다. 엄마는 무엇을 잊어버리고 싶은 걸까요?

8. 일요일인 내일은 잊어버리면 안 되는 게 있는지 묻는 노아에게 엄마는 "중요한 건 없어."라고 말합니다. 엄마가 생각하는 '중요한 것'은 무엇일까요?

8-1. 엄마의 대답을 들은 노아는 "그럼 우리 내일 아무것도 하지 말아요."라고 말합니다. 노아는 왜 이렇게 말했을까요?

9. 시간이 지나고 나서 노아는 '잊어버리는 날'인 오늘을 어떤 날로 기억할까요?

적용 질문

1. 노아는 엄마가 바쁠 때 마치 로봇처럼 불안하게 움직인다고 말합니다. 여러분은 바쁠 때 어떤 모습인가요?

2. 여러분이 노아의 엄마라면, 버스에 선물을 두고 내린 노아에게 뭐라고 말했을 것 같나요?

3. 노아가 알마를 위해 고른 왕관은 알마가 이미 가지고 있는 것이었습니다. 여러분이 다시 선물을 산다면 어떤 것을 고르겠나요?

4. 집으로 돌아온 노아와 엄마는 오늘 있었던 깜빡했던 일들을 잊어버리기로 합니다. 여러분이 최근에 했던 일 중에서 잊어버리고 싶은 일이 있다면 무엇인가요?

5. 하루 종일 실수투성이였던 오늘, 엄마는 집에 돌아오자마자 소파에 널브러져 잠이 듭니다. 두 사람처럼 피곤하고 지친 날에는 어떻게 휴식을 취하나요?

6. 노아가 버스에 두고 온 왕관은 사람들과 동물들을 거쳐 작은 생쥐들에게 닿습니다. 알마에게 주었다면 쓸모없었을 왕관이 생쥐들에게 따뜻한 보금자리가 되어 주죠. 이처럼 처음에는 안 좋은 일이라 생각했지만, 뜻밖에 누군가에게 좋은 일이 되었던 경험이 있나요?

선택 질문

1. 노아는 엄마 손에 이끌려 친하지 않은 친구의 생일 파티에 가게 됩니다. 노아의 행동에 공감하나요?
☐ 공감한다   ☐ 공감하기 어렵다

2. 버스에 탄 후, 엄마는 노아가 가게에 모자를 두고 왔다는 걸 알게 됩니다. 여러분이 엄마라면 모자를 찾으러 다시 버스에서 내릴 건가요?

☐ 내린다   ☐ 내리지 않는다

3. 노아를 본 알마의 표정에서 둘이 서먹한 사이임을 알 수 있어요. 여러분이 노아라면 알마의 표정을 보고도 함께 차를 마시겠나요?

☐ 마신다   ☐ 마시지 않는다

4. 노아는 내일은 잊어버리면 안 되는 게 없는지 엄마에게 한 번 더 묻습니다. 엄마는 중요한 건 없다고 대답합니다. 노아가 생각하는 '잊어버리면 안 되는 일'과 엄마가 말한 '중요한 일'은 같을까요?

☐ 같다   ☐ 다르다

5. 앞으로 노아와 엄마는 친하지 않은 친구의 생일 파티에 또 참석할까요?

☐ 참석한다   ☐ 참석하지 않는다

6. 노아와 엄마 중에서 누구의 실수가 더 크다고 생각하나요?

☐ 엄마   ☐ 노아

7. 크고 작은 실수를 반복했던 오늘, 노아와 엄마의 하루를 여러분은 어떻게 평가할 건가요?

☐ 좋은 하루   ☐ 나쁜 하루

 그림책 활동 더하기

Not To Do 목록 만들기

오늘은 '아무것도 안 하는 날'입니다. 복잡한 일들은 잠시 잊고, 중요한 일들도 잠시 미뤄둔 채 편안하게 휴식을 취해도 좋은 날입니다. 오늘 같은 날 여러분이 가장 잊고 싶은 일은 무엇인가요? '아무것도 안 하는 날'을 위한 오늘의 'Not To Do(하지 말아야 할 일)' 목록을 적어 봅시다.

Not To Do List   **오늘 하지 말아야 할 일**
예) ☐ 핸드폰만 보지 않기
예) ☐ 노트북 켜지 않기
☐
☐
☐
☐
☐
☐
☐
☐
☐

용기가 필요한 순간

『잊었던 용기』
휘리 글·그림, 창비

긴 겨울 방학 후, 인사를 놓친 채 서먹해진 두 아이의 관계가 조금씩 회복되는 과정을 섬세하게 그린 그림책입니다. 학생들이 교실 속에서 자주 마주하는 관계의 어색함과 회복의 순간을 깊이 있게 비춥니다. '먼저 말을 걸지 못하는 이유는 무엇일까?', '용기는 꼭 큰 행동이어야만 할까?'와 같은 질문을 중심으로, 관계 회복, 감정 표현, 갈등 해결에 대해 함께 생각해 볼 수 있습니다. 계절의 흐름을 배경으로 감정을 따라가는 서정적인 그림은 학생들의 정서 이해와 공감 능력을 자연스럽게 키워 줍니다. 교실 속 크고 작은 관계의 고민을 따뜻하게 풀어내기에 알맞은 그림책입니다.

#용기 #친구 #관계 #회복

핵심 질문

> 1. '잊었던 용기'가 필요한 순간은 언제일까요?
> 2. 친구 관계에서 용기는 어떤 힘을 가지고 있을까요?

📖 **배경지식 질문**

1. 친하게 지내던 사람과 멀어진 경험이 있나요? 그 이유는 무엇이었나요?
2. 표지 속 여자아이는 무엇을 하고 있나요?
3. 이 책의 제목인 '잊었던 용기'는 누가 누구에게 내미는 용기일까요?

◎ **그림책 BINGO**

① 이 책에 나오는 두 인물은 서로 무슨 관계인가요?	② 주인공은 친구와 마주쳤는데 왜 눈을 피하고 말았나요?	③ 친구와 한번 놓친 인사는 ㅅㄱ이 갈수록 하기 어려워 결국 인사하지 않는 사이가 되었습니다.
④ 봄꽃이 환하게 필 때 주인공은 친구가 자신에게 먼저 말을 걸어 주어 고마워했다. (O/X)	⑤ 주인공은 친구와 다시 가까워지면 무엇을 하고 싶어했나요?	⑥ 주인공은 용기를 내서 친구에게 무엇을 보냈나요?
⑦ 친구는 답장을 먼저 줘서 고맙다며 다시 만나면 무엇을 하자고 하나요?	⑧ 친구의 엄마는 주인공에게 어떤 아이라고 했나요?	⑨ 다시 만난 주인공과 친구는 서로에게 용기를 내어 ㅅ을 흔들었습니다.

답: ①친구 ②긴 겨울방학으로 어색해져서 ③시간 ④X ⑤손잡고 인사하기, 하루 동안 일어난 일을 다 말하기 ⑥편지 ⑦인사 ⑧용감한 아이 ⑨손

👁 해석 및 평가 질문

1. 겨울방학이 지나고 친구와 마주친 주인공은 눈을 피하고 맙니다. 주인공이 이렇게 행동한 이유는 무엇일까요?

2. 어색해진 친구 사이는 봄꽃이 피기 전까지 계속됩니다. 교실에 앉아 창밖을 응시하는 주인공의 모습에서 느껴지는 감정은 무엇인가요?

3. 주인공은 "나는 친구와 다시 가까워지고 싶어. 손잡고 인사하고 하루 동안 일어난 일을 다 말하고 싶어."라고 말합니다. 자신의 진심을 솔직하게 들여다보는 주인공의 모습이 어떻게 보이나요?

4. 주인공은 자신의 진심을 전하기 위해 편지를 씁니다. 마음을 전하는 도구로 편지를 선택한 이유는 무엇일까요?

4-1. 친구는 답장에서 "우리 엄마가 넌 참 용감한 아이라고 했어."라고 합니다. 친구의 엄마는 왜 이런 말을 했을까요?

5. 한 번의 서먹함을 겪은 후, 주인공과 친구 사이에는 어떤 변화가 생겼을까요?

6. 작가는 멀어진 친구와 다시 가까워지기 위해 애쓰는 주인공의 감정을 맑고 서정적인 수채화풍 그림으로 표현합니다. 이러한 표현 방식이

주인공의 감정을 이해하는 데 어떤 도움을 주었다고 생각하나요?

🎯 적용 질문

1. 주인공은 친구와 다시 가까워질 수 있다면 손을 잡고 인사하며 하루 동안 있었던 일을 모두 나누고 싶어합니다. 지금 곁에 있는 친구와 무엇을 함께하고 싶나요?

2. 주인공은 친구가 먼저 말을 걸어 주기를 기다리지만, 결국 혼자 집으로 돌아와 편지를 씁니다. 여러분이 주인공이라면 친구에게 어떤 내용의 편지를 쓰고 싶나요?

2-1. 편지 대신 마음을 전할 수 있는 다른 방법으로 무엇이 있을까요?

3. 주인공은 보낸 편지의 답장을 매일 기다립니다. 여러분도 주인공처럼 간절히 기다린 것이 있다면 무엇인가요? 어떤 마음으로 기다렸나요?

4. 주인공이 혼자 그네를 탈 때와 친구와 함께 탈 때의 모습을 비교해 봅시다. 두 장면의 공통점과 차이점은 무엇인가요?

5. 주인공이 낸 '용기'는 친구와의 '우정'을 지속시키는 힘이 됩니다. 오

랜 우정을 유지하는 데 가장 중요한 요소가 무엇이라고 생각하나요?

6. 이 책을 읽고 나서 '잊었던 용기'를 내보고 싶은 사람이 떠오른다면, 그 사람은 누구인가요?

7. 디지털 환경에 익숙한 MZ세대는 소셜 미디어와 온라인 커뮤니케이션 도구를 통해 많은 소통을 하지만, 실제 대면 소통의 부족으로 인한 관계 단절이나 피로감을 느끼고 있는 경우가 많습니다. MZ세대가 관계 단절을 극복하려면 어떤 노력이 필요하고, 대면 소통을 활성화하기 위한 방안에는 무엇이 있을까요?

선택 질문

1. 주인공은 겨울방학 후 어색해진 친구가 먼저 말을 걸어 주기를 기다리지만 아무 일도 일어나지 않습니다. 여러분이 주인공이라면 친구에게 먼저 다가가 말을 걸겠나요?
☐ 말을 건다 ☐ 말을 걸기 어렵다

2. 여러분이 친구라면 주인공의 편지를 받겠나요?
☐ 받는다 ☐ 받지 않는다

3. 여러분이 주인공이라면 한때 친했던 친구와 어색해진 관계를 회복

하기 위해 노력하겠나요?

☐ 그렇다   ☐ 아니다

4. 오래된 관계는 익숙함에서 오는 편안함을, 새로운 관계는 새로운 경험의 즐거움을 줍니다. 여러분은 어떤 유형의 관계를 더 선호하나요?

☐ 오래된 관계   ☐ 새로운 관계

 그림책 활동 더하기

용기 만다라트를 채워라!

인생에는 용기가 필요한 순간들이 참 많습니다. 예를 들면, 관계를 회복하기 위해 먼저 사과하기, 혼자 여행을 떠나기, 진로를 새롭게 결정하기, 많은 사람 앞에서 발표하거나 질문하기, 누군가의 부탁을 거절하기 등입니다. 이제 여러분만의 '용기가 필요한 순간'을 떠올려, 만다라트를 채워 봅시다. 가운데 칸에는 여러분이 지금 가장 필요하다고 느끼는 주제인 '용기'를 적고, 주변 8칸에는 그 목표를 이루기 위해 필요한 구체적인 행동이나 아이디어를 적어 보세요. (※만다라트는 생각을 정리하고 목표를 구체화하는 데 도움을 주는 격자 형태 아이디어 도구입니다.)

편지쓰기		인사하기						
	친구							
먼저 다가가 말걸기		웃어 주기						
			친구		부모			
				용기				
			진로		공부			
							공부	

04
사회와 공동체

우리는 가족, 학교, 마을, 나라 등 다양한 공동체 속에서 살아갑니다. 학생들이 사회와 공동체를 탐구하는 과정은 자신이 속한 위치와 역할을 이해하고 배려와 책임의 태도를 기르는 데 중요한 밑거름이 됩니다. 그림책은 이러한 개념을 쉽고 자연스럽게 전달하며 열린 마음과 넓은 시야를 갖도록 도와줍니다. 『아나톨의 작은 냄비』와 『위를 봐요!』는 다름을 포용하는 가치를, 『당신을 측정해 드립니다』와 『루빈스타인은 참 예뻐요』는 평가 중심 사회의 문제와 다양성의 중요성을 전합니다. 『그 소문 들었어?』와 『이파라파냐무냐무』는 정보를 대하는 태도와 편견의 위험성을 일깨웁니다. 그림책은 학생들이 사회와 공동체를 이해하고 더 나은 시민으로 성장할 수 있도록 돕는 소중한 매개체입니다.

관련 교과별 성취 기준
[2바02-01] 공동체에서 내가 할 수 있는 일을 찾아보고 실천한다.
[2바03-04] 공동체 속에서 지속가능성을 위한 삶의 방식을 찾아 실천한다.
[4사09-01] 생활 주변에서 찾을 수 있는 여러 가지 문제를 파악하고, 그 문제를 합리적으로 해결하는 능력을 기른다.
[4도01-04] 다른 사람의 관점을 수용할 수 있는지를 도덕적으로 검토하고 도덕규범을 내면화하여 도덕적으로 행동할 수 있는 자세를 기른다.
[6국06-02] 뉴스 및 각종 정보 매체 자료의 신뢰성을 평가한다.
[6도03-04] 다른 나라 사람들이 처한 여러 가지 상황을 종합적으로 이해하고 해결 방안을 탐구하며 인류애를 기른다.

공주가 독사과를 먹은 이유

『공주를 깨우지 마세요』
다비드 칼리 글, 라파엘르 바르바네그르 그림,
달달북스

사악한 왕비를 피해 숲속 난쟁이네로 몸을 숨긴 백설공주는 과연 행복했을까요? 수동적 이미지였던 공주를 능동적 주체로 재해석한 작품입니다. 성역할 고정관념을 깨고, 가사노동 분담의 불평등을 날카롭게 조명하며, 난쟁이들이 부탁한 '조금의 집안일'이 실은 무거운 책임이었음을 보여 줍니다. 마지막 장면의 "절대로 깨우지 마세요!"라는 메모는 돌봄 노동에 대한 사회적 시선을 돌아보게 합니다. 경쾌한 그림과 유머러스한 이야기를 즐기면서 가정 내 성역할과 불평등 문제를 생각해 볼 수 있습니다.

#성역할 #고정관념 #가사노동 #불평등

 핵심 질문

1. 백설공주의 경험은 우리 사회의 성역할을 어떻게 반영하고 있나요?
2. 가정생활의 역할 분담은 어떻게 이루어져야 할까요?

📖 배경지식 질문

1. 여러분이 알고 있는 『백설공주』는 어떤 이야기인가요?
2. 백설공주가 일흔일곱 명의 난쟁이와 함께 생활하게 된다면 어떤 일이 벌어질까요?
3. 왜 공주를 깨우지 말라고 할까요?

◎ 그림책 BINGO

① 사악한 마녀로부터 도망친 백설공주는 숲속을 헤매다 □□□□ 난쟁이의 집에 오게 됩니다.	② 백설공주는 마녀에게 쫓기는 자신을 받아준 난쟁이를 어떻게 생각했나요?	③ 난쟁이들은 백설공주에게 집에서 편히 쉬면서 □□□만 조금 도와달라고 말합니다.
④ 백설공주는 난쟁이들에게 □□□를 도와달라고 하지만 난쟁이들은 아무도 도와주지 않습니다.	⑤ 백설공주는 난쟁이들이 잠들 때까지 □을 읽어 줍니다.	⑥ 난쟁이의 집에서 끊임없는 집안일에 지친 백설공주는 □□□ □□를 찾아 떠납니다.
⑦ 숲에서 만난 마녀는 백설공주에게 □□□를 권합니다.	⑧ 백설공주가 마녀에게 달라고 한 것은 무엇인가요?	⑨ 깊은 잠에 빠져든 공주의 침대 앞에 어떤 내용의 표지판이 세워져 있었나요?

답: ①일흔일곱 ②착하다, 친절하다 ③집안일 ④설거지 ⑤책 ⑥사악한 마녀 ⑦독사과 ⑧독사과 두 개 ⑨절대로 깨우지 마세요!

👁 해석 및 평가 질문

1. 작가는 왜 기존의 일곱(7) 난쟁이에 숫자 7을 추가해 일흔일곱(77) 난쟁이로 만들었을까요?

2. 난쟁이는 "공주님, 공주님! 우리 집에서 편히 쉬세요. 집안일만 조금 도와주면 돼요."라고 말했지만, 실제로 백설공주는 집안일에 시달리며 편히 쉴 수 없습니다. 여러분은 난쟁이의 말에 어떤 문제가 있다고 보나요?

3. 설거지가 많아진 탓에 백설공주는 난쟁이들에게 "누가 나 좀 도와줄래?"라고 요청하지만, 난쟁이들은 아무도 도와주지 않고 떠납니다. 난쟁이들은 왜 백설공주의 도움 요청을 외면했을까요?

4. 마녀는 백설공주에게 "잘 익은 독사과 하나 맛볼라우?"라고 말하며 독사과인 것을 숨기지 않습니다. 마녀는 왜 백설공주를 속이려고 하지 않았을까요?

4-1. 마녀가 독사과를 권했을 때, 백설공주는 "하나요? 두 개 주세요!"라고 답합니다. 백설공주가 사과를 두 개 달라고 한 이유는 무엇일까요?

5. 이 책 속 백설공주는 원작의 백설공주와 어떤 점이 다르다고 생각하나요?

5-1. 이 책의 제목을 바꾼다면, 어떤 제목이 어울릴까요?

6. 일흔일곱 난쟁이들은 백설공주가 나타나자 집안일을 모두 떠넘기고 도와주지 않습니다. 백설공주가 나타나기 전, 난쟁이들은 집안일을 어떻게 해결했을까요?

7. 만약 백설공주가 난쟁이들의 집에 처음 왔을 때부터 집안일의 부당함을 알렸다면 이후 이야기는 어떻게 되었을까요?

7-1. 만약 백설공주가 도움을 요청했을 때 한 명이라도 도와준 난쟁이가 있었다면 이야기는 어떻게 달라졌을까요?

7-2. 만약 백설공주가 난쟁이 집에서 일한 대가로 급여를 받았다면 이야기는 어떻게 되었을까요?

적용 질문

1. 백설공주는 집안일을 혼자 감당하며 힘들어하는 모습을 보입니다. 이 책을 읽은 후 여러분 주변에 떠오르는 인물이 있나요?

2. 일흔일곱 난쟁이들의 집안일에 지친 백설공주는 결국 난쟁이 집을 떠나 마녀의 독사과를 먹고 잠드는 것을 선택합니다. 여러분이라면 난

쟁이들과의 생활에 지쳤을 때 어떻게 해결하겠나요?

3. 여러분이 백설공주라면 일흔일곱 난쟁이들과 집안일을 어떻게 분담하고 싶나요?

4. 여러분의 가정에서는 집안일을 어떻게 분담하고 있나요? 만약 다시 분담한다면 누가 어떤 역할을 맡는 것이 좋을지 의견을 나눠 봐요.

5. 앤서니 브라운은 1986년 『돼지책』을 통해 가정 내 고정된 성역할 문제를 제기했고, 다비드 칼리는 2015년 새로운 스타일의 백설공주로 성역할 문제를 재조명합니다. 두 책이 시간이 지나도 오늘날 독자들에게 계속 읽히는 이유는 무엇이라 생각하나요?

6. 2023년 통계청 조사에 따르면 우리나라 전업주부 남성이 21만 명을 넘었다고 합니다. 전업주부인 여성과 비교하여 전업주부인 남성에 관해 어떤 시각이나 생각을 가지고 있나요?

6-1. 만약 난쟁이나 백설공주가 이 통계 결과를 알게 된다면, 어떤 반응을 보이거나 말을 했을지 상상해 보세요.

📖 선택 질문

1. 백설공주는 마녀에게 쫓기는 자신을 기꺼이 받아들여 준 난쟁이들을 착하다고 평가합니다. 여러분도 백설공주의 의견에 동의하나요?
   ☐ 동의한다   ☐ 동의하지 않는다

2. 백설공주는 숲에서 독사과를 든 마녀를 만납니다. 여러분이 백설공주라면 독사과를 먹겠나요?
   ☐ 먹는다   ☐ 먹지 않는다

3. 독사과 두 개를 먹은 백설공주는 깊은 잠에 빠집니다. 심지어 왕자님이 나타나 뽀뽀로 깨울까 봐 절대로 깨우지 말라는 메모까지 남깁니다. 이러한 백설공주의 행동에 공감하나요?
   ☐ 공감한다   ☐ 공감하기 어렵다

4. 마녀는 사악하지만 백설공주가 원하는 대로 독사과를 두 개 주어 깊은 잠과 휴식의 시간을 선사합니다. 난쟁이는 백설공주에게 먹을 것과 잠자리를 제공하지만 집안일은 모두 떠넘깁니다. 여러분은 백설공주에게 더 해로운 인물이 누구라고 생각하나요?
   ☐ 마녀   ☐ 난쟁이

5. 여러분이 백설공주라면 둘 중 어떤 선택을 하겠나요?
   ☐ 일흔일곱 난쟁이 집에서 계속 집안일 하기   ☐ 독사과 먹고 평생 잠들기

 그림책 활동 더하기

백설공주 침대 옆 메모 바꾸기

백설공주는 독사과 두 개를 먹고 깊은 잠에 빠집니다. 뽀뽀로 잠을 깨울 멋진 왕자님을 거부하며 "절대로 깨우지 마세요!"라는 메모까지 남깁니다. 여러분이 백설공주라면 침대 옆 메모판에 어떤 메모를 남기고 싶나요? 여러분만의 메모를 상상해 써 봅시다.

가짜 뉴스를
대하는 태도

『그 소문 들었어?』
히야시 기린 글, 쇼노 나오코 그림, 천개의바람

왕이 되고 싶은 금색 사자는 경쟁 상대인 은색 사자에 대한 거짓 소문을 퍼뜨립니다. 동물들은 이 소문을 진실로 받아들이게 되고 금색 사자는 결국 왕이 되지요. 이러한 모습은 현대사회에서 날로 심각해지는 가짜 뉴스 문제와도 닮아 있습니다. 이 책은 정보를 비판적으로 바라보는 태도, 무심코 넘긴 말이 사회에 미치는 영향, 책임 있는 시민으로서의 자세에 대해 이야기 나누기 좋은 책입니다. 질문 수업을 통해 시민성과 미디어 리터러시의 기초를 함께 세워 보세요.

#가짜뉴스 #소문 #진실 #시민성

 핵심 질문

1. 동물들은 왜 소문이 사실인지 확인하지 않았을까요?
2. 소문을 대하는 우리의 태도는 어때야 할까요?

📖 배경지식 질문

1. 지금껏 들은 소문 중 기억에 남는 것이 있나요?
2. "그 소문 들었어?"라는 말은 주로 언제 사용하나요?
3. 표지 속 금색 갈기를 가진 사자는 어떤 인물일까요?

🎯 그림책 BINGO

① 금색 사자는 금색 갈기를 갖고 태어난 자신은 ㅎㄴ이 선택한 존재라고 말합니다.	② 다음 왕을 정하라는 알림문이 뜨자 금색 사자는 어떻게 생각하나요?	③ 금색 사자는 표범에게 은색 사자가 지나가며 자신의 어깨를 치고 때렸다고 □□을 냅니다.
④ 금색 사자에게 착한 일을 □□ 일로 뒤바꾸는 일은 쉬운 일입니다.	⑤ 동물들은 은색 사자를 ㅇㅅ하기 시작합니다.	⑥ 소문을 믿은 다른 동물과 달리 은색 사자에 대한 진실을 바르게 전달하는 동물들은 누구인가요?
⑦ 잘못된 소문에도 은색 사자는 ㅇㅎ는 언젠가 풀린다고 생각합니다.	⑧ 은색 사자가 올빼미의 집을 부쉈다는 소문은 ㅅㅅ로 알려집니다.	⑨ 구름은 누군가에게 유리한 소문은 세상을 바꾸어버릴 수 있기 때문에 몇 번이라도 □□하라고 말합니다.

답: ①하늘 ②자신이야말로 왕이 될 자격이 있다고 생각함 ③소문 ④나쁜 ⑤의심 ⑥올빼미와 작은 새 ⑦오해 ⑧사실 ⑨의심

👁 **해석 및 평가 질문**

1. 금색 사자는 자신이야말로 왕이 될 자격이 있다고 생각합니다. 하지만 동물들은 착하고 힘이 센 은색 사자를 다음 왕으로 떠올립니다. 동물들이 생각하는 '왕의 자격'은 어떤 것일까요?

2. 은색 사자는 온몸이 흙투성이로 덮여도 신경 쓰지 않습니다. 은색 사자는 아픈 친구에게 먹을 것을 가져다주는가 하면, 나무 밑에 떨어진 작은 새를 둥지에 올려다 주었습니다. 은색 사자는 어떤 성격의 인물이라고 생각하나요?

3. 금색 사자의 말을 믿지 않던 동물들은 서서히 은색 사자 이야기를 입방아에 올립니다. 소문이 퍼지자 동물들은 하나둘씩 그를 의심하기 시작합니다. 동물들은 왜 소문이 사실인지 확인하지 않았을까요?

4. 은색 사자를 조심하라는 금색 사자의 문자는 눈 깜짝할 사이에 퍼지고 은색 사자를 둘러싼 소문도 눈덩이처럼 커집니다. 소문은 왜 이렇게 빨리 퍼지고 또 커질까요?

4-1. 금색 사자는 자신의 말을 진실로 믿고 소문을 퍼뜨리는 동물들을 보며 어떤 생각을 할까요?

5. 은색 사자가 올빼미의 집을 부쉈다는 소문은 사실이 되고, 작은 새

를 떨어드리고 움켜쥐려 했다는 거짓말은 진실로 통합니다. 여러분은 '사실'과 '진실'의 차이점이 무엇이라고 생각하나요?

6. 구름은 "소문은 먼저 슬그머니 다가오지만, 진실은 스스로 나서지 않으면 찾을 수 없어."라고 말합니다. 이 말의 의미는 무엇일까요?

7. 왕이 된 금색 사자는 나라를 제멋대로 다스립니다. 엄청난 빚을 져 황금을 사고 사치를 부리거나 전쟁을 벌여 나라를 황폐하게 만듭니다. 이를 본 동물들은 그저 소문을 전했을 뿐인데 "어째서 이 나라는 이렇게 되어 버린 걸까."라며 한탄합니다. 이런 말을 어떻게 생각하나요?

7-1. 만약 은색 사자가 왕이 되었다면, 이 나라는 어떻게 되었을까요?

8. 이 책의 첫 장면에는 새를 켜는 연주자와 첼로를 켜는 연주자가 나란히 그려져 있습니다. 그런데 마지막 장면에는 연주자가 사라지고 새와 첼로만 남습니다. 이 장면들이 의미하는 것은 무엇일까요?

적용 질문

1. 동물들처럼 누군가에게 들은 소문이나 기사 등을 전달한 적이 있나요? 어떤 내용이었나요?

2. 올빼미와 작은 새만이 은색 사자에 대한 진실을 말하지만 아무도 믿어 주지 않습니다. 여러분에게도 진실이 통하지 않아 힘든 적이 있나요?

3. 은색 사자는 자신의 둘러싼 거짓 소문이 나라 전체에 퍼지지만 쓴웃음만 지을 뿐 아무 말도 하지 않습니다. 여러분이 은색 사자라면, 이 상황에서 어떻게 하겠나요?

4. 하얀 구름만이 소문의 진실을 알고 있었습니다. 여러분이 구름이 되어 등장인물 중 한 명을 골라 조언을 들려준다면 누구에게 어떤 말을 하겠나요?

5. 동물들은 나라가 망할 위기에 처하자 비로소 진실을 깨닫게 됩니다. 그렇지만 희망을 잃은 동물들은 나라를 두고 떠나 버립니다. 여러분이 동물들이라면 진실을 깨달은 뒤 어떻게 하겠나요?

6. 나라가 망해버린 데는 여러 가지 이유가 있겠지만 왕이 되어 나라를 제멋대로 다스린 금색 사자의 책임이 큽니다. 여러분은 왕이나 리더가 갖추어야 할 중요한 덕목이 무엇이라 생각하나요?

7. "누군가에게 유리한 소문이 세상을 바꾸어 버릴 때도 있지. 그러니까 몇 번이라도 확인해야 해."라고 구름이 말합니다. 가짜 뉴스가 소셜 미디어와 각종 온라인 플랫폼을 통해 퍼져 나가며 사회적 갈등을 야기하

는 요즘, 구름의 말이 우리에게 시사하는 바는 무엇일까요?

선택 질문

1. 여러분이 동물들이라면, 은색 사자에 대한 소문을 믿을까요?
□ 믿는다 □ 믿지 않는다

2. 올빼미와 작은 새는 거짓 소문을 그대로 믿은 동물들에게 은색 사자에 관한 진실을 이야기합니다. 여러분이라면 거짓 소문을 믿는 다수를 대상으로 진실을 이야기할 수 있나요?
□ 할 수 있다 □ 하기 어렵다

3. 은색 사자는 자신에 대한 거짓 소문을 듣고도 오해는 언젠가 풀릴 것이라 생각합니다. 이런 은색 사자의 생각에 공감하나요?
□ 공감한다 □ 공감하기 어렵다

4. 나라가 황폐해진 이유는 금색 사자만의 잘못 때문일까요? 여러분은 누구의 잘못이 가장 크다고 생각하나요?
□ 거짓 소문을 퍼뜨린 금색 사자
□ 거짓 소문을 믿은 동물들
□ 거짓 소문에 대한 진실을 밝히려 노력하지 않는 은색 사자

 그림책 활동 더하기

가짜 소문 방지 픽토그램 만들기

새로운 나라로 간 동물들은 다시는 확인되지 않은 소문을 퍼뜨리거나 가짜 소문에 속지 않겠다고 다짐합니다. 그리고 가짜 소문 방지를 위한 픽토그램을 만들어 나라 곳곳에 붙이기로 합니다. 여러분이 동물이 되어 가짜 소문(뉴스) 방지 픽토그램을 직접 제작해 봅시다. (※픽토그램: 말하고자 하는 내용을 누구나 알아보기 쉽게 단순화하여 나타낸 그림)

픽토그램 예:

우리에게 여전히 희망이 남아 있다면?

『그들은 결국 브레멘에 가지 못했다』
루리 글·그림, 비룡소

나이가 많은 당나귀 씨, 직장이 이사 가버린 바둑이 씨, 험상궂은 얼굴의 야옹이 씨, 좌판대의 꼬꼬댁 씨는 열심히 일을 했지만 쫓겨납니다. 우연히 길을 함께 걷게 된 이들은 빈집에 머물던 도둑들을 만나 각자의 사연을 이야기합니다. 도둑들은 이야기를 듣더니 "열심히 살아도 소용없네."라고 말하죠. 이들이 힘을 합쳐 저녁밥을 만들고 함께 먹는 모습을 통해 이 책은 "브레멘에 가지 못해도 지금이 행복하다면 괜찮다."라는 어두운 현실 속 따뜻한 희망의 메시지를 전합니다. 이 책을 존엄, 평등, 인권 관련 수업에서 활용하면 결과 중심 사회에서 우리가 놓치기 쉬운 '과정'의 중요함이나 '희망'의 가치를 아이들과 나눌 수 있습니다.

#꿈 #위로 #공감 #현실

 핵심 질문

> 1. 열심히 살았는데도 소용없는 이유는 무엇일까요?
> 2. 그들이 브레멘에 가지 못했지만 행복해 보이는 이유는 무엇일까요?

📖 배경지식 질문

1. '브레멘 음악대' 이야기를 들어본 적 있나요?
2. 표지 속 동물들은 각기 다른 장소에 앉아 같은 곳을 응시하고 있습니다. 그곳은 어디일까요?
3. 브레멘은 어떤 곳일까요? 그들이 결국 브레멘에 가지 못한 이유는 무엇일까요?

🎯 그림책 BINGO

① 당나귀 씨가 택시 회사에서 해고된 이유는 □□가 많아서입니다.	② 바둑이 씨는 가게 주인이 □□를 가게 되면서 일자리를 잃게 됩니다.	③ 야옹이 씨가 아르바이트하던 곳은 어디인가요?
④ 꼬꼬댁 씨는 길거리에서 □□를 팔다 쫓겨납니다.	⑤ 당나귀, 바둑이, 야옹이, 꼬꼬댁 씨가 우연히 만난 곳은 어디인가요?	⑥ 도둑들에게 "멍청하니 공부해라.", "늙었으니 나가라."라고 말한 사람은 누구인가요?
⑦ 도둑들은 동물들의 사연을 듣고는 "열심히 살아도 □□□□"라고 이야기합니다.	⑧ 동물들과 도둑들이 함께 만들어 먹은 음식은 무엇인가요?	⑨ 동물들과 도둑들이 함께 상상한 가게 이름은 무엇인가요?

답: ①나이 ②이사 ③편의점 ④두부 ⑤지하철 ⑥보스 ⑦소용없네 ⑧김치찌개 ⑨오늘도 멋찌개

👁 해석 및 평가 질문

1. 모범 운전수였던 당나귀 씨가 나이가 많다는 이유로 택시 회사에서 해고당합니다. "무슨 말인지 이해하시죠?"라며 해고를 통보하는 사장과 마주 앉은 당나귀 씨의 모습이 어떻게 보이나요?

2. 식당 주인의 이사로 인해 일자리를 잃은 바둑이 씨, 식당 주인은 왜 바둑이 씨와 함께 갈 수 없었을까요?

3. 편의점 아르바이트를 하던 야옹이 씨는 "그런 얼굴로 손님들 다 쫓아 버리려면 당장 그만둬!"라는 말과 함께 해고당합니다. 여기서 '그런 얼굴'은 어떤 얼굴을 의미한다고 생각하나요?

4. 당나귀, 바둑이, 야옹이, 꼬꼬댁 씨는 일자리를 잃고도 왜 저항하거나 이의를 제기하지 않았을까요?

5. 지하철에서 다른 사람들이 모두 내린 후 남은 네 동물의 뒷모습에서는 어떤 감정이 느껴지나요?

6. 동물들은 함께 전철을 타고 같은 역에서 내려 걷기 시작합니다. 서로 약속하지 않았는데도 모이게 된 이유는 무엇일까요?

7. 멍청하고, 너무 늙어서 못된 짓도 어렵게 된 도둑들은 "열심히 살결

그랬네."라며 후회합니다. 도둑들에게 '열심히 산다'는 것은 어떤 의미일까요?

7-1. 동물들의 삶과 도둑들의 삶의 공통점과 차이점은 무엇이라고 생각하나요?

8. 동물들과 도둑들은 남은 하나뿐인 재료와 식기를 모아 김치찌개를 끓입니다. 그들에게 이 김치찌개는 어떤 의미를 지니고 있을까요?

9. 함께 저녁을 먹던 도둑과 동물들은 "만약에 말이야, 그러니까 아주 만약에……"라고 말합니다. 그 뒤에 어떤 말이 이어질 것 같나요?

10. 앞면지는 흑백으로, 뒷면지는 형형색색의 색으로 채워집니다. 또한 동물들과 도둑들의 삶의 모습도 달라 보입니다. 앞면지와 뒷면지에서 인물들의 삶은 어떻게 달라졌다고 생각하나요?

11. 원작 『브레멘 음악대』에서는 늙고 쓸모없어진 동물들이 자유의 땅 브레멘에서 음악대를 만들기 위해 떠납니다. 그런데 이 책에서는 브레멘이 도시에서 겨우 500m 떨어져 있습니다. 동물들과 도둑들이 브레멘에 가길 원했다면, 그곳에서 꿈꾸던 삶은 무엇이었을까요?

11-1. 걸어서 몇 분이면 도착할 브레멘을 가까이 두고도 결국 도시에

머무르며 새로운 시작을 꿈꾸는 이유는 무엇일까요?

적용 질문

1. 동물들처럼 아무리 열심히 해도 결과가 좋지 않았던 경험이 있나요?

2. 여러분이 고용복지센터 직원이 되어 모범 택시 운전수 당나귀 씨, 식당에서 일하던 바둑이 씨, 계산 일을 했던 야옹이 씨, 두부를 팔던 꼬꼬댁 씨에게 새로운 일자리를 제안한다면, 어떤 일을 추천하겠나요?

3. 도둑들은 "열심히 살걸 그랬네."에서 "열심히 살아도 소용없네."로 생각을 바꿉니다. 열심히 하지 못해 후회한 경험이 있거나, 열심히 살아도 소용없다고 느낀 적이 있나요?

3-1. 여러분에게 '열심히'란 어떤 의미인가요?

3-2. 여러분이 동물들과 도둑들에게 충고할 기회가 생긴다면, 어떤 말을 해주고 싶나요?

4. 동물들과 도둑들이 함께 김치찌개를 만들어 먹으며 "오늘도 멋찌개"라는 가게를 상상합니다. 만약 여러분이 식당을 차린다면, 어떤 이름을 짓고 싶은가요?

5. 당나귀, 바둑이, 야옹이, 꼬꼬댁 씨는 오늘날 우리 사회의 누군가입니다. 여러분은 동물들을 보고 우리 사회 속 어떤 사람들이 떠오르나요?

5-1. 본인의 의지가 아닌 다른 이유로 일자리를 잃어버린 동물들의 문제를 우리 사회는 어떻게 해결할 수 있을까요?

6. 장기간 경기 침체로 청년 실업률과 자영업자의 폐업이 늘어나고 있습니다. 당나귀, 바둑이, 야옹이, 꼬꼬댁 씨의 모습이 낯설지 않은 이유입니다. 불황 속 서민들의 삶은 탈출구가 없어 보입니다. 이런 사람들에게 '브레멘'이 희망이 되어 줄 수 있을까요? 여러분이 꿈꾸는 브레멘은 어떤 곳인가요?

선택 질문

1. 당나귀 씨는 모범 택시 운전수임에도 나이가 많다는 이유로 해고당합니다. 여러분은 그 해고 사유가 타당하다고 생각하나요?
☐ 타당하다　☐ 타당하지 않다

2. 야옹이 씨는 "그런 얼굴로 손님들 다 쫓아 버리려면 당장 그만둬!"라는 말과 함께 해고당합니다. 여러분은 편의점에서 일할 때 외모가 중요하다고 보나요?
☐ 중요하다　☐ 중요하지 않다

3. 거리에서 두부 등을 판매하는 꼬꼬댁 씨와 같은 행위를 금지하는 것이 옳다고 생각하나요?

☐ 옳다   ☐ 옳지 않다

4. 당나귀, 바둑이, 야옹이, 꼬꼬댁 씨가 일자리를 잃은 이유 중 여러분이 가장 공감하기 어려운 이유는 무엇인가요?

☐ 나이가 많아서   ☐ 식당 주인의 이사로 인해
☐ 얼굴이 험상궂어서   ☐ 길거리 판매로 인하여

5. 만약 여러분이 가게 사장이라면, 당나귀, 바둑이, 야옹이, 꼬꼬댁 씨 중 누구를 채용하겠나요?

☐ 당나귀 씨   ☐ 바둑이 씨   ☐ 야옹이 씨   ☐ 꼬꼬댁 씨

6. 도둑은 "당신들은 열심히 살았는데도 할 일이 없어졌다는 거예요? 열심히 살아도 소용없네."라고 말합니다. 여러분은 이 말에 공감하나요?

☐ 공감한다   ☐ 공감하기 어렵다

7. 여러분이 동물들의 입장이라면, 도둑들과 함께 가게를 차리겠나요?

☐ 차린다   ☐ 차리지 않는다

 그림책 활동 더하기

'오늘도 멋찌개' 식당 메뉴 만들기

동물들과 도둑들이 함께 꿈꾸었던 '오늘도 멋찌개' 식당이 드디어 문을 엽니다. 그들의 상상 속 식당 모습을 떠올리며 식당을 홍보하는 광고지를 만들어 봅시다. (※메뉴명, 메뉴 그림, 가격, 광고 문구 등을 포함하여 만듭니다.)

측정이 불러온
비교와 차별

『당신을 측정해 드립니다』
권정민 글·그림, 사계절

기초 측정, 심화 측정, 종합 측정을 통해 고양이들의 가치와 서열이 정해지는 세상이 있습니다. SNS를 통해 끊임없이 비교하며 자신의 위치를 확인하는 고양이들의 모습에서 현대 사회를 살아가는 우리의 모습이 보입니다. 이 책은 우리가 일상에서 자연스럽게 받아들이는 측정과 비교의 행위에 의문을 던지며, 그로 인해 생기는 차별과 불평등을 날카롭게 짚어 냅니다. 상징적인 장면과 풍자적 표현을 통해 '평가받는 존재로 살아가는 삶'에 대해 비판적으로 성찰하고, 개인의 고유함과 존엄성에 대해 이야기 나누기 좋은 그림책입니다.

#측정 #비교 #불평등 #차별

 핵심 질문

> 1. 측정은 당신이 누구인지 설명할 수 있는 방법이 될까요?
> 2. 지나친 측정이 우리 삶에 미치는 영향은 무엇일까요?

📖 배경지식 질문

1. '측정' 하면 무엇이 떠오르나요?
2. 측정하고 싶은 것이 있다면 무엇인가요?
3. 표지 속 고양이들은 무엇을 측정하는 걸까요?

🎯 그림책 BINGO

① 일정한 기준을 가지고 대상의 양이나 속성을 수치화하는 작업을 ㅊㅈ이라고 합니다.	② 신체의 각 부분과 기능을 측정하여 생물학적 특징을 파악하는 측정은 무엇인가요?	③ 기초 측정에는 어떤 것이 있나요? 2가지 말해 보세요.
④ 고양이들에게 '시력은 곧 ㅅㅈㄹ'이다.	⑤ 고양이의 □□은 앞으로 삶에 지대한 영향을 미칩니다.	⑥ "측정할 수 있는 것은 모두 측정하고 측정할 수 없는 것은 측정할 수 있게 하자"라고 말한 사람은 누구인가요?
⑦ 체력, 순발력, 지구력, 집중력, 어휘력 등의 능력을 재는 측정은 무엇인가요?	⑧ 늦은 밤 흰 고양이가 눈을 부릅뜨고 공부하는 모습에서 측정할 수 있는 것은 ㅈㅈㄹ과 ㅇㄴㄹ이다.	⑨ 온라인상에서 이용자들의 일상을 보고 '좋아요'나 ♥로 관심을 표시하는 서비스를 무엇이라고 하나요?

답: ①측정 ②기초 측정 ③무게, 높이, 부피, 시력, 두개골 크기, 피, 색깔 ④생존력 ⑤색깔 ⑥갈릴레오 갈릴레이 ⑦심화 측정 ⑧집중력, 인내력 ⑨SNS

👁 해석 및 평가 질문

1. 앞 면지의 측정 도구 중 여러분에게 익숙한 도구 혹은 낯선 도구가 있다면 무엇인가요?

2. 기초 측정에는 높이, 부피, 시력, 두개골 크기, 피, 색깔이 있습니다. 그중 색깔이 앞으로의 삶에 지대한 영향을 미친다고 한 이유는 무엇일까요?

2-1. 피검사는 어떤 조상의 피가 흐르는지 알아보고 쓸모를 판단하기 위함입니다. 조상의 피로 어떤 쓸모를 판단할 수 있을까요?

3. 모든 수단과 방법을 동원해 사다리를 타고 올라가려는 고양이들에게 서로 다른 사다리가 주어진 이유는 무엇일까요?

3-1. 서로 다른 사다리가 주어졌음에도 불구하고 그것에 오르려는 이유는 무엇일까요?

3-2. 이 장면에서 어떤 고양이가 가장 인상적인가요? 그 이유는 무엇인가요?

4. 간격이 넓은 사다리를 오르다 떨어진 고양이에게 다시 일어설 힘을 측정하는 것에 대해 어떻게 생각하나요?

5. 모두가 학사모를 쓰고 무사히 졸업하는 가운데 한 고양이만 그렇지 못합니다. 그 이유는 무엇일까요?

5-1. 학사모를 쓴 것과 자신을 증명하는 것은 어떤 상관관계가 있을까요?

6. 심화 측정이 더 정밀하고 체계적인 방법으로 능력을 측정한다고 하지만 측정에 있어 동일한 조건이 주어지지 않는 듯 보입니다. 이런 식의 심화 측정은 왜 하는 걸까요?

7. 작가는 "지나친 측정이 정신 건강에 미치는 영향을 잊지 마세요. 때로는 삶의 기쁨을 빼앗아 간다는 사실도요."라고 말합니다. 지나친 측정이 정신 건강에 어떤 영향을 미친다고 생각하나요?

ⓒ 적용 질문

1. 고양이들을 코의 길이와 너비로 성격 유형을 구분하는 것처럼 인간 역시 관상(꼴)으로 성격이나 미래를 예측하는 경우가 있습니다. 이와 같은 경험을 해본 적 있나요?

2. 여러분을 측정한다고 했을 때, 가장 자신 있는 것은 무엇인가요? 반대로 자신 없는 것은 무엇인가요?

3. 종합 측정은 누가 시키지 않아도, 별다른 도구 없이도, 눈에 보이지 않는 것까지 측정하는 것입니다. 예를 들면, 근무시간, 식사 시간, 소파 사용 시간 등이 있지요. 이런 식으로 측정해 본 것이 있나요?

4. 여러분은 누군가에게 무엇을 가장 많이 측정 당하고 있으며, 그때 어떤 기분이 들었나요?

5. 고양이들은 잠자리에 누워 핸드폰으로 통장 잔고, 쇼핑몰 할인율, 집값 변동률, 타인의 불행, 나의 영향력, 타인의 도덕성 등을 측정하고 확인하는 모습을 보입니다. 여러분이 휴대폰을 통해 가장 많이 하는 측정은 무엇인가요?

6. 측정을 통한 분석 이외에 나를 탐구하고 나의 의미를 찾는 방법에는 무엇이 있을까요?

7. 우리 사회는 계층 사다리를 통해 개인 혹은 집단의 사회적 위치를 변화시켜 왔습니다. 특히 교육은 계층 이동의 주요 수단으로 여겨지며 한국 사회의 높은 교육열을 견인해 왔습니다. 하지만 소득 격차에 따른 교육비 양극화는 계층 간 불평등을 심화시키거나 계층 간 장벽이 되고 있습니다. 여러분은 교육이 계층 이동 사다리로서의 가능성을 여전히 가지고 있다고 생각하나요?

8. 우리 사회 계층 사다리가 잘 작동되고 누구나 오를 수 있는 기반이 마련되려면 어떤 제도가 뒷받침되어야 할까요?

 **선택 질문**

1. 갈릴레오 갈릴레이는 "측정할 수 있는 것은 모두 측정하고 측정할 수 없는 것은 측정할 수 있게 하자"라는 말을 통해 무엇이든 측정하고 분석하는 방법을 찾으려는 과학적 접근의 중요성을 이야기합니다. 이 말에 동의하나요?
☐ 동의한다   ☐ 동의하지 않는다

2. 작가는 이 책의 '머리말'과 '꼬리말'에서 측정이 자신을 밝히고, 측정의 결과를 통해 자신을 설명할 수 있을 것이라 말합니다. 여러분은 이런 말에 공감하나요?
☐ 공감한다   ☐ 공감하기 어렵다

3. 정해진 시간 안에 정답을 고르는 능력은 우리를 끝까지 따라다닙니다. 여러분은 정해진 시간 안에 정답을 고르는 능력이 중요하다고 생각하나요?
☐ 그렇다   ☐ 아니다

4. '심화 측정'을 통해 체력, 순발력, 지구력, 집중력, 사고력, 어휘력 등

의 능력을 측정합니다. 여러분의 삶에서 어떤 능력이 가장 필요하거나 중요하다고 생각되나요?

☐ 체력   ☐ 순발력   ☐ 지구력
☐ 집중력   ☐ 사고력   ☐ 어휘력

5. 타인이 나를 측정(타인에 의한 측정)하는 것과 내가 나를 측정(자신에 의한 측정)하는 것 중 어느 것이 여러분의 삶에 더 큰 영향을 미친다고 생각하나요?

☐ 타인이 나를 측정하는 것
☐ 내가 나를 측정하는 것

6. 우리는 자신의 도덕성과 타인(공인이나 연예인 등)의 도덕성을 판단할 때 다른 기준을 사용하기도 합니다. 여러분은 도덕성 측정 기준이 사람에 따라 달라야 한다고 생각하나요?

☐ 그렇다   ☐ 아니다

7. 측정이 여러분을 증명할 수 있다고 생각하나요?

☐ 그렇다   ☐ 아니다

 그림책 활동 더하기

삶의 만족도 체크리스트

여러분은 현재 삶에 만족하면서 살고 있나요? 여러분 스스로 삶의 만족도를 측정한다면, 1부터 10까지의 숫자 중 얼마로 표현할 수 있을까요? 삶의 만족도가 얼마인지 체크리스트에 표시하고, 그 이유를 아래 표에 적어 봅시다. 삶의 만족도를 지금보다 더 높일 수 있는 방법도 적어 봅시다.

〈삶의 만족도 체크리스트〉

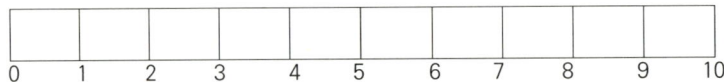

현재 삶의 만족도는 ( )점이다. 그 이유는	삶의 만족도를 높일 수 있는 방법은

진정한 아름다움이란?

『루빈스타인은 참 예뻐요』
펩 몬세라트 글·그림, 북극곰

루빈스타인은 참 예쁩니다. 하지만 사람들은 그녀의 덥수룩한 수염에만 시선을 두고, 그녀가 가진 다른 아름다움을 보지 못합니다. 이 책은 우리 사회가 가진 외모에 대한 고정관념을 돌아보게 하고, 좀 더 포용적인 시각으로 세상을 바라볼 수 있도록 돕습니다. 이 책을 활용한 질문 수업은 아이들이 자기 자신은 물론 타인의 존재 또한 있는 그대로 존중하고, 외모에 가려진 내면의 아름다움을 발견할 수 있도록 도와줄 것입니다.

#고정관념 #아름다움 #외모 #나다움

 핵심 질문

1. 루빈스타인이 참 예쁜 이유는 무엇인가요?
2. 사람들이 가진 '진짜 아름다움'은 무엇이라고 생각하나요?

📖 배경지식 질문

1. 여러분이 생각하는 예쁜 사람은 어떤 사람인가요?
2. 루빈스타인이 부채로 얼굴을 가리고 있는 이유는 무엇일까요?
3. 이 책의 제목은 '루빈스타인은 참 예뻐요'입니다. 표지 속 루빈스타인의 모습에서 어떤 점이 가장 예쁘다고 생각하나요?

🎯 그림책 BINGO

① 루빈스타인은 예쁘지만 사람들은 □□만 봅니다.	② 루빈스타인은 발리우스 □□□에서 가장 유명한 출연자입니다.	③ 루빈스타인이 얼굴을 가릴 때 사용한 것은 무엇인가요?
④ 서커스가 쉬는 날 루빈스타인이 간 곳은 어디인가요?	⑤ 파블로프는 참 멋지지만 아무도 모르는 이유는 무엇일까요?	⑥ 파블로프가 루빈스타인을 처음 만났을 때 그녀는 비둘기에게 □□를 주고 있었습니다.
⑦ 이 책은 검은색과 □□색의 대비가 강렬한 인상을 줍니다.	⑧ 파블로프와 루빈스타인은 서로의 눈을 통해 □□을 봅니다.	⑨ 작가는 "특별한 □□을 가진 모든 사람들에게 이 책을 바칩니다."라고 말합니다.

답: ①수염 ②서커스 ③부채 ④공원 ⑤긴 코 때문에 ⑥먹이 ⑦빨간 ⑧마음 ⑨매력

👁 해석 및 평가 질문

1. 이 책은 "루빈스타인은 참 예뻐요."라는 말과 함께 부채로 반쯤 가린 그녀의 얼굴이 등장합니다. 그녀의 얼굴을 처음부터 모두 보여 주지 않는 이유는 무엇일까요?

1-1. 루빈스타인의 얼굴을 서서히 드러내는 책의 구성이 그녀를 바라보는 독자의 시선에 어떤 영향을 줄까요?

1-2. 루빈스타인이 가진 다른 아름다움을 알아차리지 못하는 사람들의 모습을 어떻게 생각하나요?

2. 공원에서 루빈스타인을 만난 파블로프는 그녀에게 반합니다. 루빈스타인 역시 마찬가지입니다. 여러분은 그들이 서로에게 반한 결정적인 이유가 무엇이라 생각하나요?

3. 루빈스타인과 파블로프는 서로의 눈을 마주 봅니다. 그런데 두 사람이 보고 있는 건 서로의 마음이라고 말합니다. '마음으로 서로를 본다'는 것은 어떤 의미일까요?

4. 루빈스타인은 수염을 향한 사람들의 놀란 시선을 느끼면서도 그것을 감추려 하지 않습니다. 수염을 깎거나 없애 버릴 생각 역시 없는 듯 보입니다. 루빈스타인이 이렇게 행동하는 이유는 무엇일까요?

5. 사실 루빈스타인은 예쁜 점이 참 많습니다. 여러분은 루빈스타인의 어떤 점이 가장 예쁘다고 생각하나요?

6. 작가는 "특별한 매력을 가진 모든 사람들에게 이 책을 바칩니다."라고 말합니다. 작가가 말하는 '특별한 매력'이란 무엇을 의미하는 것일까요?

7. '예쁘다'는 주로 생김새가 아름다워 눈으로 보기에 좋을 때 쓰는 말입니다. 한편 '아름답다'는 말은 외모뿐만 아니라 행동이나 마음씨까지 포함하여 훌륭하고 조화로울 때 사용합니다. 이 책이 전하고자 하는 메시지를 생각할 때, 이 책의 제목이 '루빈스타인은 참 아름다워요'가 아닌 '루빈스타인은 참 예뻐요'인 이유는 무엇일까요?

적용 질문

1. 루빈스타인은 얼굴에 덥수룩한 수염이 난 여인입니다. 만약 여러분이 루빈스타인을 만난다면, 어떻게 반응하겠나요?

1-1. 여러분에게도 루빈스타인의 '수염'과 같은 것이 있다면 무엇인가요?

2. 여러분은 눈에 보이는 외모와 상관없이 아름답거나 멋지게 보이는

사람을 만난 적이 있나요? 어떤 점이 그렇게 보였나요?

3. 여러분만의 특별한 매력은 무엇인가요? '나는 참 예뻐요. 왜냐하면…….'이라는 형태로 여러분이 가진 매력을 소개한다면 어떻게 표현하고 싶나요?

4. 요즘 사람들은 외모도 경쟁력이라고 말하며 성형이나 피부 관리에 많은 투자를 합니다. 이러한 현상은 갈수록 심화되어 외모 지상주의로 흐르기도 하는데, 이를 완화시킬 수 있는 방안이 있다면 무엇일까요?

선택 질문

1. 루빈스타인은 참 예쁘지만 아무도 그 사실을 모릅니다. 여러분이라면 루빈스타인의 아름다움을 알아볼 수 있을까요?
☐ 알아본다 ☐ 알아보기 어렵다

2. 여러분이 루빈스타인이라면, 사람들의 주목을 받는 덥수룩한 수염을 깎겠나요?
☐ 깎는다 ☐ 깎지 않는다

3. 루빈스타인과 파블로프는 처음 본 순간 서로 사랑에 빠집니다. 여러분은 말없이 서로 바라보는 것으로 상대방의 마음까지 볼 수 있다는

것에 공감하나요?

☐ 공감한다　☐ 공감하기 어렵다

4. 여러분이라면 코끼리 코를 가졌지만 다른 매력을 많이 가진 파블로프에게 반할 수 있을까요?

☐ 반한다　☐ 반하기 어렵다

5. 루빈스타인과 파블로프는 마음의 눈으로 서로가 가진 아름다움을 발견하고 사랑에 빠집니다. 만약 루빈스타인에게 수염이 없었다거나, 파블로프가 코끼리처럼 긴 코를 가지지 않았다면, 서로의 특별한 아름다움을 한순간에 발견할 수 있었을까요?

☐ 그렇다　☐ 아니다

 그림책 활동 더하기

주변 사람들의 매력 찾아 주기

자기 자신 또는 주변 사람들을 떠올려 보고 그 사람만이 가진 매력이나 아름다움을 찾아 아래 사람 모형 그림 안에 써 봅시다. 겉모습뿐 아니라 '친절함', '재치', '창의성' 등과 같이 겉으로 쉽게 볼 수 없는 면까지 생각하여 써 주세요.

나의 냄비와 공존하는 법

『…아나톨의 작은 냄비』
이자벨 카리에 글·그림, 씨드북

남들과 조금 다른 특별함을 지닌 아이 아나톨이 늘 끌고 다니는 '작은 냄비'를 통해 장애, 다양성, 공감의 가치를 섬세하게 전합니다. 빨간 냄비는 아나톨의 '단점'이자 세상과의 차이를 상징합니다. 그로 인해 아나톨은 사람들과 멀어지고 위축되어 결국 자신을 숨기게 됩니다. 그러나 한 사람의 따뜻한 시선과 이해 덕분에 그는 냄비의 숨은 가능성을 발견하고, 자신만의 재능을 펼치게 됩니다. 이 책은 다름이 이해와 존중을 통해 빛날 수 있는 소중한 부분임을 말해 줍니다.

#장애 #다양성 #공감 #자기이해

 핵심 질문

> 1. '평범하지 않은 사람'이란 어떤 사람일까요?
> 2. 자신의 냄비와 함께 살아가는 방법을 배우는 것은 왜 중요할까요?

📖 배경지식 질문

1. 만약 냄비를 끌고 다니는 사람을 본다면 어떤 생각이 들까요?
2. 아나톨은 왜 냄비를 끌고 다닐까요?
3. 표지 속 아나톨은 어떤 기분일까요? 왜 그렇게 느꼈나요?

🎯 그림책 BINGO

① 어느 날 갑자기 아나톨의 머리 위로 떨어진 것은 무엇인가요?	② 아나톨은 ㅅㄹ이 많이 필요한 아이예요.	③ 아나톨은 □□을 잘 그리며 □□을 사랑하는 아이랍니다.
④ 아나톨이 앞으로 나아갈 때 냄비는 ㄱㄹㄷ이 됩니다.	⑤ 아나톨이 ㅍㅂㅎ 아이가 되려면 남들보다 두 배나 더 노력해야 합니다.	⑥ 아나톨은 냄비를 없애기 위해 노력했지만, 떨어지지 않자 어떻게 했나요?
⑦ 아나톨이 냄비를 가지고 살아가는 방법을 알려준 사람은 누구인가요?	⑧ 아나톨은 재능이 많은 아이입니다. (O/X)	⑨ 아나톨이 냄비를 잘 다루게 된 이유는 ㄱㅂ에 넣고 다니기 때문입니다.

답: ①냄비 ②사랑 ③그림, 음악 ④걸림돌 ⑤평범한 ⑥숨어버림 ⑦평범하지 않은 사람 ⑧◯ ⑨가방

👁 해석 및 평가 질문

1. 어느 날 머리 위로 떨어진 냄비로 인해 아나톨은 평범한 아이가 될 수 없었습니다. 냄비가 무엇이길래 아나톨은 평범한 아이가 될 수 없었을까요?

1-1. 여러분이 생각하는 '평범함'은 어떤 모습인가요?

2. 아나톨은 사랑이 많이 필요한 아이지만 사람들은 가끔 그의 행동을 불편하게 여기기도 합니다. 왜 그런 걸까요?

2-1. 아나톨은 상냥하고 재주도 많은 아이지만 사람들은 그의 냄비만 쳐다봅니다. 사람들은 왜 아나톨의 이런 좋은 점은 보지 못할까요?

2-2. 사람들이 자신의 냄비를 이상하고 무섭게 여길 때 아나톨은 어떤 마음이었을까요?

3. 아나톨의 냄비는 그가 앞으로 나아가는 데 걸림돌이 됩니다. 아나톨이 냄비 때문에 겪는 어려움에는 어떤 것들이 있을까요?

3-1. 아나톨의 진짜 걸림돌은 무엇이라고 생각하나요?

4. 평범한 아이가 되기 위해 두 배로 노력하는 아나톨은, 생각대로 되

지 않으면 화를 내고 소리를 지르며 친구들을 때리기도 합니다. 여러분은 이런 아나톨의 행동을 어떻게 생각하나요?

4-1. 냄비 때문에 아무것도 할 수 없었던 아나톨은 결국 숨어 버립니다. 그리고 사람들은 그런 아나톨을 조금씩 잊어버립니다. 아나톨은 왜 이렇게까지 숨어야 했을까요?

5. 냄비 안에 숨어 버린 아나톨은 평범하지 않은 사람을 만나자 냄비를 벗어 버리고 싶어집니다. 아나톨은 왜 냄비를 벗어 버리고 싶다고 느꼈을까요?

5-1. 숨어 버린 아나톨을 찾아준 사람은 평범하지 않은 사람이라고 표현됩니다. 이 사람은 어떤 점에서 평범하지 않은 걸까요?

5-2. 평범하지 않은 사람이 아나톨을 대하는 방식에서 가장 인상 깊었던 점은 무엇인가요?

5-3. 평범하지 않은 사람을 만나기 전과 후, 아나톨의 마음에는 어떤 변화가 생겼을까요?

6. 아나톨의 작은 냄비는 여전히 달그락 소리를 내지만 가방으로 인해 이제는 잘 보이지 않고 어디에도 걸리지 않습니다. 이것은 어떤 의미일까요?

6-1. 예전과 똑같은 아나톨이지만 사람들은 아나톨을 칭찬하고 함께 어울려 놉니다. 사람들의 시선이나 태도가 왜 달라진 걸까요? 그런 변화는 어떻게 가능했을까요?

7. 작가는 "냄비가 워낙 크다 보니 사람들 눈에는 냄비밖에 보이지 않습니다."라고 말합니다. 그런데 왜 책 제목은 '작은 냄비'일까요?

8. 이 책의 제목 '…아나톨의 작은 냄비'에서 '…'에는 어떤 말이 들어갈 수 있을까요?

적용 질문

1. 사람들은 아나톨의 냄비만 쳐다보며 이상하다고 말합니다. 여러분이 냄비를 끌고 다니는 아나톨을 본다면 어떻게 반응하겠나요?

2. 사랑이 필요한 아나톨은 낯선 사람에게 다가가 "안아 줘요!"라고 말합니다. 여러분이라면 이 상황에서 어떻게 하겠나요?

3. 아나톨이 평범한 아이가 되려면 남들보다 두 배나 더 노력해야 합니다. 여러분이 평범해 보이기 위해 애쓰는 부분이 있나요? 있다면 어떤 점인가요?

4. 평범하지 않은 사람은 아나톨이 냄비를 가지고 살아가는 법을 알려 줍니다. 무엇을 잘하는지 가르쳐 주고, 무서운 것을 표현하도록 도움을 줍니다. 여러분이 평범하지 않은 사람이라면 아나톨에게 어떤 도움을 주겠나요?

5. 아나톨이 힘들 때 다가와 준 평범하지 않은 사람처럼 여러분에게도 특별한 존재가 있었나요? 그 사람은 어떤 사람이었나요?

6. 여러분의 마음속에 '냄비'처럼 느껴지는 것이 있다면 무엇일까요?

6-1. 여러분의 냄비에 이름을 붙인다면 어떤 이름이 어울릴까요?

7. 우리 사회에는 저마다 다른 냄비를 가진 아나톨들이 함께 살고 있습니다. 우리 사회 속 아나톨을 이해하고 그들이 가진 냄비를 걸림돌로 여기지 않게 하려면 어떤 노력이 필요할까요?

선택 질문

1. 아나톨은 냄비를 없애려 애썼지만 떨어지지 않자 결국 숨어 버립니다. 아나톨의 이런 행동에 공감하나요?
☐ 공감한다   ☐ 공감하기 어렵다

2. 아나톨은 생각대로 되지 않으면 화를 내거나 소리를 지르고, 나쁜 말을 하거나 친구들을 때리기도 합니다. 아나톨의 이런 행동을 받아들일 수 있나요?
☐ 그렇다   ☐ 아니다

3. 평범하지 않은 사람은 숨어 있는 아나톨에게 다가와 냄비를 두드리며 관심을 보이고 말을 겁니다. 여러분이라면 숨어 있는 아나톨에게 말을 걸겠나요?
☐ 말을 건다   ☐ 말을 걸기 어렵다

4. 여러분은 평범하지 않은 사람이 정말 평범하지 않다고 생각하나요?
☐ 그렇다   ☐ 아니다

5. 평범하지 않은 사람은 아나톨이 냄비를 가지고 살아가는 방법을 알려 줍니다. 아나톨에게 가장 큰 도움이 된 것은 무엇이라고 생각하나요?
☐ 무엇을 잘하는지 가르쳐 주기
☐ 무서운 것을 표현하도록 도와주기
☐ 재능 알아봐 주기
☐ 냄비를 넣을 수 있는 가방 만들어 주기

 그림책 활동 더하기

나의 작은 냄비 응원하기

여러분 마음속에도 아나톨처럼 '작은 냄비'가 하나쯤 있을 거예요. 냄비 안에는 내가 걱정하는 것, 조금은 숨기고 싶은 비밀, 두려운 감정, 남들과는 다른 특별한 나의 모습 등이 담겨 있을 수 있습니다. 여러분의 작은 냄비를 그림으로 표현해 보고, 응원 스티커를 붙여 봅시다. 친구들의 냄비에 스티커를 붙여 주는 방식으로 진행할 수도 있어요.

어둠이 금지된다면?

『어둠을 금지한 임금님』
에미리 하워스부스 글·그림, 책읽는곰

어둠을 두려워하던 왕자는 임금이 된 뒤 신하들을 통해 '어둠은 나쁜 것'이라는 소문을 냅니다. 이때문에 백성들은 권력의 영향 아래 어둠을 멀리하고 인공 태양 아래에서 살게 되지요. 처음에는 모두가 밝은 세상을 누리는 듯했지만, 시간이 흐르면서 어둠 없는 세상에 불편함을 느끼기 시작합니다. 권력과 여론이 진실을 왜곡하고 사람들의 생각을 제한할 수 있음을 보여 주는 이야기입니다. 이 책을 통해 학생들이 여론에 휩쓸리지 않고 스스로 판단하는 힘을 기르며, 정보의 진위를 분별하는 태도를 갖도록 지도할 수 있습니다.

#가짜뉴스 #시민성 #권력 #여론

 핵심 질문

> 1. 권력과 조작된 소문(가짜 뉴스)은 서로 어떤 관계를 맺고 있을까요?
> 2. 시민의 힘은 사회를 어떻게 움직일까요?

📖 배경지식 질문

1. 여러분은 어둠을 무서워한 적이 있나요? 그럴 때 어떻게 했나요?
2. 임금님은 왜 손전등을 들고 있을까요?
3. 임금님은 어둠을 어떻게 금지했을까요?

🎯 그림책 BINGO

① 주인공인 왕자가 무서워한 것은 □에 불을 끄고 자는 것입니다.	② 임금이 어둠을 금지하자 □□들은 어둠에 대한 가짜 소문을 퍼뜨립니다.	③ 임금님이 어둠을 완전히 몰아내려고 궁전 꼭대기에 □□ □□을 설치합니다.
④ 사람들과 동물들은 어둠을 없애기 위해 □□ □□ □□를 쓰고 다닙니다.	⑤ 축제가 계속되자 사람들은 □을 푹 잘 수 없습니다.	⑥ □□ □□□은 불을 끄면 달려와서 벌금을 물립니다.
⑦ 신하들은 □□들의 마음을 되돌리려고 불꽃놀이 축제를 마련합니다.	⑧ 임금님은 불꽃놀이를 보기 위해 궁전 꼭대기로 올라갔지만 주변이 너무 □□□ 보이지 않습니다.	⑨ 온 나라의 불이 꺼지고 마지막 불꽃이 밤하늘을 화려하게 수놓자 임금님은 □□을 금지하지 않습니다.

답: ①밤 ②신하 ③인공 태양 ④어둠 방지 모자 ⑤잠 ⑥어둠 단속반 ⑦백성 ⑧밝아서 ⑨어둠

👁 해석 및 평가 질문

1. 왕자님이 나중에 커서 임금이 되면 어둠을 금지하겠다고 다짐한 까닭은 무엇인가요?

1-1. 어릴 적부터 어둠을 무서워한 왕자는 임금이 되자마자 어둠을 금지하려고 합니다. 이런 그의 태도가 어때 보이나요?

2. 신하들은 '어둠은 지루하다'와 '어둠은 돈을 훔쳐간다'는 신문 기사를 통해 조작된 가짜 뉴스를 퍼뜨립니다. 진짜 뉴스에는 어떤 내용이 담겨 있었을까요?

2-1. 사람들은 왜 진짜보다 가짜 뉴스에 더 귀를 기울일까요?

2-2. 신하들이 가짜 소문을 퍼뜨리면서 얻고자 했던 것은 무엇일까요?

3. 낮이 계속되자 피곤해진 사람들은 무언가 잘못됐다는 걸 깨닫게 됩니다. 사람들이 깨달은 건 무엇일까요?

4. 백성들의 관심을 돌리기 위해 신하들은 불꽃 축제를 엽니다. 하지만 불꽃놀이는 밝은 곳에서는 잘 보이지 않지요. 이런 축제를 기획한 신하들의 모습은 어때 보이나요?

5. 불꽃놀이 축제가 시작되자 사람들은 용기를 내어 집 안의 불을 끄고 성벽에 올라 인공 태양까지 꺼 버립니다. 사람들은 어떻게 그런 용기를 낼 수 있었을까요?

6. 어둠을 무서워한 임금님은 어둠을 금지해 놓고 불꽃놀이를 보지 못해 아쉬워합니다. 임금님이 어떤 사람이라고 생각하나요?

7. 온 나라의 불이 꺼지자 밤하늘에 불꽃이 화려하게 빛납니다. 그 모습을 바라보며 임금님은 어떤 생각을 했을까요?

7-1. 임금님은 앞으로 어둠을 금지하지 않겠다고 선언하고 명령을 어긴 백성들도 벌하지 않습니다. 그는 왜 백성들을 용서했을까요?

8. 어둠이 여전히 두려운 임금님은 작은 등을 켜 놓고 잠들기로 합니다. 그런데 왜 처음부터 이런 방법 대신 어둠을 금지하려 했을까요?

적용 질문

1. 여러분에게도 임금님의 어둠처럼 무서운 것이 있다면 무엇인가요?

2. 신하들이 퍼뜨린 가짜 뉴스로 인해 사람들은 어둠을 나쁘게 여깁니다. 여러분도 조작된 뉴스 혹은 허위 정보 때문에 혼란스러웠던 적이

있나요?

3. 임금님은 어둠이 무섭다는 이유로 그것을 금지합니다. 여러분이 임금님이라면 어둠에 대해 어떤 해결책을 내어놓겠나요?

3-1. 여러분이 신하라면 어둠을 금지하겠다는 임금의 말에 어떻게 반응하겠나요?

4. 만약 인공 태양으로 밝은 낮이 계속 이어진다면 여러분의 생활은 어떻게 달라질까요?

5. 임금님은 자신의 권력을 이용해 어둠을 금지합니다. 이처럼 높은 지위나 권력을 이용해 누군가의 생각이나 행동을 억압하는 사례를 본 적이 있나요?

6. 이 책에는 '어둠이 나쁜 것'이라는 가짜 뉴스가 등장합니다. 책 속에서 조작된 정보가 확산되는 과정은 오늘날 우리 사회의 어떤 점과 비슷하다고 생각하나요?

6-1. 가짜 뉴스는 어떤 의도와 목적을 가진 사람들에 의해 만들어지며, 결국 누구에게 이익을 주는 걸까요?

6-2. 가짜 뉴스는 개인 또는 우리 사회에 어떤 문제를 일으킬 수 있을까요?

6-3. 그렇다면 우리는 이러한 가짜 뉴스에 속지 않기 위해 어떤 태도를 가져야 하며, 어떤 행동을 할 수 있을까요?

7. 어둠을 몰아내는 일에 동참했던 백성들은 잘못을 깨달은 뒤 스스로 불과 인공 태양을 끄며 자신들의 행동을 바로잡습니다. 백성들의 변화가 우리에게 주는 메시지는 무엇일까요?

선택 질문

1. 여러분이 임금님이라면 어둠이 무섭다는 이유로 금지령을 내리겠나요?
☐ 내린다   ☐ 내리지 않는다

2. 여러분이 신하라면 어둠을 금지하려는 임금님의 명령을 따르겠나요?
☐ 따른다   ☐ 따르지 않는다

3. 여러분이 백성이라면 어둠이 돈이나 간식을 빼앗는다는 가짜 소문을 믿게 될까요?
☐ 믿는다   ☐ 믿지 않는다

4. 어둠을 두려워한 임금님의 명령을 받은 신하들은 어둠은 나쁜 것이라며 백성을 속입니다. 여러분이라면 백성들을 속인 임금님과 신하들을 용서하겠나요?

☐ 용서한다   ☐ 용서하지 않는다

5. 백성들이 인공 태양을 끄려다 잡혔다면 큰 벌을 받았을지도 모릅니다. 여러분이라면 그런 위험을 무릅쓰고 인공 태양을 끌 수 있나요?

☐ 끌 수 있다   ☐ 끄기 어렵다

6. 여러분은 어둠 금지법도 법이니 지켜야 한다고 생각하나요?

☐ 그렇다   ☐ 아니다

7. 백성들은 어둠 금지령을 어기고 인공 태양의 불을 끕니다. 여러분이 임금이라면 그들을 벌하겠나요?

☐ 그렇다   ☐ 아니다

8. 이 책에는 어둠이 무서워 금지한 임금님, 그것에 동조하며 가짜 소문을 퍼뜨린 신하들과 언론, 소문을 그대로 믿는 백성들이 등장합니다. 만약 이 사건의 책임을 묻는다면 누구의 잘못이 가장 크다고 생각하나요? 순서를 정해 봅시다.

☐ 임금님   ☐ 신하들(언론)   ☐ 사람들

 그림책 활동 더하기

상소문을 올려라!

옛날 신하들은 임금님의 잘못된 결정을 바로잡기 위해 상소문을 올렸습니다. 여러분이 어둠을 금지하려는 임금님에게 '어둠을 금지하면 안 되는 이유'를 담은 상소문을 써 봅시다. 단, 자신의 의견을 논리적으로 조리 있게 써야 합니다.

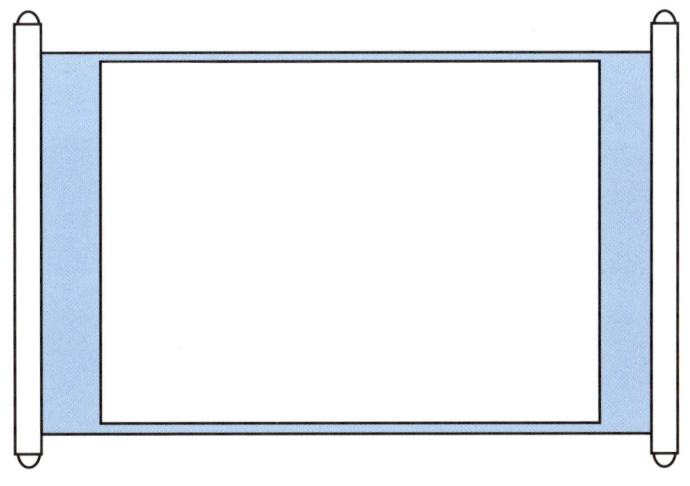

같은 것을
본다는 건

『위를 봐요!』
정진호 글·그림, 현암주니어

휠체어를 탄 수지는 창가에 앉아 누군가 위를 함께 바라봐 주길 고대합니다. 수지가 위에서 내려다보고 있다는 걸 알게 된 아이가 길바닥에 누워 위를 올려다보았더니, 다른 사람들도 아이 곁에 누워 수지와 시선을 마주합니다. 늘 아래만 바라보던 수지와 앞만 보고 지나치던 사람들이 서로 마주하는 순간은 깊은 울림을 전합니다. 장애에 대한 이해와 공감, 진정한 소통과 어울림의 가치를 되새기게 하지요. 간결하면서도 함축적인 글과 대비되는 시선, 독특한 판형이 그림책의 매력을 한층 돋보이게 합니다.

#장애이해 #공감 #소통 #어울림

 핵심 질문

1. 고립된 상황을 벗어날 수 있는 희망을 어떻게 찾을 수 있을까요?
2. 진정한 소통과 연결은 어떻게 이루어질까요?

📖 배경지식 질문

1. 여러분은 위에서 아래를 내려다보면 어떤 생각이 드나요?
2. 한 아이가 "위를 봐요!"라고 말하고 있습니다. 위에는 무엇이 있을까요?
3. "위를 봐요!"라는 말은 어떤 의미일까요?

◎ 그림책 BINGO

① 수지는 가족 여행 중 교통사고로 □□를 잃습니다.	② 수지는 매일 □에서 아래를 내려다봅니다.	③ 수지에게는 위에서 내려다본 사람들이 마치 □□처럼 보입니다.
④ 검정 □□만 보이는 사람들은 빠르게 길을 지나갑니다.	⑤ 수지는 사람들의 모습을 그냥 □□□ 지켜봅니다.	⑥ 수지는 사람들을 보며 "□□ □□!"라고 합니다.
⑦ 위에서는 사람들의 머리 꼭대기만 보인다는 수지의 말에 아이는 "그럼, 이건 어때?"라고 말하며 어떻게 하나요?	⑧ 왜 아이가 길거리에 누워 있는지 물어본 □□□도 아이를 따라 옆에 눕습니다.	⑨ 수지는 자신을 위해 길에 누운 사람들을 보며 □□을 짓습니다.

답: ①다리 ②위 ③개미 ④머리 ⑤묵묵히 ⑥위를 봐요 ⑦눕는다 ⑧아줌마 ⑨웃음

👁 해석 및 평가 질문

1. 가족 여행 중 일어난 교통사고로 자동차는 바퀴를 잃고 수지는 다리를 잃었습니다. 수지의 마음은 어땠을까요?

2. 수지는 "밥 먹어야지."라는 말에도 창가에 붙어 아래에 있는 사람들을 내려다봅니다. 수지의 시선에서 사람들의 모습은 어떻게 보일까요?

2-1. 수지는 왜 묵묵히 사람들을 지켜보았을까요?

3. 수지는 "내가 여기에 있어요. 아무라도 좋으니…… 위를 봐요!"라고 합니다. 사람들이 위를 봐 주기를 바라는 까닭은 무엇일까요?

3-1. 수지는 위를 보던 한 아이와 눈이 마주칩니다. 아이는 어떻게 수지를 발견할 수 있었을까요?

3-2. 왜 내려다보고 있냐는 아이의 물음에 수지는 "궁금해서."라고 말합니다. 수지는 무엇이 궁금했을까요?

4. 아이는 수지가 아래를 내려다보는 이유와 위에서는 사람들의 머리 꼭대기만 보인다는 사실을 듣게 됩니다. 그러자, "이건 어때?"라고 말하며 길에 누워 수지를 바라봅니다. 아이는 왜 이렇게 했을까요?

5. 아이가 왜 길거리에 누워 있는지 알게 된 아주머니가 아이를 따라서 눕자, 사람들도 하나둘 곁에 눕습니다. 이전에 수지가 바라보던 사람들의 모습과 "모두 위를 봐요!"라고 외치는 사람들의 모습은 어떻게 다른가요?

5-1. 늘 아래를 내려다보는 수지와, 앞만 보며 걷는 사람들은 서로 눈빛을 마주치기 어려웠습니다. 나중에 사람들과 수지가 서로 마주보게 된 후 이들에게 어떤 변화가 생겼을까요?

5-2. 사람들이 누워서 위를 바라볼 때 수지도 함께 위를 올려다봅니다. 수지는 왜 그랬을까요?

6. 그림은 줄곧 흑백인데다 사람들의 표정도 드러나지 않았는데, 수지가 아래로 내려와 아이를 만나는 순간 색상이 더해지고 둘의 표정도 드러납니다. 그림의 변화는 무엇을 의미할까요?

7. '장애'를 다룬 책이나 영화는 많습니다. 여러분은 다른 작품과 구별되는 이 책만의 특별한 점이 무엇이라 생각하나요?

🔄 적용 질문

1. 여러분도 수지처럼 누군가 나를 바라봐 주기를 간절히 기대했던 적이 있나요?

2. 수지를 바라보던 아이처럼, 여러분이 누군가의 마음을 이해하고 공감하기 위해 했던 행동에는 어떤 것이 있나요?

3. 수지의 상황을 알게 된 아이는 길에 눕습니다. 여러분이라면, 수지에게 어떤 방법으로 다가가겠나요?

4. 여러분이 아이라면 아래로 내려온 수지에게 처음 어떤 말을 건네겠나요?

5. 여러분이 거리의 사람들이라면 길에 누운 아이를 보고 어떻게 하겠나요?

6. "위를 봐요!"라는 말은 위를 보는 단순한 행위를 넘어 수지의 존재를 확인하고 이해하는 계기가 됩니다. 우리 사회에서 사람들의 시선으로부터 멀리 떨어져 있어 관심이나 공감이 필요한 일은 무엇이 있을까요?

6-1. 관심과 공감을 통해 서로를 연결하고 조화로운 사회를 만들려면 어떤 노력이 필요할까요?

 **선택 질문**

1. 수지가 "다리가 아파서 못 내려가. (중략) 머리 꼭대기만 보여."라고 하자 아이는 "그럼, 이건 어때?"라며 길에 눕습니다. 여러분이 그 아이라면 길에 눕겠나요?

   ☐ 눕는다 ☐ 눕지 않는다

2. 지나가던 아주머니가 길에 누운 아이를 보고 그 옆에 함께 눕습니다. 여러분이라면 아이를 따라 길에 눕겠나요?

   ☐ 눕는다 ☐ 눕지 않는다

3. 여러분이 수지라면, 사람들이 위를 올려다보았으면 좋겠다는 마음으로 계속 위에서 내려다보겠나요? 아니면 다른 선택을 하겠나요?

   ☐ 계속 위에서 내려다본다

   ☐ 다른 선택을 한다 (선택한 행동 :   )

4. 위에서 내려다보기만 하던 수지가 아래로 내려오는 데 결정적인 영향을 준 것은 무엇이라고 생각하나요?

   ☐ 수지의 의지   ☐ 아이의 관심과 행동   ☐ 사람들의 지지와 연대

5. 수지와 같이 어려움을 겪고 있는 사람들이 소외되지 않고 함께 어울릴 수 있는 사회가 되려면 무엇이 더 필요할까요?

   ☐ 개인의 관심   ☐ 교육   ☐ 정책   ☐ 시설   ☐ 기타 (   )

 그림책 활동 더하기

수지에게 보내는 몸짓

길에 누운 사람들은 각기 다른 동작으로 수지를 바라보고 있습니다. 여러분이 함께 누워 있다면, 수지에게 어떤 모습을 보여 주고 싶은지 그림으로 표현해 봅시다.

편견을 이해로 바꾸려면

『이파라파냐무냐무』
이지은 글·그림, 사계절

"이파라파냐무냐무" 평화로운 마시멜롱 마을에 우렁찬 소리가 울려 퍼집니다. 마시멜롱들은 무섭게 생긴 외모, 큰 목소리의 털숭숭이에게 두려움을 느끼고 급기야 그를 공격하게 되지요. 이 책은 타인에 대한 두려움이 어디서 비롯되는지, 오해를 풀기 위해 필요한 것은 무엇인지, 원활한 의사소통은 어떻게 하는 것인지를 자연스럽게 돌아보게 합니다. 아이들과 깊이 있는 이야기를 나누고 싶다면 다름을 경계하는 아이들의 감정에 먼저 공감해 주는 것으로 시작하면 좋을 것입니다.

#편견 #이해 #오해 #용기

 핵심 질문

> 1. 마시멜롱들은 왜 털숭숭이를 오해한 걸까요?
> 2. 서로를 이해한다는 것은 어떤 태도를 의미할까요?

📚 배경지식 질문

1. "이파라파냐무냐무"는 무슨 뜻일까요?
2. 하얀 몸에 검은 모자를 쓴 등장인물들은 무엇을 하는 것일까요?
3. 검은 몸의 등장인물이 손에 들고 있는 것들은 무엇일까요?

🎯 그림책 BINGO

① 뾰족한 발톱, 시커먼 털, 천둥 같은 목소리를 가진 주인공의 이름은 무엇인가요?	② 평화롭던 마시멜롱 마을에 들려온 소리는 무엇인가요?	③ 털숭숭이의 소리를 듣고 마시멜롱들은 무시무시한 털숭숭이가 자신들을 어떻게 할 것이라고 생각했나요?
④ 털숭숭이에 대해 알고 싶은 한 마시멜롱은 용기를 내어 어떤 행동을 하나요?	⑤ 마시멜롱들이 마지막으로 털숭숭이를 공격하는 방법은 무엇인가요?	⑥ 털숭숭이의 "이파라파냐무냐무"라는 말은 사실 어떤 뜻이었나요?
⑦ 털숭숭이는 자신을 찾아온 마시멜롱을 불공격으로부터 보호하기 위해 ㅁ안에 넣어 숨겨 줍니다.	⑧ 치료가 끝나고 털숭숭이가 마시멜롱들에게 받은 선물은 무엇인가요?	⑨ 오해를 푼 마시멜롱들이 살고 있는 마을의 표지판에는 어떤 말이 추가되었나요?

답: ①털숭숭이 ②이파라파냐무냐무 ③먹으려 한다고 생각함 ④직접 털숭숭이게 찾아감 ⑤불 공격 ⑥이빨 아파 너무 너무 ⑦입 ⑧칫솔 ⑨털숭숭이 환영

👁 해석 및 평가 질문

1. 마시멜롱들은 아침이면 다 같이 일렬로 줄지어 나가고, 해가 지면 다시 집으로 돌아옵니다. 부드러운 풀이 가득하고 커다란 나무에는 신선한 과일이 주렁주렁 열리는 마시멜롱 마을은 어떤 곳일까요?

2. "이파라파냐무냐무"라는 털숭숭이의 커다란 외침을 듣고 마시멜롱들은 털숭숭이가 자신들을 잡아먹으려 한다고 생각합니다. 마시멜롱들이 이 말을 쉽게 믿은 이유는 무엇일까요?

2-1. 겁에 질린 마시멜롱들은 털숭숭이를 향해 공격을 시작합니다. 하지만 한 마시멜롱이 이를 보고 "정말 털숭숭이가 우리를 냠냠 먹으려는 걸까요? 털숭숭이는 아무 짓도 하지 않았는데요."라고 의문을 제기합니다. 이 마시멜롱은 다른 마시멜롱과 어떤 점이 다를까요?

3. 마시멜롱들의 불공격이 시작되자, 털숭숭이는 자신을 찾아온 마시멜롱을 입속에 넣어 보호해 줍니다. 털숭숭이는 왜 이런 행동을 했을까요?

3-1. 만약 한 마시멜롱이 털숭숭이를 직접 찾아가지 않았다면, 둘 사이의 관계는 어떻게 달라졌을까요?

4. 마시멜롱들의 오해가 풀린 후, 마시멜롱 마을 표지판에는 "털숭숭이

환영"이라는 문구가 추가됩니다. 표지판의 변화는 무엇을 의미한다고 생각하나요?

4-1. 털숭숭이의 외모와 발음이 오해를 일으킨 것처럼 여러분이 다른 사람과 소통할 때 걸림돌이 되는 것이 있다면 무엇인가요?

적용 질문

1 마시멜롱들은 털숭숭이의 겉모습만 보고 오해합니다. 여러분도 누군가를 오해한 경험이 있나요?

2. 많은 마시멜롱들은 털숭숭이가 우리를 잡아먹으려 한다는 말을 그대로 믿었지만, 일부 마시멜롱은 의문을 제기하고 자신의 목소리를 냈습니다. 여러분은 다수의 의견과 다를 때 어떻게 행동하나요?

3. 마시멜롱들은 '이파라파냐무냐무'의 뜻을 확인하지 않은 채 공격적인 행동을 했습니다. 우리 사회도 미디어와 인터넷을 통해 퍼진 잘못된 정보로 인해 많은 혼란을 겪고 있습니다. 이러한 사례에는 어떤 것이 있을까요?

4. 마시멜롱들처럼 다수의 의견에 휩쓸려 자신의 주관을 세우지 못하는 사람들이 종종 있습니다. 다수의 의견을 무조건 따르기보다 현상을

올바르게 판단하는 능력을 키우려면 어떤 노력이 필요할까요?

📖 선택 질문

1. 마시멜롱들이 처음부터 '이파라파냐무냐무'의 의미를 알았다면, 털숭숭이를 도왔을까요?

☐ 도와준다   ☐ 도와주기 어렵다

2. 마시멜롱들은 털숭숭이의 분명하지 않은 발음과 겉모습만으로 오해했고, 털숭숭이가 제대로 해명하지 못하자 오해는 더욱 커졌습니다. 이러한 상황이 된 것에는 누구의 책임이 더 크다고 생각하나요?

☐ 마시멜롱   ☐ 털숭숭이

3. 마시멜롱 무리 중 하나는 "정말 털숭숭이가 우리를 냠냠 먹으려는 걸까요?"라는 의문을 품고 혼자 숲을 건넙니다. 만약 여러분이 마시멜롱이라면, 털숭숭이를 만나러 혼자 가겠나요?

☐ 간다   ☐ 가지 않는다

4. 마시멜롱들은 오해를 풀고 난 후 털숭숭이의 썩은 이를 치료해 줍니다. 여러분이 털숭숭이라면, 자신을 향해 온갖 공격을 해대던 마시멜롱들에게 치료를 받겠나요?

☐ 치료받는다   ☐ 치료받지 않는다

그림책 활동 더하기

'오해 금지!' 손 팻말 만들기

"이파라파냐무냐무"라는 말이 오해를 불러일으켜 마시멜롱들이 두려움에 떨고 털숭숭이를 공격하게 됩니다. 둘 사이에 오해가 생기지 않도록 털숭숭이가 마시멜롱 마을에 도움을 요청하는 손 팻말을 만들어 봅니다.

전쟁을 이긴 책의 힘

『책으로 전쟁을 멈춘 남작』
질 바움 글, 티에리 드되 그림, 북뱅크

책 읽기와 새를 관찰하기 좋아하며 평화로운 일상을 살던 남작이 전쟁에 참전하게 됩니다. 그는 총 대신 '책'을 무기로 선택합니다. 포탄 대신 책을 떨어뜨리고, 병사들은 책을 읽으며 시인과 천문학자로 변해 갑니다. 결국 전쟁은 총 한 번 쏘지 않고 멈추었고, 남작은 다시 자신의 일상으로 돌아갑니다. 이 책은 전쟁의 참상을 직접적으로 그리기보다 유쾌한 상상력과 따뜻한 위트로 평화, 책의 힘을 상징적으로 보여 주며, 고정된 시선을 깨는 발상의 전환이 얼마나 큰 울림을 줄 수 있는지 이야기합니다.

#전쟁 #평화 #책의힘 #발상의전환

 핵심 질문

1. 책을 이용한 남작의 전략이 왜 성공했을까요?
2. 전쟁을 멈추게 하는 힘은 어디서 나올까요?

📖 배경지식 질문

1. 여러분이 전쟁에 관해 알고 있는 것은 무엇인가요?
2. 표지 속 남자는 어떤 일을 하는 사람일까요?
3. 이 책에서 '책'은 어떤 역할을 한 걸까요?

🎯 그림책 BINGO

① 남작이 좋아하는 것은 ㅊㅣㄱ와 ㅅ바라보기입니다.	② 남작은 비행기를 직접 만든 뒤 흰색으로 색칠합니다. (O/X)	③ 남작은 맞으면 아픈 12권의 ☐☐☐☐을 총알 대신 사용합니다.
④ 남작은 마지막 포탄으로 달랑 한 권 남은 러시아 소설을 떨어뜨립니다. 소설의 제목은 무엇인가요?	⑤ 적군의 대장은 밤새 책을 읽느라 ㅁㅣㄹ도 잠시 중단됩니다.	⑥ 남작이 ☐☐☐책을 떨어뜨리자, 병사들은 별들만 올려다봅니다.
⑦ 남작이 시집을 뿌리면 병사들은 모두 ☐☐이 되었습니다.	⑧ 전쟁을 완전히 멈추기 위해 적의 진영에 ㄱㅈ의 ㅍㅈ를 뒤바꿔 떨어뜨립니다.	⑨ 남작은 전쟁을 멈추게 한 공을 인정받아 ㅎㅈ을 받습니다.

답: ①책 읽기, 새 ②X ③백과사전 ④전쟁과 평화 ⑤명령 ⑥천문학 ⑦시인 ⑧가족, 편지 ⑨훈장

👁 해석 및 평가 질문

1. 백 년 전에는 전쟁을 손으로 했습니다. 그렇다면 오늘날의 전쟁은 백 년 전과 무엇이 다를까요?

2. 전쟁이 일어나자 남작도 전쟁에 참여하게 됩니다. 그는 총알이 될 만한 걸 찾다가 두꺼운 백과사전을 떠올립니다. 남작은 왜 진짜 총이나 총알을 사용하지 않고 책을 떠올린 걸까요?

3. 남작이 가지고 있던 책 포탄이 동이 나자 마지막 포탄으로 러시아 소설인 『전쟁과 평화』를 떨어뜨립니다. 적군 대장이 밤새 그 책을 읽느라 싸우라는 명령도 잠시 중단됩니다. 남작은 어떤 생각으로 이 책을 떨어뜨렸을까요?

4. 전쟁은 좀처럼 끝나지 않고 남작이 매우 아끼는 책들만 남았기에 그는 매우 신중하게 책을 고릅니다. 먼저 "집으로 돌아가는 여행 이야기"로 적을 헷갈리게 한 다음 "마음을 평온하게 하는 책"으로 한 방 먹이고, 마지막으로 완벽한 논리가 적힌 책을 쏘아 적군의 손발을 묶어 버립니다. 남작이 쏜 책의 순서를 살펴보며 그의 전술을 분석해 보세요.

4-1. 이후로도 남작은 요리책을 비처럼, 철학책을 화살처럼, 역사책을 빛처럼 쏟아붓습니다. 남작이 요리책, 철학책, 역사책을 쏜 특별한 이유가 있을까요? 남작의 전술에 담긴 그의 진짜 의도는 무엇일까요?

5. 남작은 전쟁을 완전히 멈추게 할 방법으로 양 진영의 가족이 보낸 편지를 뒤바꿔 보내기로 합니다. 병사들은 상대 진영의 편지를 읽고 깊은 감동을 받습니다. 여러분은 무엇이 그들을 감동하게 했다고 생각하나요?

6. 남작은 전쟁을 멈춘 공로를 인정받아 훈장을 받습니다. 하지만 그는 다시 하늘색 비행기를 타고 날마다 새를 관찰하는 일상으로 돌아갑니다. 여러분은 남작이 어떤 인물이라고 생각하나요?

7. 이 책은 전쟁과 평화에 관한 이야기뿐 아니라 책이 가진 힘에 대해서도 생각해 볼 수 있는 책입니다. 여러분이 생각하는 '책의 힘'은 무엇인가요?

적용 질문

1. 남작은 전쟁에서 백과사전, 소설책, 요리책, 철학책, 역사책 등을 포탄 대신 사용합니다. 여러분이 남작이라면, 포탄으로 어떤 책을 사용하겠나요?(책의 종류나 이름 모두 가능)

1-1. 남작은 책을 이용하는 다양한 전술을 연구합니다. 소설의 시작부터 반까지를 자기편 진영에, 반부터 마지막까지는 적의 진영에 떨어뜨리는 전술 덕분에 양 진영 병사들은 서로 이야기를 나누게 됩니다. 여

러분이라면 책으로 어떤 전술을 세우겠나요?

2. 적군 대장은 막사 안에 틀어박혀 밤새 『전쟁과 평화』를 읽습니다. 여러분에게도 밤새 읽고 싶을 만큼 푹 빠진 책이 있나요? 있다면 어떤 책인가요?

3. 이 책의 제목은 '책으로 전쟁을 멈춘 남작'입니다. 여러분이 작가가 되어 이 책의 후속작으로 『(   )으로 전쟁을 멈춘 남작』을 쓴다면, (   )안에 어떤 것을 넣겠나요?

4. 책을 읽는 이 순간에도 전쟁은 벌어지고 있습니다. 러시아와 우크라이나 전쟁, 시리아 내전, 이스라엘과 팔레스타인 분쟁 등 세계 곳곳에서 일어나는 전쟁은 수많은 인명 피해와 더불어 우리 사회를 가르고 붕괴시킵니다. 전쟁을 멈출 수 있는 방법을 이 책에서 찾는다면 어떤 것이 있을까요?

선택 질문

1. 책 읽기와 새를 관찰하기 좋아하는 남작은 전쟁이 일어나자 적을 물리치기 위해 싸우러 나갑니다. 여러분이 남작이라면 전쟁에 참여하겠나요?

☐ 참여한다   ☐ 참여하지 않는다

2. 남작은 자신이 좋아하던 책을 포탄 대신 쏩니다. 여러분이라면 책을 포탄으로 사용하겠나요?

☐ 그렇다   ☐ 아니다

3. 남작이 소설을 반반씩 떨어뜨리자 병사들은 결국 상대 진영과 만나 소설에 관한 이야기를 나누게 됩니다. 여러분이 병사라면 소설의 내용이 궁금하다고 상대편과 이야기를 나눌 수 있겠나요?

☐ 나눈다   ☐ 나누기 어렵다

4. 여러분은 책 읽기에 빠져 전쟁 중 자신의 역할이나 책무조차 잊어버린 적군 대장의 행동에 공감하나요?

☐ 공감한다   ☐ 공감하기 어렵다

남작에게 훈장 수여하기

남작은 전쟁을 멈추게 한 공을 인정받아 나라에서 훈장을 받습니다. 훈장 수여에 필요한 추천장을 쓰고 남작에게 주고 싶은 훈장을 그림으로 그려 봅시다.

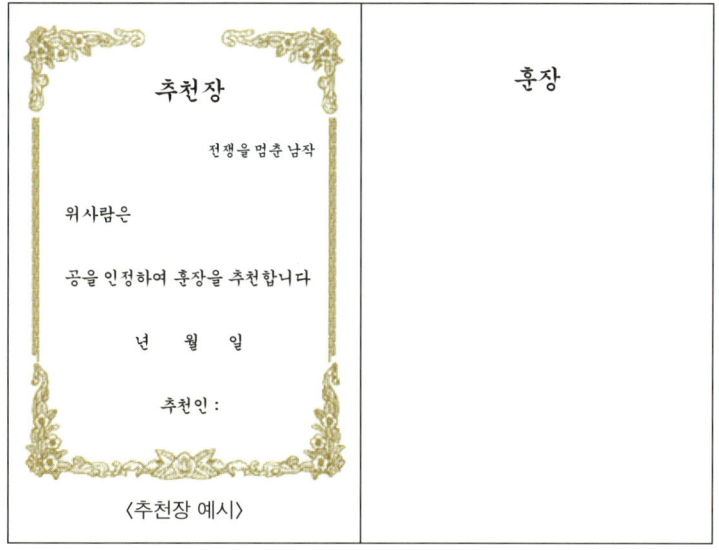

05
공존과 지속 가능한 미래

기후 변화와 환경오염으로 지속 가능한 발전과 생명 존중에 대한 관심이 점점 높아지고 있습니다. 이와 더불어 공존의 가치를 이해하고 나누는 게 더욱 중요해졌는데요, 읽으면 자연스럽게 공존과 지속 가능한 미래에 대해 생각해 볼 수 있는 그림책이 있습니다. 『눈보라』와 『도시에 물이 차올라요』는 지구 온난화가 생태계와 인간에게 미치는 영향을 경고하고, 『자, 맡겨 주세요!』는 환경오염의 심각성을 전달합니다. 『판판판 포피포피 판판판』은 자연과 인간의 조화를 강조하며, 『사라진 저녁』은 동물권과 환경 문제를, 『반려 용 팝니다』와 『지각』은 생명에 대한 책임과 존엄성을 성찰하게 합니다. 아이들은 이러한 그림책을 읽으며 다양한 생명과 공존하는 삶의 중요성을 깨닫고, 지속 가능한 미래에 대한 감수성을 자연스럽게 키울 수 있습니다.

관련 교과별 성취 기준
[2바01-04] 생태환경에서 더불어 살기 위해 노력한다.
[2슬01-04] 사람과 자연, 동식물이 어우러져 사는 생태를 탐구한다.
[4도04-02] 인간과 자연이 함께 살아야 하는 이유를 이해하고 공생을 위한 구체적인 실천 계획을 세우며 생태 감수성을 기른다.
[4과14-03] 인간 활동이 생태계에 미치는 영향을 조사하고, 생태계 보전을 위해 우리가 할 수 있는 일을 토의하여 실천할 수 있다.
[6도04-01] 지구의 환경 위기 상황을 이해하고, 이를 극복하기 위한 다양한 방법을 찾아 자신의 일상에서 실천하고자 노력한다.
[6사12-02] 지구촌을 위협하는 다양한 문제들을 파악하고, 지속 가능한 미래를 위한 해결 방안을 탐색한다.

기후 위기 속
공존과 책임

『눈보라』
강경수 글·그림, 창비

쓰레기통에 얼굴을 박고 있는 이가 있습니다. 바로 눈보라가 치던 날 태어난, 하얗고 빛나는 털을 가진 북극곰 '눈보라'입니다. 쓰레기통을 뒤지는 눈보라는 왜 마을로 내려왔을까요? 생존의 위협 앞에서 겉모습을 판다로 바꿀 수밖에 없었던 눈보라의 이야기가 마음을 찡하게 합니다. 이 책을 활용해 질문 수업을 하면 아이들은 생태 감수성을 키우고, 나와 다른 존재의 삶에 감정을 이입하는 법을 배울 수 있습니다. 북극곰이 처한 환경을 생각하며 기후 위기의 원인과 결과에 대해 토론하고, 북극곰의 시선에서 본 인간의 삶을 성찰하기에 좋은 그림책입니다.

#기후위기 #공존 #북극곰 #멸종위기

💡 핵심 질문

1. 북극곰 눈보라에게 '눈보라'는 어떤 의미일까요?
2. 눈보라와 사람들이 함께 행복해지려면 어떤 노력이 필요할까요?

📖 배경지식 질문

1. '눈보라' 하면 떠오르는 것은 무엇인가요?
2. 표지 속 인물은 누구이며 쓰레기통을 뒤지는 이유는 무엇일까요?
3. 여러분이 북극곰에 관해 알고 있는 사실이 있다면 무엇인가요?

🎯 그림책 BINGO

① 눈보라는 ㅂㄱㄱ 입니다.	② 주인공 이름이 '눈보라'인 이유는 무엇인가요?	③ □□가 얼지 않아 바다로 사냥을 가지 못한 눈보라는 점점 더 말라 갔습니다.
④ 눈보라는 먹을 것을 구하러 마을로 내려가 □□□□을 뒤졌습니다.	⑤ 마을로 내려온 눈보라를 경계하며 총을 겨눈 사람은 누구인가요?	⑥ 사람들을 피해 도망치던 눈보라는 몸에 □□을 바르고 □□가 되었습니다.
⑦ 마을 사람들은 모습이 바뀐 눈보라를 귀한 동물로 여기며 마을의 □□□□로 삼습니다.	⑧ 판다가 된 눈보라에게 사람들이 먹이로 가져다준 것은 무엇인가요?	⑨ 마을 사람들에게 쫓기던 눈보라는 □□□ 속으로 사라졌습니다.

답: ①북극곰 ②눈보라가 치던 날 태어나서 ③빙하 ④쓰레기통 ⑤사냥꾼 ⑥진흙, 판다 ⑦마스코트 ⑧고기, 생선, 우유 ⑨눈보라

👁 해석 및 평가 질문

1. 속표지 속 북극곰은 왜 빙하 조각 위에 아슬아슬하게 서 있을까요?

2. 눈보라는 빙하 위에서 먹잇감을 사냥하지 않고 바라만 보고 있습니다. 맞은편에 먹잇감이 있는데도 바라만 보는 이유가 무엇일까요?

3. 눈보라는 먹을 것을 구하러 인간들이 사는 마을로 내려와 쓰레기통을 뒤집니다. 그곳에서 사람들에게 둘러싸인 판다 사진을 발견하고는 한참을 바라봅니다. 눈보라는 왜 오랜 시간 판다 사진을 바라봤을까요?

4. 눈보라는 자신의 몸에 진흙을 묻혀 판다로 변장하고 마을로 내려갑니다. 눈보라가 판다처럼 보이고 싶었던 이유는 무엇일까요?

5. 마을 사람들은 북극곰과 비슷하다는 사냥꾼의 말을 무시합니다. 마을 사람들이 사냥꾼의 말을 무시한 이유는 무엇일까요?

6. 마을 사람들은 눈보라를 판다로 믿고 커다란 관심과 사랑을 줍니다. 고작 한 줌의 진흙을 몸에 발랐을 뿐인데 사람들은 왜 그렇게 쉽게 눈보라를 판다라고 믿은 걸까요?

7. 사람들은 판다가 된 눈보라를 환영하지만 사냥꾼은 혀를 끌끌 차며 등을 돌립니다. 사냥꾼이 눈보라를 다르게 대하는 이유는 무엇일까요?

8. 마을 사람들은 판다로 변신한 눈보라를 관광 상품으로 만들어 돈을 벌 궁리를 합니다. 여러분은 이런 마을 사람들의 모습을 어떻게 보았나요?

9. 눈보라에게 총을 겨누던 사냥꾼은 두 번째 총탄이 빗나가자 손을 내리고 "녀석도 이번에 혼났으니 사람들 곁으로 안 올 겁니다. 영원히……."라고 말합니다. '영원히'라는 말은 어떤 의미일까요?

10. 눈보라 속으로 사라진 북극곰 눈보라는 이후 어떻게 되었을까요?

11. 눈보라가 몰아치던 날 태어난 눈보라는 눈보라가 거세게 몰아치는 날 그 속으로 사라집니다. 이 책에서 '눈보라'가 어떤 의미를 가지고 있다고 생각하나요?

적용 질문

1. 여러분이 마을 사람이라면, 쓰레기통을 뒤지는 북극곰을 만났을 때 어떻게 했겠나요?

2. 자신을 지키고 마을 사람들에게 사랑받기 위해 판다를 따라 하는 눈보라처럼 여러분도 누군가를 따라 하거나 혹은 자신을 바꾸고 싶었던 순간이 있나요?

3. 눈보라가 판다가 아닌 것이 밝혀지자 사람들은 눈보라를 내쫓습니다. 여러분이 눈보라라면 마을 사람들에게 어떤 말을 하고 싶나요?

4. 캐나다의 일부 지역에서는 먹이가 부족한 북극곰이 마을로 내려와서 사람을 공격하는 일이 벌어지기도 합니다. 북극곰과 인간이 모두 안전하게 공존할 수 있는 대책이 필요해지고 있는데, 이러한 방법에는 무엇이 있을까요?

5. 기후 변화는 북극곰뿐만 아니라 지구의 다양한 생태계에도 많은 영향을 끼치고 있습니다. 기후 변화로 인해 파괴되는 생태계에는 어떤 것이 있을까요?

선택 질문

1. 눈보라는 자신을 경계하고 내쫓으려는 마을 사람들 때문에 판다로 변장합니다. 여러분이 눈보라라면 판다로 변장하겠나요?
☐ 변장한다   ☐ 변장하지 않는다

2. 사냥꾼은 마을 사람들에게 쫓기는 눈보라를 향해 방아쇠를 당기지만 총탄 두 발 모두 빗나가 버립니다. 사냥꾼은 실수로 눈보라를 놓친 걸까요?
☐ 그렇다   ☐ 아니다

3. 눈보라가 북극곰이라는 걸 끝까지 들키지 않았다면 마을 사람들과 행복했을까요?

☐ 그렇다 ☐ 아니다

4. 인간의 삶에 위협이 된다는 이유로 동물을 해치는 것은 정당할까요?

☐ 정당하다 ☐ 정당하지 않다

5. 판다가 된 눈보라를 관광 상품으로 만들어 돈을 벌 궁리를 한 마을 사람처럼 우리 주변에도 동물을 상품화하여 경제적 이득을 취하는 사례가 많습니다. 여러분은 동물을 상품화하여 돈을 버는 것에 찬성하나요?

☐ 찬성한다 ☐ 반대한다

6. 생존의 위협을 느낀 눈보라는 판다로 변장해 마을 사람들을 속입니다. 눈보라를 판다라고 믿은 사람들은 그를 사랑하게 되지만 나중에 사실을 알고 배신감에 총구를 겨눕니다. 이러한 결말의 책임이 누구에게 더 있다고 생각하나요?

☐ 눈보라 ☐ 마을 사람들

 **그림책 활동 더하기**

눈보라에게 빙하 돌려주기

기후 위기로 인해 빙하가 녹자, 북극곰은 먹이를 구하기 위해 마을에 나타나거나 작게 잘라진 빙산을 타고 마을로 내려오기도 합니다. 작은 빙산 위에 아슬아슬하게 서 있는 눈보라의 모습이 어떻게 보이나요? 우리의 실천으로 눈보라에게 다시 빙하를 돌려줍시다. 추가로 그려진 빙하 안에 우리가 실천할 수 있는 방법을 찾아 써 주세요.

지구를 구하는 연대의 목소리

『도시에 물이 차올라요』
마리아호 일러스트라호 글·그림, 위즈덤하우스

도시에서 작은 웅덩이로 시작된 물은 점차 도시 전체를 잠기게 만들고, 작은 동물들은 산소통과 방수 유리병을 착용할 정도로 상황은 심각해집니다. 처음부터 변화를 감지한 작은 원숭이 한 마리가 끊임없이 경고하지만 누구도 귀를 기울이지 않았습니다. 결국 도시가 완전히 물에 잠긴 뒤에야 동물들은 함께 문제를 해결하기 위해 나섭니다. 이 책은 기후 위기와 그 속의 불평등, 놓치기 쉬운 위기 신호, 이를 극복하기 위한 연대의 중요성을 이야기합니다. 그리고 기후감수성에 대해 함께 생각해 볼 수 있는 좋은 계기를 제공합니다.

#연대 #기후감수성 #위기신호 #불평등

 핵심 질문

1. 원숭이가 위기를 알렸는데도 왜 도시는 결국 물에 잠겼을까요?
2. 위기 속에서 연대는 어떤 힘을 발휘할까요?

📖 배경지식 질문

1. 도시에 물이 차오른 이유는 무엇일까요?
2. 도시에 물이 차오른다면 어떤 일이 일어날까요?
3. 표지 속 동물들은 무엇을 하고 있나요?

◎ 그림책 BINGO

① 표지에서 물에 잠긴 작은 동물들이 머리에 쓰고 있는 것은 무엇인가요?	② 도시의 바닥이 젖자 동물들은 ㅈㅎ 신을 핑계 대기 딱 좋은 날이라고 합니다.	③ 호랑이는 하마가 □□□□를 틀어 놓아 도시에 물이 차오른 것이라는 소문을 듣습니다.
④ 길을 가는 동물들에게 끊임없이 말을 거는 노란 꼬리의 동물은 누구인가요?	⑤ 물에 잠긴 교실에서 아이들은 물장구를 치거나 물장난을 합니다. (O/X)	⑥ "불평할 일이 뭐가 있다고 그래? 물 좀 젖은 걸로." 라고 말하며 차오르는 물을 걱정하지 않는 동물은 누구인가요?
⑦ 여우는 물에 잠긴 도시에서 ㅅㅅㅌ과 ㅁㅇㄱ을 팝니다.	⑧ 동물들은 도시가 완전히 물에 잠기자 힘을 모아 하수도 ㅁㄱ를 뽑습니다.	⑨ 문제를 해결하는 단 하나의 방법은 우리가 □□하는 거예요.

답: ①산소통(유리병) ②장화 ③수도꼭지 ④원숭이 ⑤O ⑥기린 ⑦산소통과 물안경 ⑧마개 ⑨함께

👁 해석 및 평가 질문

1. 도시가 물에 젖자 노란 꼬리 원숭이는 "실례합니다.", "선생님!", "여보세요?", "저기요…?"라고 말하며 다른 동물들을 불러 세우려 합니다. 원숭이는 어떤 말을 하려 한 걸까요?

2. 도시에 물이 차오르지만 대부분은 별문제 아니라며 신경 쓰지 않는 모습을 보입니다. 심지어 장화 신을 핑계 대기 딱 좋은 날이라 생각합니다. 동물들이 이런 태도를 보이는 이유는 무엇일까요?

3. 회사에서 일하던 동물들은 수다 떨기에 바쁩니다. 이들의 수다에서 "정치인들 하는 일이 늘 그렇지."라는 말은 무슨 뜻일까요?

4. 미술관에서 걸작을 건져 내려 애쓰는 원숭이와 달리 물에 젖은 작품이 요즘 새로운 경향이라며 흥미진진해하는 동물들도 있습니다. 그들의 생각이 이렇게 다른 이유는 무엇일까요?

5. 물이 높이 차올라도 키가 큰 기린들에게는 아무런 문제가 되지 않았습니다. "불평할 일이 뭐가 있다고 그래? 물 좀 젖은 걸로.", "오히려 상쾌해서 좋은데."라고 이야기합니다. 기린의 모습을 보고 어떤 생각이 들었나요?

6. 처음부터 진실을 알고 있던 원숭이는 동물들을 향해 해법을 내어놓

습니다. 원숭이의 말을 무시하던 동물들이 그의 해법을 따르기로 한 이유는 무엇일까요?

6-1. 동물들이 처음부터 원숭이의 말에 귀를 기울였다면 이 문제가 쉽게 해결되었을까요?

7. 모두 힘을 모아 문제를 해결하지만 새로운 문제들이 생겨납니다. 동물들이 해결해야 할 새로운 문제는 무엇일까요?

8. 이 책에 등장하는 원숭이는 멸종 위기에 처한 타마린 원숭이입니다. 타마린 원숭이는 작고 귀여운 외모로 많은 사랑을 받지만 환경 변화와 서식지 파괴로 멸종 위기에 처해 있습니다. 다른 동물들을 흑백으로 표현한 것과 다르게 타마린 원숭이의 꼬리만 노란색을 입힌 이유는 무엇일까요?

적용 질문

1. 동물들은 힘을 합쳐 도시에 차오른 물을 빼냅니다. 여러분은 혼자 해결할 수 없던 문제를 다른 사람의 도움을 받거나 다른 사람과 힘을 모아 해결한 적이 있나요?

2. 물에 잠긴 미술관에서 〈진주 귀걸이를 한 소녀〉를 건져 내는 원숭이

처럼 여러분이 단 한 작품만 건져야 한다면 어떤 작품을 고르겠나요?

3. 호주의 과학자 존 C. 머터는 저서 『재난 불평등』에서, 재난은 단순한 자연현상이 아니라 경제적 · 정치적 속성을 지니며, 특히 가난한 이들에게 더욱 가혹하게 작용한다고 말합니다. 이 그림책에서 도시에 물이 차오를 때 큰 동물과 작은 동물이 겪는 상황을 우리 사회에 빗대어 본다면, 각각 어떤 사람들을 상징한다고 생각하나요?

3-1. 머터의 주장처럼 재난이 모두에게 공평하지 않게 다가온다면, 우리는 어떤 방식으로 이러한 불평등을 해결해 나갈 수 있을까요?

3-2. 하지만 이런 해결 방안이 또 다른 불평등을 낳지 않으려면, 어떤 점들을 더 고려해야 할까요?

4. 도시에 물이 차오르는 장면처럼, 우리 사회에도 실제로 비슷한 위기가 존재합니다. IPCC(Intergovernmental Panel on Climate Change) 2024년 보고서에 따르면 해수면 상승 속도는 두 배 이상 빨라졌고, 2050년까지 약 20cm가 더 상승할 것으로 예상됩니다. 이러한 위기를 막기 위해 우리가 함께 실천할 수 있는 일들은 무엇이 있을까요?

5. 별것 아니라 생각했던 물이 도시를 잠기게 하였듯이 우리 사회에도 커다란 문제가 되어 돌아올 작은 신호들이 있습니다. 처음에는 사소하

게 보이지만 나중에 큰 문제가 될 수 있는 사회적 징후나 신호에는 어떤 것들이 있을까요?

6. 도시에 물이 차오르는 위기 상황, 문제에 대처하는 동물들의 태도는 우리 사회의 어떤 모습을 떠올리게 하나요?

선택 질문

1. 도시가 보내는 신호를 가장 먼저 느낀 원숭이는 다른 동물들을 향해 끊임없이 외치지만 아무도 신경 쓰지 않는 모습을 보입니다. 여러분이 원숭이라면 끝까지 목소리를 내겠나요?
☐ 그렇다   ☐ 아니다

2. 도시가 물에 잠기자, 누군가는 어려움을 겪거나 생존의 위협을 느끼지만 누군가는 그때 필요한 물건을 생산하거나 판매하는 등 경제적 이윤을 얻습니다. 이러한 위기를 기회로 경제적 이윤을 얻는 것에 찬성하나요?
☐ 찬성한다   ☐ 반대한다

3. 미술관 작품들이 물에 젖어 갈 때 동물들은 각기 다른 반응을 보입니다. 가장 공감하기 어려운 반응은 무엇인가요?
☐ "도와주세요! 걸작을 건져야만 해요."

☐ "물에 젖은 작품이 요즘 새로운 경향이라고." ☐ "이게 무슨 일이야. 세상에!"
☐ "아유, 추워. 찬물은 정말 싫어." ☐ 작품에는 관심을 두지 않고 신문 읽기

4. 이 책은 "문제를 해결하는 단 하나의 방법을 알아요. 우리가 함께하면 돼요."라는 말로 끝이 납니다. 이 책의 결말이 확실한 해결책이라 생각하나요?

☐ 그렇다   ☐ 아니다

5. 이 책에 등장하는 동물들처럼 기후 문제에 무관심하거나 소극적인 태도를 보이는 사람들도 있습니다. 다음 중 기후 문제 해결을 가장 어렵게 만드는 태도는 무엇이라고 생각하나요?

☐ "기술로 해결할 수 있어. 인류는 항상 문제를 잘 극복해 왔잖아."
　— 무책임한 낙관주의
☐ "솔직히 기후 변화가 나한테 무슨 상관인데?" — 개인적 무관심
☐ "이건 개인이 아니라 정부가 알아서 해야 할 일이야." — 책임 전가
☐ "환경도 중요하지만, 지금은 실업 문제부터 해결해야지." — 초점 흐리기
☐ "환경을 지키려면 돈이 너무 많이 들어." — 경제적 이기심

6. 기후 위기에 대한 각국의 입장이 달라 연대가 어렵습니다. 산업화 시기에 온실가스를 많이 배출한 선진국들이 더 큰 책임을 져야 한다는 주장에 동의하나요?

☐ 동의한다   ☐ 동의하기 어렵다

 그림책 활동 더하기

1인 시위 피켓 만들기

모두가 무관심한 순간에도 끝까지 목소리를 높였던 원숭이를 기억하나요? 원숭이가 기후 위기에 대한 사람들의 관심을 호소하는 '1인 피켓 시위'를 한다고 합니다. 기후 위기의 심각성을 알리고 우리들의 실천 사항을 담은 1인 피켓을 완성해 봅시다.

어느 날 반려 용이 생긴다면?

『반려 용 팝니다』
안영은 글·그림, 후즈갓마이테일

어느 날, 수지네 가족은 인터넷으로 반려 용 '용구'를 구매합니다. 작고 귀엽기만 했던 용구는 지나치게 빠르게 성장하며 많은 문제를 일으키고, 결국 파양 당해 여러 집을 떠돌게 됩니다. 불쌍한 용구는 어떤 주인을 만나게 될까요? 이 이야기를 통해 '생명은 소모품이 아니라 함께 살아가는 존재'라는 인식을 심어 줄 수 있습니다. 반려동물을 키운다는 일이 단순한 재미가 아니라, 책임과 배려가 필요한 일임을 자연스럽게 돌아보게 합니다.

#반려동물 #배려 #생명존중 #책임

 핵심 질문

1. 용구가 버려진 이유는 무엇일까요?
2. "반려동물도 가족이다."라고 말하려면 어떤 태도가 필요할까요?

📖 배경지식 질문

1. 반려동물을 키워 본 적이 있나요? 또는 어떤 동물을 키우고 싶나요?
2. 만약 여러분이 '용'을 키운다면 어떤 일이 일어날까요?
3. 반려 용이 상자 속에 들어 있는 이유는 무엇일까요?

🎯 그림책 BINGO

① 수지가 인터넷으로 구입한 것은 □□ □ 이다.	② 수지는 반려 용에게 □□라는 이름을 지어 주었다.	③ 수지 가족과 용구가 함께 간 곳은 어디인가요?
④ 수지네 아빠는 용구를 향해 "괜찮아, 반려동물도 우리 □□이니까."라고 말합니다.	⑤ 수지네 집에서 반려동물로 키워진 지 한 달이 되자 용구는 수지의 □만큼 커졌다.	⑥ 수지네 집에서 살 수 없게 된 용구는 오이 마켓에서 대형 □□로 거래되었다.
⑦ 용구가 이리저리 팔릴 때 쓴 어플의 이름은 □□ □□이다.	⑧ 용구의 마지막 주인은 용구를 몰래 □에 버렸다.	⑨ 외계 쇼핑몰에 용구를 구매하면 같이 덤으로 받을 수 있는 것은 □□ □□이다.

답: ①반려 용 ②용구 ③놀이공원(용용 놀이공원) ④가족 ⑤방 ⑥소파 ⑦오이 마켓 ⑧강 ⑨중고 지구

👁 해석 및 평가 질문

1. 아빠, 엄마, 수지는 반려 용에 대한 큰 기대를 품고 있었습니다. 하지만 배달된 용을 보자마자 예상과는 다른 모습에 당황하고 맙니다. 그들이 기대했던 용과 실제로 온 용은 어떻게 다른가요?

2. 수지는 왜 반려 용에게 '용구'라는 이름을 지어 주었을까요?

3. 수지가 용구를 위해 준비한 물품에는 샴푸, 간식, 매니큐어, 애착 인형 등이 있습니다. 그중 용구에게 가장 필요한 물품과 가장 필요 없는 물품은 무엇일까요?

4. 수지가 "용구를 놀이공원에 데려가도 돼요?"라고 묻자, 엄마는 "당연하지, 반려동물도 우리 가족이니까."라고 대답합니다. 한편, 차에 탄 용구의 덩치가 너무 커서 지붕이 불룩 튀어나오자 아빠 역시 같은 말을 합니다. 엄마와 아빠가 말하는 '가족'의 의미는 무엇일까요?

5. 꿈과 희망의 용용 놀이공원에서 반려동물은 입장할 수 없습니다. 특히 "용은 절대!! 불가!!"라고 쓰여 있습니다. 놀이공원이 유독 용의 출입금지를 강조한 이유는 무엇일까요?

6. 처음엔 작은 냉장고만 했던 용구가 한 달 후엔 수지 방만큼 커집니다. 『꼬마 용의 모험』을 읽는 수지와 『덜 자라는 법』이라는 책을 읽는

용구는 각자 어떤 생각을 했을까요?

7. 엄마 아빠는 결국 "안 되겠어. 용구는 우리 집에 어울리지 않아."라고 말합니다. 엄마와 아빠가 이렇게 말한 이유는 무엇일까요?

8. 아빠는 용구를 '가구 / 인테리어'로 분류하여 대형 소파로 판매합니다. 아빠는 왜 용구를 반려동물이 아닌 소파로 판매하려 했을까요?

9. 용구가 팔린 줄도 모른 채 용구를 찾는 수지에게 엄마와 아빠는 "새 가족을 찾아 떠났단다."라고 말합니다. 이 말을 들은 수지는 어떤 마음이 들었을까요?

10. 이후에도 용구는 '장난감 / 완구', '가정용품', '그림 도구', '나무 / 인테리어'로 분류되어 무선 조정 장난감, 대걸레, 대형 스케치북, 크리스마스트리로 판매됩니다. 용구의 마음은 어땠을까요?

11. 강에 버려진 용구를 본 사람들이 괴물이 있다며 소란을 피우자 용구는 발톱을 감추고 움직이지 않습니다. 용구는 왜 그렇게 행동했을까요?

12. 외계 쇼핑몰에 "반려 용을 구매하시면, 중고 지구를 덤으로 드립니다."라는 판매 글이 올라옵니다. 외계인들은 호기심에 용구와 함께 온 지구를 이리저리 살펴보지만, 결국 고개를 절레절레 흔들며 지구를 돌

려보냅니다. 외계인들은 왜 지구를 돌려보냈을까요?

13. 뒷면지에는 우주에서 생활하는 용구의 모습이 그려져 있습니다. 지구인과 외계인이 용구를 대하는 태도에 어떤 차이점이 있나요?

14. 앞면지에는 반려 용을 구매하기 위한 조건과 주의사항이 적혀 있었습니다. 하지만 수지네 가족은 용구를 키우면서 예상하지 못한 어려움을 겪게 되죠. 수지네 가족이 놓친 것은 무엇일까요?

적용 질문

1. 여러분은 반려동물이나 식물을 키우면서 힘들었던 적이 있나요? 어떤 순간에 그렇게 느꼈나요?

2. 수지는 반려 용을 기다리며 기대에 부풉니다. 여러분이라면 반려 용과 무엇을 함께 해보고 싶나요?

3. 여러분이 수지의 부모님이라면 너무 많이 먹고, 너무 크게 자라며, 똥을 아무 데나 싸는 용구의 문제를 어떻게 해결하겠나요?

4. 여러분이 수지라면 모니터 속에서 다시 만난 용구에게 어떤 말을 건네겠나요?

5. 여러분이 생각하는 '반려동물'의 의미는 무엇인가요?

6. 가족이란 혼인, 혈연, 입양 등으로 이루어진 구성원을 말합니다. 만약 용구가 사람이어도 수지의 부모님은 같은 결정을 내렸을까요?

7. 사람들은 결국 용구를 감당하지 못하고 버립니다. 버려지는 반려동물의 수를 줄이기 위해 사회적으로 어떤 노력이 필요할까요?

선택 질문

1. 만약 수지네 가족이 반려 용의 구매 조건과 주의사항을 더 꼼꼼히 읽었다면, 반려 용을 키웠을까요?
☐ 그렇다   ☐ 아니다

2. 이 책에서는 반려 용이 택배로 배송됩니다. 여러분은 반려동물을 인터넷에서 사고파는 것에 동의하나요?
☐ 동의한다   ☐ 동의하지 않는다

3. 수지의 부모님은 처음에 "반려동물도 우리 가족이니까."라고 말했지만, 용구가 너무 많이 먹고 집 안 곳곳에 똥을 싸자 "용구는 우리 집에 어울리지 않아."라고 말합니다. 여러분은 처음과 달라진 부모님의 생각에 공감하나요?

☐ 공감한다 ☐ 공감하기 어렵다

4. 수지네 집에 반려 용으로 오게 된 용구는 그곳에서 계속 지내고 싶었을까요?

☐ 그렇다 ☐ 아니다

5. 이 책은 용구가 자신을 버린 지구인을 떠나 우주에서 외계인들을 만나는 것으로 끝이 납니다. 외계인들은 용구에게 진정한 가족이 되어 줄 수 있을까요?

☐ 그렇다 ☐ 아니다

6. 가족의 개념은 시대와 문화에 따라 다르게 정의될 수 있습니다. 여러분이 생각하는 가족은 반려동물을 포함하나요?

☐ 그렇다 ☐ 아니다

 그림책 활동 더하기

반려 용을 위한 플래카드 만들기

여러분은 지구를 떠나는 용구에게 마지막으로 어떤 말을 하고 싶나요? 용구에게 전하고 싶은 메시지를 적고 그림을 그려 플래카드를 완성해 봅시다.

편리함으로
사라진 것들

『사라진 저녁』
권정민 글·그림, 창비

돈가스를 주문했는데 "직접 해 드세요!"라는 쪽지와 함께 살아 있는 돼지가 아파트로 배달되면서 이야기가 시작됩니다. 사람들은 직접 요리해 파티를 열 계획을 세우지만, 저녁 준비는 예상과 전혀 다르게 흘러갑니다. 기발한 설정과 반전이 호기심을 자극하며 환경 문제·동물권·플랫폼 노동의 불안정성·책임 회피에 익숙한 현대인의 모습을 유머러스하게 비틀어 보여 줍니다. 바쁜 일상을 핑계 삼아 어물쩍 넘어갔을지도 모르는 소비와 윤리의 문제를 꼬집어 제시하는 작품입니다.

#환경 #동물권 #플랫폼노동 #주체성

 핵심 질문

> 1. 사람들의 편리한 생활을 위해 다른 존재를 희생시키는 것은 정당한가요?
> 2. 편리함에 익숙해진 현대인이 되찾아야 할 가치는 무엇일까요?

📚 배경지식 질문

1. '저녁' 하면 주로 어떤 모습이 떠오르나요?
2. 표지를 보면 미끄러진 식탁보 아래로 그릇과 컵들이 떨어져 있습니다. 무슨 일이 있었던 걸까요?
3. 이 책의 제목인 '사라진 저녁'에서 사라진 것은 무엇일까요?

🎯 그림책 BINGO

① 아파트 사람들은 집 밖으로 나올 필요가 없습니다. 무엇이든 □ □까지 가져다 주기 때문입니다.	② 배달이 몰리는 바람에 식당에서는 □□ 다듬을 시간도 없었습니다.	③ 살아 있는 돼지가 □□으로 배달된 것을 보고 아파트 사람들은 당황합니다.
④ 사람들은 이상한 □□이 날까 봐 돼지를 숨기기로 합니다.	⑤ 사람들은 비상 대책 회의를 열어 돼지를 직접 □□하기로 합니다.	⑥ 핸드폰으로 요리에 필요한 준비물을 찾느라 □□□은 까맣게 잊습니다.
⑦ 돼지를 요리하기 위해 주문한 물건은 모두 날이 □□도 전에 도착합니다.	⑧ 불길 때문에 스프링클러가 작동되고 그 틈을 타 □□는 사라집니다.	⑨ 돼지가 사라진 후 문 앞에 □이 배달됩니다.

답: ①문 앞 ②재료 ③저녁 ④소문 ⑤요리 ⑥배고픔 ⑦밝기 ⑧돼지 ⑨닭

👁 해석 및 평가 질문

1. 아파트 엘리베이터는 음식 배달원으로 가득 차 있습니다. 사람들은 왜 배달 음식에 의존하게 되었을까요?

2. 식당 주인은 요리할 시간이 없으니 직접 요리해 먹으라며 돼지를 배달합니다. 아파트 주민이 돼지를 보고 뒷걸음질 친 까닭은 무엇일까요?

3. 감자탕, 돈가스, 보쌈, 김치찌개를 저녁으로 주문한 사람들에게는 어떤 공통점이 있을까요?

4. 아파트 사람들은 이상한 소문이 날까 두려워 돼지를 숨깁니다. 여기서 '이상한 소문'이란 무엇을 의미할까요?

4-1. 이 장면을 통해 알 수 있는 사람들의 삶의 태도는 무엇인가요? '이상한 소문'의 내용과 연결 지어 이야기해 봅시다.

5. 사람들은 비상 대책 회의 끝에 돼지를 직접 요리해 먹기로 결정합니다. 음식을 배달시켜 먹던 때와 비교하여 사람들은 어떻게 달라졌나요? 여전히 달라지지 않았다면, 무엇이 그러한가요?

6. 사람들은 돼지를 씻고, 잡고, 부위별로 나누고, 구워 먹기까지의 계

획안을 꼼꼼하게 작성하지만 결국 요리는 실패합니다. 사람들이 실패한 이유는 무엇일까요?

7. 요리를 위해 주문한 물건들은 날이 밝기도 전에 집 앞에 도착합니다. 이러한 배송 시스템으로 사람들이 얻은 것과 잃은 것은 각각 무엇일까요?

8. 돼지 요리를 준비하기로 한 사람들은 파티 준비에 집중하느라 돼지에는 관심이 없습니다. 게다가 실내에서 피운 불로 인해 스프링클러가 작동하면서 파티가 엉망이 됩니다. 이런 사람들의 모습을 어떻게 보았나요?

8-1. 어른들은 파티 준비에 열중하는 반면, 아이들은 돼지와 함께 있습니다. 아이들이 돼지를 대하는 태도는 어른들과 어떻게 다를까요?

9. 돼지가 사라진 후, 사람들은 저녁 식사를 어떻게 해결했을까요?

10. 마지막 장면에서는 살아 있는 닭이 문 앞에 배달됩니다. 왜 닭이 배달되었을까요?

11. 뒤표지에는 열린 문 사이로 돼지가 지나간 자국과 숨어 있는 사람이 보입니다. 이를 단서로 돼지가 어떻게 사라졌을지 상상해 봅시다.

🔎 적용 질문

1. 이 책 속 사람들은 음식을 주로 배달시켜 먹습니다. 여러분도 배달 음식을 자주 먹나요? 어떤 상황에서 배달 음식을 먹게 되나요?

2. 사람들은 살아 있는 돼지가 배달되자 고민 끝에 직접 요리하기로 합니다. 여러분이라면 어떻게 하겠나요?

3. 사람들이 스마트폰으로 주문한 것들은 날이 밝기도 전에 집 앞에 배송됩니다. 이렇게 빠르고 편리한 배송 시스템이 사라진다면, 우리의 삶은 어떻게 달라질까요?

4. 준비물을 찾아 나선 사람들은 금세 스마트폰에 빠져 배고픔도 잊어버립니다. 이와 비슷한 경험을 한 적이 있나요?

5. 어른들이 파티를 준비하는 동안 아이들은 돼지 곁에서 어른들의 모습을 지켜봅니다. 여러분이 아이들이라면 어떻게 행동하겠나요?

6. '사라진 저녁'을 '현대인의 삶에서 사라진 저녁'으로 본다면, 무엇이 사라진 걸까요?

6-1. 우리에게서 사라진 것들 중 되찾고 싶은 것이 있다면 무엇인가요?

7. 살아 있는 돼지는 편리함에 무감각해진 사람들의 일상에 균열을 내는 존재입니다. 만약 현실에서 살아 있는 동물들이 배달된다면, 사람들은 배달 음식에 의존하는 삶의 방식을 바꾸게 될까요?

8. 자신들이 벌인 일조차 남의 손에 맡기는 아파트 사람들처럼 편리함을 위해 스스로 하지 않는 일이 늘어난다면, 우리 삶은 어떻게 변화할까요?

9. COVID-19 팬데믹 이후 배달 음식과 새벽 배송이 늘어나면서 일회용 쓰레기 문제가 심각해지고 있습니다. 또한 1인 가구와 맞벌이 가구의 증가로 인해 이러한 소비 형태가 더욱 가속화되고 있습니다. 지속 가능한 생활 방식을 위해 개인과 사회는 어떤 노력을 해야 할까요?

선택 질문

1. 여러분은 배달앱이나 새벽 배송 서비스를 자주 이용하나요?
☐ 그렇다 ☐ 아니다

2. 사람들은 배달된 돼지를 일단 숨기기로 합니다. 여러분이라면 돼지를 숨기겠나요?
☐ 숨긴다 ☐ 숨기지 않는다

3. 여러분이 아파트 사람이라면, 돼지를 요리해서 먹자는 의견에 동의하겠나요?

☐ 동의한다　☐ 동의하지 않는다

4. 돼지를 요리해야 한다면, 여러분이 맡고 싶지 않은 역할은 무엇인가요?

☐ 씻기　☐ 잡기　☐ 부위별로 나누기
☐ 굽기　☐ 파티 준비　☐ 그 외

5. 배달 음식을 주문한 사람들 중 가장 인상적인 인물과 이유는 무엇인가요?

☐ 족발을 주문한 904호 남자
☐ 감자탕을 주문한 805호 부부
☐ 돈가스를 주문한 702호 워킹맘
☐ 보쌈을 주문한 603호 여자
☐ 김치찌개를 주문한 501호 여자

6. 사람들은 요리 재료와 도구의 세계에 빠져 배고픔은 까맣게 잊어버립니다. 이런 사람들의 행동에 공감하나요?

☐ 공감한다　☐ 공감하기 어렵다

 그림책 활동 더하기

소중한 사람을 위한 저녁 식탁 그리기

가족이나 친구를 위해 저녁 요리를 한다면 어떤 음식을 만들고 싶나요? 여러분이 만들고 싶은 음식을 접시 위에 그려 소중한 사람을 위한 저녁 식탁을 완성해 봅시다.

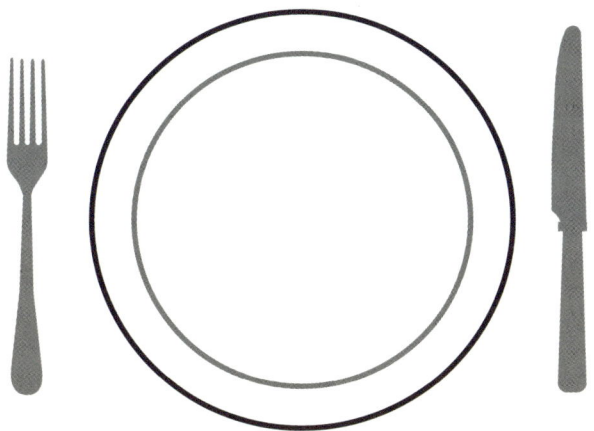

상자의 경고

『상자 세상』
윤여림 글, 이명하 그림, 천개의바람

"띵동~♪ 택배왔습니다." 기대 가득한 마음으로 기다린 물건을 받고, 쓰임을 다한 상자는 밖으로 버려집니다. 그렇게 쌓이고 쌓인 상자들은 거대한 산이 되고, 결국 배고픈 상자들이 도시와 사람들을 집어삼킵니다. 이 책은 현대 소비 문화와 환경 문제에 대한 상자들의 경고를 담고 있습니다. 우리가 무심코 버린 것들이 어떻게 세상을 바꾸는지를 되돌아보며, 일상 속 소비 습관을 성찰할 수 있는 계기를 마련해 줍니다. 이 책을 활용해 수업을 한다면, 아이들이 버려진 물건의 눈으로 세상을 바라보면서 일상 속 소비를 돌아보고 환경에 대해 스스로 질문을 던져볼 수 있습니다.

#당일배송 #택배 #과소비 #쓰레기

 핵심 질문

> 1. 남자는 왜 물건을 계속 사는 걸까요?
> 2. 현대 사회의 소비문화로 인한 문제점은 무엇일까요?

📖 배경지식 질문

1. 표지 속 상자에는 무엇이 들어있을까요?
2. 이 책의 제목인 '상자 세상'은 어떤 세상일까요?
3. 당일배송을 이용해 본 경험이 있나요? 주로 어떤 물건을 주문했나요?

🎯 그림책 BINGO

① 띵동~ 소리와 함께 배달된 택배 상자는 □□□□에서 왔습니다.	② 남자에게 첫 번째로 배송된 물건은 자동 요리팬입니다. (O/X)	③ 남자는 물건을 꺼낸 후 상자를 어떻게 했나요?
④ 버려진 상자들은 산처럼 쌓인 채 □□□ 소리칩니다.	⑤ 배부른 상자들은 말합니다. "심심할 땐 □□ □□가 최고야!"	⑥ 상자는 말합니다. "난 싣고 다녔던 물건은 생각 안 나고 □□□만 기억나."
⑦ 맑은 달밤 아래에서 상자들은 언젠가 꾼 □을 떠올립니다.	⑧ 꿈을 이야기하던 상자들은 다 같이 □□가 되어 보기로 합니다.	⑨ 택배 상자를 열던 남자가 말합니다. "왜 상자 속에서 □□을 본 거 같지?"

답: ①번개쇼핑 ②X ③창밖에 버렸다 ④배고파 ⑤기억 놀이 ⑥먹은 것 ⑦꿈 ⑧나무 ⑨하늘

👁 해석 및 평가 질문

1. 태그도 떼지 않은 새 옷을 입고 택배 상자를 들고 들어온 남자의 주변에는 상품설명서와 상자가 널려 있습니다. 그의 생활방식은 어떤 특징을 가지고 있다고 생각하나요?

2. 사람들은 택배 상자를 베란다 밖으로 던져 버립니다. 아파트 단지 사이에 산처럼 쌓인 상자들을 보면 어떤 생각이 떠오르나요?

3. 버려진 상자들은 "배고파"라고 말하며 세상의 모든 것들을 먹어 치웁니다. 상자들은 왜 배가 고팠을까요?

4. 상자들이 모든 것을 먹어 치운 뒤, 주변에는 아무것도 남지 않습니다. 왜 아무것도 남지 않게 되었을까요?

5. 상자들의 기억 놀이에는 여러 가지 물건들이 등장합니다. 이 물건들이 의미하는 바는 무엇일까요?

6. 기억 놀이를 하던 상자 중 하나는 "난 신고 다녔던 물건은 생각 안 나고 먹은 것만 기억나."라고 말합니다. 상자는 왜 자신이 신고 다녔던 물건이 생각나지 않았을까요?

7. 달밤에 꿈 이야기를 나누던 상자들은 나무가 되어 보기로 합니다.

산처럼 쌓였던 상자들이 나무처럼 쌓였을 때, 그들은 어떤 감정을 느꼈을까요?

7-1. 여러분은 상자들의 진짜 꿈이 무엇이라 생각하나요?

8. 사람들은 나무처럼 쌓여 있던 상자 문을 열고 주문한 물건을 찾습니다. 그런데 상자들은 그 문을 닫아 사람들을 가둬 버립니다. 상자들이 이런 행동을 한 이유는 무엇일까요?

9. 자동칫솔을 구매했던 남자는 마지막 장면에서 자동요리팬을 구매합니다. 그는 왜 자꾸 자동으로 작동하는 물건을 사는 걸까요?

10. 택배 상자를 뜯던 남자는 "근데 왜 상자 속에서 하늘을 본 거 같지?"라고 말합니다. 이때 상자 속 '하늘'이 의미하는 것은 무엇일까요?

적용 질문

1. 이 책의 제목은 '상자 세상'입니다. 지금 여러분이 살아가는 사회를 '세상'으로 표현한다면, 어떤 세상이라 부르고 싶나요?

2. 택배 상자에는 '당일배송' 딱지가 붙어 있습니다. 여러분은 주로 어떤 이유로 당일배송 서비스를 이용하나요?

3. 바쁜 일상 속에서 신속하고 빠른 구매 경험을 제공하는 당일배송의 편리함 이면에는 어떤 문제점이 숨어 있을까요?

4. 기억 놀이에 등장하는 여러 물건 중, 여러분에게 꼭 필요하거나 가치 있어 보이는 것은 어떤 것인가요?

5. 여러분이 지금 당장 과소비를 줄이기 위한 해법 한 가지씩 내어놓아야 한다면 어떤 방법을 제시하겠나요?

선택 질문

1. 우리는 주문한 물건이 최대한 빠르게 배송되기를 원합니다. 여러분은 당일배송 서비스가 우리 삶에 꼭 필요하다고 생각하나요?
☐ 필요하다 ☐ 필요하지 않다

2. 여러분은 미니멀리즘과 맥시멀리즘 중 어떤 삶을 추구하나요?
☐ 미니멀리즘 ☐ 맥시멀리즘

3. '가치 소비'는 가격이나 유행보다 개인의 신념과 가치를 기준으로 물건을 선택하는 소비 방식입니다. 환경에 도움이 되는 제품이 있다면 가격이 비싸더라도 구매하겠나요?
☐ 구매한다 ☐ 구매하지 않는다

 그림책 활동 더하기

나만의 장바구니 만들기

우리는 평소에 어떤 물건을 사용하고 있나요? 여러분의 쇼핑 리스트를 작성한 뒤 환경과 가치 소비를 고려하여 장바구니에 물건을 담아 봅시다.

〈활동 단계〉
1단계: 지금 당장 사고 싶은 물건을 모두 적어 보세요.
2단계: 그 물건들이 정말 필요한지, 혹은 가치 있는 소비인지 생각해 보고 필요한 것에 체크하세요.
3단계: 체크한 물건 중 환경을 고려한 대안이 있을지 고민해 보세요.
(예: 플라스틱 칫솔 → 대나무 칫솔 / 일회용 비닐봉지 → 에코백)

동물다운 삶이란

『에덴 호텔에서는 두 발로 걸어 주세요』
나현정 글·그림, 길벗어린이

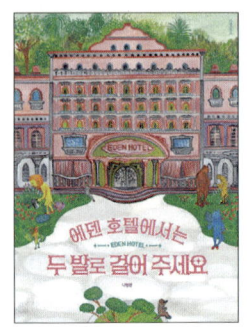

에덴 호텔은 '두 발로 걷기'만 지키면 누구나 누릴 수 있는 천국 같은 공간입니다. 화려한 시설과 편리한 서비스, 안전한 환경까지 모든 것이 완벽해 보이지만, 미어캣은 점점 알 수 없는 공허함을 느낍니다. 그러던 어느 날, 새로운 투숙객으로 악어 알이 도착하고 동물들은 중대한 선택 앞에 놓이게 됩니다. 이야기는 우리가 '나다움'을 소중히 여기듯, 동물에게도 '동물다움'이 필요하다는 메시지를 전합니다. 이 책을 통해 인간 중심의 시선에서 벗어나 동물의 입장에서 동물원을 바라볼 수 있고, '있는 그대로 살아간다는 것'의 의미, 편리함과 자유 사이의 균형, 진정한 공존에 대해 성찰해 볼 수 있습니다.

#동물권 #동물원 #자유 #공존

 핵심 질문

> 1. 에덴 호텔은 왜 '두 발로 걷기'라는 기본 수칙을 만든 걸까요?
> 2. 에덴 호텔이 모두를 위한 천국이 되려면 무엇이 필요할까요?

📖 배경지식 질문

1. 에덴 호텔은 어떤 곳일까요?
2. 에덴 호텔에는 주로 어떤 이가 머무를까요?
3. 에덴 호텔 앞 동물들의 모습이 어떻게 보이나요?

◎ 그림책 BINGO

① 에덴 호텔에서는 동물들이 모든 서비스를 무료로 받는 대신 호텔 안에서 어떻게 걸어야 했나요?	② 미어캣은 나른한 오후 텔레비전에서 무슨 프로그램을 보고 있었나요?	③ 미어캣은 텔레비전을 보며 "저 동물들은 참 안됐어. 먹느냐, 먹히느냐. 매일 ㅈㅈ을 치르겠지."라고 말합니다.
④ 에덴 호텔에서는 야생과 달리 동물들끼리 서로를 잡아먹지 않고 배고프면 어디에 가면 되었나요?	⑤ 코끼리는 미어캣에게 "□□은 걱정 없는 세상을 말해. 호텔은 훌륭한 식사와 잠자리가 있는 곳이지. 한마디로 여기는 천국이야!"라고 말합니다.	⑥ 미어캣은 에덴 호텔이 정말 완벽하지만, 관람 시간이 되면 ㅅㄹ들이 몰려와서 난리법석을 떤다고 불편함을 느낍니다.
⑦ 앵무새는 안내원의 설명을 통역해 주며 "이곳은 동물원이 아니라, □□입니다."라고 말합니다.	⑧ 미어캣이 특히 좋아하는 이야기는 전쟁 이야기입니다. (O/X)	⑨ 아주 특별한 신입 투숙객은 무슨 알이었나요?

답: ①두 발로 걸어야 했다. ②동물의 왕국 ③전쟁 ④뷔페 ⑤에덴 ⑥사람 ⑦호텔 ⑧X ⑨악어 알

👁 해석 및 평가 질문

1. 에덴 호텔의 동물들은 어떻게 이곳에 오게 되었을까요?

2. 에덴 호텔의 기본 수칙 중 "모든 서비스를 무료로 제공합니다."가 있습니다. 이 수칙을 정한 이유는 무엇일까요?

2-1. 왜 '두 발로 걷는 것'이 기본 규칙이 되었을까요?

2-2. 에덴 호텔에서는 위 수칙만 지키면 '평화로운 공존'과 '품위 있는 삶'을 누릴 수 있다고 합니다. 여러분은 '평화로운 공존'이 무엇이라고 생각하나요?

3. 미어캣은 TV 프로그램 〈동물의 왕국〉을 보면서 "한때는 나도 저런 곳에서 살았는데…."라고 말합니다. 미어캣이 생략한 말은 무엇일까요?

3-1. '동물의 왕국' 속 삶과 '에덴 호텔'의 삶은 어떤 점에서 차이가 날까요?

4. 에덴 호텔의 동물들은 두 발로 걷고, 배가 고프면 뷔페에서 밥을 먹습니다. 좋아하는 텔레비전 프로그램을 보고, 선베드에 누워 일광욕을

하며 각자의 취향대로 생활합니다. 여러분에게 가장 낯설게 느껴지는 생활 방식은 무엇인가요?

5. 어느 날 에덴 호텔에 악어 알이 들어오자, 동물들은 밤새 잠들지 못합니다. 그들이 잠들지 못한 이유는 무엇일까요?

6. 동물들은 악어 알을 강에 가져다 놓고 호텔로 돌아가려 합니다. 그러나 경비원에게 들키고 맙니다. 얌전하던 사자는 갑자기 무섭게 포효합니다. 사자가 이렇게 행동한 이유는 무엇일까요?

7. 도망치던 동물들은 바람에 실려 온 강 냄새를 따라가다가 네 발로 걷기 시작합니다. 그들은 왜 다시 네 발로 걷게 되었을까요?

8. 에덴 호텔의 동물들은 악어 알이 오기 전까지는 왜 떠날 생각을 하지 않았을까요?

8-1. 동물들에게 '악어 알'은 어떤 존재였을까요?

9. 이 책의 마지막 장면에서, 미어캣은 "우린 더없이 소중한 것을 지키려고 길을 나섰으니까."라고 말합니다. 미어캣이 말하는 '더없이 소중한 것'은 무엇을 의미할까요?

적용 질문

1. 에덴 호텔의 기본 수칙 중 '두 발로 걷기'는 동물들이 지키기 어려운 규칙입니다. 여러분에게도 지키기 힘든 규칙이 있다면 무엇인가요?

2. 코끼리는 "에덴은 걱정 없는 세상을 말해. 호텔은 훌륭한 식사와 잠자리가 있는 곳이지. 한마디로 여기는 천국이야!"라고 말합니다. 여러분이 생각하는 '걱정 없는 천국'은 어떤 모습인가요?

3. 에덴 호텔의 동물들은 안락한 삶을 누리지만, 동시에 감시받고 사람들의 구경거리가 됩니다. 연예인들도 비슷한 상황을 겪곤 합니다. 사생활을 잃는 대가로 얻는 인기와 경제적 풍요에 대해 어떻게 생각하나요?

4. 미어캣은 에덴 호텔을 떠나 진정한 모험을 떠납니다. 여러분은 어떤 모험을 떠나고 싶나요?

5. "안락함에 젖어 진짜 걸음걸이조차 잊어버릴 뻔했다."라는 미어캣의 말처럼, 안락함에 익숙해져 자신을 잃을 뻔한 경험이 있었나요?

5-1. 자신을 잃지 않기 위해 어떤 노력을 하고 있나요?

6. 여러분이 생각하는 동물들에게 '진정한 에덴'은 어떤 곳일까요?

선택 질문

1. 에덴 호텔에서는 두 발로 걸어야만 서비스를 받을 수 있으며, 이를 통해 자유가 보장된다고 합니다. 여러분은 이것이 진정한 자유라고 생각하나요?
☐ 동의한다 ☐ 동의하지 않는다

2. 만약 인간에게 '네 발로 걷는' 조건으로 에덴 호텔의 최상의 서비스를 모두 무료로 받을 수 있게 한다면, 여러분은 이곳을 선택하겠나요?
☐ 선택한다 ☐ 선택하기 어렵다

3. 안내원은 에덴 호텔이 평화로운 공존과 품위 있는 삶을 같은 가치를 추구한다고 말합니다. 여러분은 안내원의 말에 동의하나요?
☐ 동의한다 ☐ 동의하기 어렵다

4. 여러분은 에덴 호텔이 동물들에게 천국이라고 생각하나요?
☐ 천국이다 ☐ 천국이 아니다

5. 곰은 "우릴 사람대접하는 곳은 에덴 호텔뿐이야."라고 말합니다. 곰의 말에 동의하나요?
☐ 동의한다 ☐ 동의하지 않는다

6. 늑대가 "다른 동물들은 몰라도, 악어만큼은 이 호텔에서 산다는 것

이 상상이 안 돼."라고 하자, 표범은 "늑대가 호텔에 어울리기나 해?"라고 말합니다. 에덴 호텔에서 사는 것이 가장 어울리지 않는 동물은 누구라고 생각하나요?

☐ 미어캣   ☐ 사자   ☐ 늑대   ☐ 표범
☐ 악어   ☐ 앵무새   ☐ 코끼리   ☐ 오리너구리

7. 여러분이 에덴 호텔을 떠난 동물이라면 새끼 악어를 키우겠나요?

☐ 키운다   ☐ 키우지 않는다

8. 최근 동물의 권리와 복지에 대한 관심이 높아지면서 동물원을 폐지해야 한다는 의견과 유지해야 한다는 의견이 대립하고 있습니다. 여러분은 동물원이 필요하다고 생각하나요?

☐ 필요하다   ☐ 필요하지 않다

9. 여러분이 동물이라면 '에덴 호텔'과 '자연' 중 어디에서 살고 싶은가요?

☐ 에덴 호텔   ☐ 자연

 그림책 활동 더하기

새끼 악어 키우기 매뉴얼 만들기

새끼 악어가 알에서 태어났어요! 하지만 동물들은 어미 없이 홀로 자라야 하는 새끼 악어를 걱정합니다. 코끼리는 '악어 키우는 법'이 적힌 책을 가져와 모두에게 보여 줍니다. 여러분은 새끼 악어가 건강하고 악어답게 성장할 수 있도록 다음 내용을 참고해 매뉴얼을 만들어 봅시다.

새끼 악어의 적합한 환경

새끼 악어의 먹이

새끼 악어의 습성

지구를 위한 처방

『자, 맡겨 주세요!』
이소영 글·그림, 비룡소

'오! 박사'는 전화기와 컴퓨터만으로 어떤 문제든 빠르고 정확하게 해결할 수 있다고 장담합니다. 그는 환경오염으로 고통받는 동물에게 자신만만하게 처방을 내리지만, 해결책은 오히려 상황을 악화시킵니다. 이 책은 유쾌한 전개 속에 환경 문제의 본질을 날카롭게 짚어 내어, 지구 온난화와 생태계 파괴의 복잡성을 이해하고 지속 가능한 해결책에 대해 독자 스스로 생각해 볼 수 있게 합니다. 교과 수업과 연계해 학생들에게 환경 문제를 비판적으로 바라보는 태도를 길러 주기에 적절한 그림책입니다.

#기후위기 #생태환경 #지속가능성 #기후감수성

 핵심 질문

> 1. 오! 박사가 동물들에게 내린 처방은 과연 유용한 것일까요?
> 2. 우리에게 정말 필요한 진짜 처방은 무엇일까요?

📖 배경지식 질문

1. 표지 속 남자가 들고 있는 알약은 어떤 약일까요? 무엇을 위한 것일까요?
2. "자, 맡겨 주세요!"라는 말을 들으면 어떤 느낌이 드나요?
3. 앞면지의 "딸깍 딸깍 딸깍…" 소리는 어떤 소리일까요?

🎯 그림책 BINGO

① 이 책은 뭐든 척척 해결하는 □ □□가 주인공입니다.	② 아무리 어려운 일도 □□□, □□□만 있으면 빠르고 정확하게 해결할 수 있습니다.	③ □□이 많은 동물들은 하나둘 오! 박사를 만나러 왔습니다.
④ 더워서 겨울잠을 자지 못한다는 이유로 오! 박사를 찾아온 것은 누구인가요?	⑤ 흰올빼미의 털색은 □□으로 변하고 있습니다.	⑥ 거북이들이 알을 낳는 바닷가가 변해서, □□ 거북이가 태어나지 않습니다.
⑦ 바다에 먹을 것이 없어서 찾아온 대왕고래에게 오! 박사가 내린 처방은 무엇인가요?	⑧ 딸깍, 딸깍 소리는 어디서 나는 것일까요?	⑨ 오! 박사에게 마지막으로 메시지를 보낸 것은 뜨거워진 □□입니다.

답: ①오! 박사 ②전화기, 컴퓨터 ③고민 ④곰 ⑤갈색 ⑥수컷 ⑦통조림을 준다 ⑧지구 위기 시계 ⑨지구

05 공존과 지속 가능한 미래

👁 해석 및 평가 질문

1. 오! 박사가 전화기와 컴퓨터만 있으면 모든 문제를 빠르고 정확하게 해결할 수 있다고 한 이유는 무엇일까요?

2. 오! 박사를 찾아온 여러 동물들 중 가장 인상 깊었던 인물은 누구이며 그 이유는 무엇인가요?

3. 오! 박사의 단순하고 명쾌한 처방에도 불구하고 동물들의 표정은 만족스럽지 않습니다. 동물들이 이런 반응을 보인 이유는 무엇일까요?

4. 지구는 오! 박사에게 "헉헉, 도…와…주…세…요. 기운도… 없고 너…무 뜨거워요…."라고 호소하고, 오! 박사의 안경에 불타는 지구가 비칩니다. 이 장면을 어떻게 보았나요?

5. '지구 위기 시계'는 환경 파괴로 인한 인류 생존의 위기를 시간으로 나타낸 것입니다. 지구 위기 시계가 6년 12일 4시간을 가리키는 장면을 보며 어떤 생각이 들었나요?

6. 오! 박사가 열이 많아 힘들어하는 지구의 요청에 감기약 사십오억 밀리그램을 처방한 까닭은 무엇일까요?

7. 오! 박사는 동물들과 지구의 고민을 들을 때마다 "아, 간단합니다."라

며 다양한 해결책을 제시합니다. 이러한 오! 박사를 어떤 인물로 평가하나요?

8. 오! 박사는 환경 문제로 고통받는 동물들과 지구의 고민을 해결해 주는 것처럼 보이지만 정작 환경 문제에는 관심이 없어 보입니다. 이 책에서 오! 박사의 이런 태도가 잘 나타난 장면은 무엇일까요?

8-1. 오! 박사와 우리 사회 구성원들은 어떤 공통점이 있을까요?

8-2. 작가는 오! 박사라는 인물을 통해 독자에게 어떤 메시지를 전달하고자 했을까요?

적용 질문

1. 여러분이 '자, 맡겨 주세요!'라고 자신 있게 말할 수 있는 일은 어떤 일인가요?

2. 오! 박사는 동물들이 겪는 문제의 근본 원인을 찾지 못한 채 쓸모없는 해결책만 제시합니다. 여러분이 오! 박사가 되어 동물들과 지구에게 제대로 된 처방을 내려 봅시다.

3. 지구는 열이 너무 많아 움직일 수 없으니 오! 박사에게 만나러 와 달라

는 도움을 요청합니다. 지구의 다른 구조 신호에는 어떤 것이 있을까요?

4. 지구 위기 시계를 늦출 수 있는 일들 중에서, '나, 하나쯤이야!' 하며 미루고 있는 일은 무엇인가요?

선택 질문

1. 오! 박사의 번뜩이는 아이디어와 첨단 과학 기술이 동물들과 지구의 문제 해결에 도움이 된다고 생각하나요?
□ 도움이 된다   □ 도움이 되지 않는다

2. 오! 박사가 환경 문제의 근본 원인을 찾고 관심을 갖게 된다면 동물들에게 내릴 처방은 달라질까요?
□ 달라진다   □ 달라지지 않는다

3. "오! 소리가 날 만큼 모르는 게 없고, 못하는 게 없는 오! 박사"라는 말에 여러분은 동의하나요?
□ 동의한다   □ 동의하기 어렵다

4. 여러분이 지구라면 오! 박사에게 자신의 온도를 낮춰 달라고 부탁하겠나요?
□ 부탁한다   □ 부탁하지 않는다

 그림책 활동 더하기

실천 다짐 선언문 만들기

여러분이 동물과 지구를 위해 '자, 맡겨 주세요!'라고 자신 있게 말할 수 있도록 실천 다짐 선언문을 적어 봅시다.

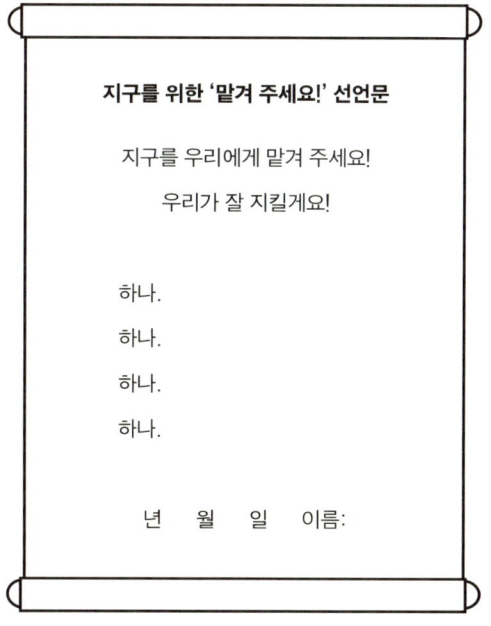

생명을 위한 선택의 가치

『지각』
허정윤 글, 이명애 그림, 위즈덤하우스

아침 8시 15분 꽉 막힌 도로 위, 모두가 지각을 걱정하는 사이 아기 고양이 한 마리가 뛰어듭니다. 혹여 다칠까 불안한 마음 사이로 차마 구해 줄 용기는 나지 않습니다. 지각하기 싫은 마음과 생명을 위한 멈춤 사이에서 어떤 가치를 선택하게 될까요? 이 책을 통해 동물을 사랑하자는 감성적 메시지를 넘어서, 일상에서 선택의 가치에 대해서도 토론할 수 있습니다. 또한 이야기 속 사람들처럼 우리도 망설일 수 있지만 그런 망설임이 얼마나 중요한 시작점인지도 깨달을 수 있습니다.

#선택 #생명 #동물권 #책임

💡 핵심 질문

> 1. 이 책에서 '지각'이 큰 의미를 가지게 된 이유는 무엇일까요?
> 2. 여러분의 삶에서 용기 있는 선택을 한 경험이 있나요? 그 선택의 이유는 무엇인가요?

📖 배경지식 질문

1. 여러분은 지각을 한 적이 있나요?
2. 표지 속 두 사람은 어디로 가고 있는 것일까요?
3. 표지 속 두 사람이 지각을 했다면 어떤 이유일까요?

🎯 그림책 BINGO

① 첫 장면에서 하늘에는 ㅁㄱㄹ이 잔뜩 끼어 있습니다.	② 출근길 도로 곳곳에서 ㅈㅊ가 이어집니다.	③ 꽉 막힌 도로에서 주인공이 걱정하는 것은 무엇인가요?
④ 꽉 막힌 도로 위로 ㅁㄱ ㄱㅇㅇ가 뛰어듭니다.	⑤ 정체된 빗길에서 고양이를 못 본 척 지나가도 "아무도 ㅅㄱ ㄹㅈ할 수 없는 일"입니다.	⑥ 사람들은 차마 고양이를 구해 줄 ㅇㄱ를 내지 못합니다.
⑦ 차를 세운 운전자는 고양이 ㅇㅁㅅㄹ를 듣고 싶었습니다.	⑧ 사람들은 고양이를 구해 주느라 모두 지각했지만 어떤 날이라고 생각하나요?	⑨ 오전 9시, 정체가 풀리며 날씨는 어떻게 바뀌었나요?

답: ①먹구름 ②정체 ③지각 ④아기 고양이 ⑤손가락질 ⑥용기 ⑦울음소리 ⑧지각해도 좋은 날 ⑨비가 그치고 맑아짐

👁 해석 및 평가 질문

1. 이 책은 상자 속에 든 검은 고양이 한 마리를 보여 주며 시작됩니다. 고양이는 왜 홀로 상자 속에 있었을까요?

2. 아침 8시 15분, 주인공은 꽉 막힌 도로 위 자동차 안에 있습니다. 주인공은 어떤 마음일까요?

3. 태어난 지 보름쯤 된 아기 고양이가 도로에 뛰어듭니다. 길을 잃고 자동차 사이사이를 넘나드는 아기 고양이의 모습이 어떻게 보이나요?

4. 사람들은 아침부터 작은 생명이 다치는 걸 보고 싶지 않습니다. 그렇다고 선뜻 구해 줄 용기도 내지 않습니다. 사람들이 고양이를 걱정하면서도 행동하지 않는 이유는 무엇일까요?

5. 아기 고양이가 보이지 않자 간담이 서늘해진 자동차 한 대가 갑자기 멈춰 섭니다. 고양이의 울음소리가 들려오길 바라면서요. 이 순간 운전자는 어떤 생각을 하고 있을까요?

5-1. 운전자가 고양이를 구해 주지 않았다면 고양이는 어떻게 되었을까요?

6. 누군가 용기를 내어 꽉 막힌 도로 위에서 고양이를 구하는 모습을

보고 나서, 주변 사람들의 생각이나 행동에는 어떤 변화가 생길까요?

7. "모두 지각했습니다. 하지만 괜찮습니다. 오늘은 지각해도 좋은 날입니다."에서 '지각해도 좋은 날'은 어떤 날을 의미할까요?

8. 고양이가 구조된 후 출근길 정체는 점차 해소되고 거세게 내리던 비도 멈춥니다. 여러분은 이 책에서 도로 위의 상황과 날씨 변화가 주는 효과가 무엇이라 생각하나요?

9. 이 책의 제목은 '지각'입니다. 지각은 '정해진 시각보다 늦게 출근하거나 등교하는 것(遲刻)', '알아서 깨닫게 됨(知覺)' 두 가지 의미를 가지고 있습니다. 여러분이 이 책을 통해 깨닫게 된 것, 즉 '지각(知覺)'하게 된 것은 무엇인가요?

적용 질문

1. 도로에 뛰어든 고양이처럼 위험한 상황에 처한 동물을 본 적이 있나요? 여러분은 그 순간 어떤 선택을 했나요?

2. 생명의 소중함을 알지만 구해 줄 용기를 내는 것은 쉽지 않습니다. 중요하다고 생각하는 가치를 위해 용기 낸 적이 있나요?

2-1. 반면 용기 내지 못하고 외면했거나 핑계를 대며 하지 못했던 일이 있다면 무엇인가요?

3. 우리는 하루에도 수십 번 선택의 순간을 마주합니다. 최근에 한 선택 중 '나'를 위해 가장 잘한 선택은 무엇인가요? 그렇게 생각하는 이유는 무엇인가요?

3-1. 고양이를 구하기 위해 차를 멈춰 세운 것처럼 여러분의 선택이 타인에게 영향을 끼친다면 더 깊이 고민해야 할 것입니다. '좀 더 나은 세상'을 위해 선택한 것이 있다면 무엇인가요?

4. 이 책에 등장하는 고양이는 다행히 목숨을 건졌지만 실제로 많은 동물들이 자동차에 치여 목숨을 잃곤 합니다. 도로를 건너던 동물이 차에 치여 죽음에 이르는 사고를 '로드킬'이라고 합니다. 로드킬이 늘어나는 이유는 무엇일까요? 이를 방지할 방법에는 무엇이 있을까요?

5. 사람들이 가장 약한 사람이나 동물을 대하는 모습을 보면 그 사회의 의식 수준을 알 수 있다고 합니다. 동물은 사람의 생존에 꼭 필요한 존재이며 경제적, 정서적 문제와도 밀접한 관련을 맺고 있습니다. 성숙한 사회가 되기 위해 동물 복지 문제, 반려 문화 등과 관련하여 우리는 어떤 노력을 해야 할까요?

 **선택 질문**

1. 다리 위 도로에 뛰어든 아기 고양이를 본 버스 안 사람들은 각기 다른 반응을 보입니다. 여러분이 보일 반응과 가장 비슷한 반응은 무엇인가요?

☐ 괜히 마음 아프게 보지 말자   ☐ 왜 아무도 안 도와주지?

☐ 어떡해…   ☐ 저 조그만 것이 살겠다고…

☐ 설마 차에 치이는 건 아니겠지?   ☐ 어휴, 오늘도 지각이네

2. 도로 가운데를 가로질러 건너는 아기 고양이를 구하지 않고 경적만 울려 대는 것을 보고 "못 본 척 지나가도 아무도 손가락질할 수 없는 일, 아무도 겁쟁이라 할 수 없는 일"이라고 말합니다. 여러분은 이 말에 공감하나요?

☐ 공감한다   ☐ 공감하기 어렵다

3. 여러분이라면 바쁜 출근길에 아기 고양이를 구하기 위하여 차를 세우겠나요?

☐ 세운다   ☐ 세우지 않는다

4. 여러분은 아기 고양이를 구하기 위해 차를 멈춰 모든 사람을 지각하게 하는 것이 옳은 일이라고 생각하나요?

☐ 그렇다   ☐ 아니다

 그림책 활동 더하기

라디오 사연 방송— '아기 고양이 구출되다'

비 오는 아침 출근길, 다리 위 도로에 뛰어든 아기 고양이를 해 준 이야기가 라디오 사연으로 접수되었어요. 여러분이 사연을 완성하고 라디오 진행자 되어 실감 나게 읽어 보세요.

〈교통 방송 라디오 사연〉

오늘 아침 출근길, 다리 위에서
아기 고양이 한 마리가 구조되었습니다.

자연의 노래를
다시 회복하려면

『판판판 포피포피 판판판』
제레미 모로 글·그림, 웅진주니어

이 이야기에는 자연의 멜로디를 잊어버린 자연의 신, '판'이 등장합니다. 아무도 자신의 연주를 들어 주지 않자, 판은 분노해 용으로 변신하고 거대한 재앙을 일으킵니다. 이를 막으려는 워렌이 동물들과 함께 위기를 극복해 가는 과정을 따라가다 보면, 자연의 소중함을 느낄 수 있습니다. 특히 마지막에 모두가 함께 노래를 떠올리는 장면은, 우리가 힘을 모아야만 자연을 되살릴 수 있다는 중요한 메시지를 전합니다. 환경 관련 단원이나 자연 회복의 중요성을 배우는 수업에서 활용하기 좋은 이야기입니다.

#생태계 #공존 #회복 #자연

 핵심 질문

> 1. 판의 노래가 상징하는 것은 무엇인가요?
> 2. 현대를 살아가는 우리에게 닥친 자연 위기는 무엇이며 어떻게 헤쳐 나갈 수 있을까요?

📖 배경지식 질문

1. 산이나 숲으로 여행을 가면 어떤 생각이 드나요?
2. '판판판 포피포피 판판판'은 무슨 말일까요?
3. 표지 속 아이와 동물들이 숲에 모인 까닭은 무엇일까요?

◎ 그림책 BINGO

① 할머니가 숲을 바라보며 울고 있던 이유는 □이 노래하지 않기 때문입니다.	② 워렌은 로켓을 찾아다니다가 숲에서 □□를 불려고 애쓰는 동물을 발견합니다.	③ 워렌은 꿈에서 숲에서 본 동물이 □으로 바뀌고 입에서 불을 뿜는 모습을 봅니다.
④ 여왕개미는 워렌에게 워렌이 본 동물이 □□의 신 판이라고 말합니다.	⑤ 할머니는 동물들에게 자기 방을 피난처로 내준 워렌의 이야기를 듣고 "우리 꼬맹이 워렌이 □□의 □□를 만들고 있었구나."라고 이야기합니다.	⑥ 워렌과 동물들은 자연의 재앙에 대비하여 무엇을 준비하나요? 튼튼한 □, 먹을 □□, 마실 □
⑦ 붉은 달 아래 워렌과 동물들이 모두 나와 춤을 춥니다. 그러자 □□□이 점점 사라집니다.	⑧ 함께 부르는 □□□□는 세상에서 가장 아름다운 노랫소리입니다.	⑨ 시간이 흘러 워렌의 방은 정말 아름다운 궁전이 되었어요. 하지만 모두 그 집을 '□□의 □□ □'이라고 합니다.

답: ①숲 ②피리 ③용 ④자연 ⑤노아, 방주 ⑥벽, 음식, 물 ⑦두려움 ⑧판의 노래 ⑨워렌, 작은 방

👁 해석 및 평가 질문

1. 워렌은 밖에서 노는 것을 그다지 좋아하지 않습니다. 그 이유는 무엇일까요?

2. 워렌의 꿈에 나타난 자연의 신 '판'은 피리를 삼킨 뒤 용이 되어 입에서 불을 뿜습니다. 판이 워렌의 꿈에 나타난 이유는 무엇일까요?

3. 아무도 판의 연주를 듣지 않게 되면서, 판은 더 이상 피리를 불 수 없게 됩니다. 동물들과 사람들은 왜 판의 연주를 듣지 않게 된 것일까요?

4. 여왕개미는 "판이 노래를 부르지 않으면 계절의 리듬이 깨지고, 자연은 걷잡을 수 없이 망가져 버릴 거야."라고 말합니다. 여기서 '판이 노래를 부른다'는 것은 어떤 의미일까요?

5. 워렌은 바닥에 구멍을 파 개미들을 피신시키고, 박쥐에게는 숨을 곳을 마련해 주며, 찾아오는 동물들을 정성껏 돌봅니다. 워렌이 동물을 대하는 태도를 어떻게 보았나요?

6. 워렌의 이야기를 들은 할머니는 "우리 꼬맹이 워렌이 노아의 방주를 만들고 있었구나……"라며 미소 짓습니다. 워렌을 대하는 할머니의 태도를 어떻게 보았나요?

6-1. 할머니는 왜 '노아의 방주'라는 표현을 썼을까요?

7. 워렌은 자기 방을 동물들의 피난처로 내어 주며, 다가올 대재앙을 대비합니다. 어른들이 아닌 어린 워렌이 이런 일을 할 수 있었던 이유는 무엇일까요?

8. 밖은 극심한 가뭄으로 뜨거운 열기가 가득하지만, 워렌의 방은 지구에서 가장 시원한 곳입니다. 워렌의 방이 시원한 이유는 무엇일까요?

8-1. 할머니는 워렌의 방에서 "이렇게 모여 앉아 있으니 '아기 돼지 삼형제'가 생각나는구나, 워렌."이라고 말합니다. 할머니가 아기 돼지 삼형제를 떠올린 이유는 무엇일까요?

9. 붉은 달 아래 워렌과 동물들이 함께 춤을 추자, 두려움과 함께 용도 사라집니다. 용은 왜 사라졌을까요?

10. 머리끝까지 화가 난 판은 입에서 불, 우박, 홍수, 폭풍우를 쏟아 냅니다. 이 장면을 어떻게 보았나요?

11. 자연의 신 판이 모든 생명체에게 기대하는 것은 무엇이라고 생각하나요?

12. 작가는 자연의 모습을 어떤 형태나 선의 특징을 활용해 표현했나요? 그렇게 표현한 이유는 무엇이라고 생각하나요?

13. 성경 속 바벨탑은 신의 권위에 도전하기 위해 인간이 쌓아 올린 탑입니다. 작가는 마지막 장에서 "거미와 생쥐와 무당벌레 여러 마리가 함께 사는 바벨탑 내 방에서"라고 말합니다. 작가가 자신의 방을 '바벨탑'이라고 표현한 이유는 무엇일까요?

적용 질문

1. 악몽을 꾸고 깨어난 워렌은 자신의 침대가 개미 떼로 덮여 있는 모습을 보게 됩니다. 여러분이 워렌이라면 어떻게 행동하겠나요?

2. 여왕개미는 판이 피리를 삼켜버렸다는 이야기를 들려주고, 워렌은 "아, 꿈에서 본 대로야……"라고 말합니다. 여러분도 꿈에서 본 일이 현실이 된 경험이 있나요? 그때 어떤 기분이었나요?

3. 여왕개미는 "판이 노래를 부르지 않으면 계절의 리듬이 깨지고, 자연은 걷잡을 수 없이 망가져 버릴 거야. 그러니 모두 힘을 모아 다가올 재앙에 맞서야 해."라고 말합니다. 오늘날 우리가 힘을 모아 해결해야 할 가장 심각한 자연 재앙은 무엇이라고 생각하나요?

3-1. 자연 재앙을 막고 모두를 보호하기 위한 방법을 제안한다면 무엇이 있을까요?

4. 워렌과 동물들은 판의 분노에 대비해 튼튼한 벽을 쌓고, 음식과 물을 준비합니다. 여러분이라면 어떤 준비를 하겠나요?

5. 워렌과 동물들은 함께 춤을 추며 두려움을 극복합니다. 여러분은 두려움을 이겨내기 위해 어떤 말이나 행동을 하나요?

6. 다시 부른 판의 노래처럼 자연을 회복시키는 일에 앞장서야 하는 것은 인간의 책임이자 소명일 것입니다. 여러분이 인간 대표가 되어 생태계 복원의 필요성을 주장한다면, 어떤 말을 하고 싶나요?

7. 판이 원래 모습으로 돌아오자 온 세상에 다시 평화가 찾아옵니다. 워렌의 방에서 살아남은 동물들은 하나하나 밖으로 나옵니다. 여러분이라면 밖으로 나와 가장 먼저 어떤 말을 하고 싶나요?

8. 판의 노래는 푸르른 숲, 깊은 늪, 봄의 색과 가을빛이 되어 세상을 채웁니다. 판의 노래가 만든 자연 풍경 중, 가장 가슴 뛰게 하는 것은 무엇인가요?

 선택 질문

1. 여러분이 워렌이라면 자신의 방을 동물들의 피난처로 사용하겠나요?
☐ 사용한다   ☐ 사용하지 않는다

2. 여러분이 워렌의 부모라면 워렌이 방을 동물들의 피난처로 내어 주는 것을 허락하겠나요?
☐ 허락한다   ☐ 허락하지 않는다

3. 할머니는 "우리 꼬맹이 워렌이 노아의 방주를 만들고 있었구나…"라고 말합니다. 여러분은 오늘날에도 '노아의 방주'가 필요하다고 생각하나요?
☐ 필요하다   ☐ 필요하지 않다

4. 죽음의 위기 앞에서 겁이 난 토끼는 깡충깡충 뛰고, 워렌과 동물들은 춤을 추기 시작합니다. 여러분이라면 죽음의 위기 앞에서 춤을 추겠나요?
☐ 춤을 춘다   ☐ 춤을 추지 않는다

5. 여러분이 자연의 신 판이라면, 자신의 연주를 듣지 않은 인간과 동식물들에게 우박, 홍수, 폭풍우 등의 재앙을 내리겠나요?
☐ 내린다   ☐ 내리지 않는다

 그림책 활동 더하기

'판의 노래' 만들기

워렌과 동물들은 힘을 합쳐 '판의 노래'를 되찾습니다. "판판판 포피포피 판판판 레오플라" 이 노래가 만든 아름다운 자연 풍경을 떠올리며 여러분만의 새로운 '판의 노래'를 만들어 보세요.

노래에서 표현하고 싶은 자연의 모습은?

〈아름다운 자연 풍경 그리기〉

〈짧은 가사 쓰기〉